“双碳”目标下的全球价值链与能源技术变革

基于技术偏向的视角

杨博 / 著

上海人民出版社

前　言

自加入世界贸易组织以来，中国既是全球化浪潮中的受益者，也是全球化的最大贡献者。在全球价值链日益专业化、精细化、复杂化的趋势下，中国利用自身雄厚的产业基础、巨大的人口规模与健全的基础设施，在全球范围内建立起难以被替代的价值网络，实现经济飞速增长。然而，近年来，世界政治和经济双双进入“新常态”。第一，经济政治秩序重构，贸易保护主义抬头对全球产业链合作产生负面冲击，中美贸易摩擦、欧美制造业回流、美印贸易摩擦，以及英国脱欧等，带来“山雨欲来风满楼”的动荡气氛；第二，科技创新竞争进入前所未有的激烈时期，新一轮科技革命和产业变革演进迭代的速度前所未有，科技创新的重要地位前所未有，科技自立自强成为国家强盛之基、安全之要；第三，世界范围内经济增长与能源资源约束趋紧的矛盾越加严峻，如何在经济稳增长的同时有效保障生态环境质量，规避“能源诅咒”是中国工业发展亟待解决的问题。习近平总书记在 2020 年首次提出碳达峰碳中和目标，党的二十大报告对“双碳”的战略部署更为我国生态文明建设与社会可持续发展起到“举旗定向”的作用。

创新是一个民族进步的灵魂，是国家兴旺发达的不竭动力；一个没有创新能力的民族，难以屹立于世界先进民族之林。技术进步是实现经济持续增长的源泉，也是解决资源环境问题的关键，在协调经济增长与资源环境矛盾中扮演着重要角色。技术进步的发展并不总是中性的，具有方向特征，不同技术对能源的使用强度不同。依照能源要素的相对边际产出，可将其划分为节能偏向型技术进步与耗能偏向型技术进步,其中前者是解决经济增长与能源消耗间矛盾的“良药”。我们可以从“事前控制”角度引导企业在生产端的技术选择,实现碳排放的“源头治理”与过程控制,减少末端治理压力。当前全球价值链重构呈现常态化、复杂化与多变性趋势,“双碳”目标的顺利实现已与全球价值生产分工体系密不可分。本书旨在厘清全球价值链嵌入下技术进步方向的时空演化特征与形成机制,为新时代“双碳”目标实现提供新思路。

本书以中国工业能源偏向型技术进步为研究对象,探究其沿全球价值链攀升过程中的特征及演变规律,构建全球价值链嵌入位置对技术进步方向作用的理论模型,测算中国工业全球价值链嵌入位置与技术进步能源偏向性指数,从技术溢出效应、市场竞争效应、路径依赖效应与污染转移效应方面解释其作用机制,分析全球价值链嵌入方式、嵌入方向、嵌入市场以及工业行业本身技术类型异质性,并研究中国工业企业在不同生产方式、不同环境规制强度与不同政策导向条件下的作用差异,具体包括以下五点。

第一,全球价值链嵌入位置对技术进步能源偏向性作用的理论模型。构建两部门生产函数,对比封闭经济与嵌入全球价值链条件下,一国技术进步方向的变化。在封闭经济条件下,中国工业技术进步方向取决于能源与非能源要素的相对禀赋、相对市场竞争程度、相对技术水平、相对技术研发效率与中间品替代弹性。而在开放经济条件下,在参与全球价值生产过程中,还会受到技术溢出效应、市场竞争效应、技术进步路径依赖效应与污染转移效应的影响。四种作用机制相互制约,相互抗衡,共同决定中国工业技术进步的能源偏向。

第二,全球价值链嵌入位置与技术进步能源偏向性的测算。构建中国工业技术进步能源偏向性指数与全球价值链嵌入位置指标,借鉴 Hicks (1932)要素节约型技术进步和 Acemoglu(2002)技术进步偏向性的定义,建立资本—劳动—能源三要素双层嵌套 CES 生产函数,使用标准化供给面系统估计方法进行测算。全球价值链嵌入位置指数根据 Wang 等(2017)生产长度概念建立。总体上中国工业技术进步大体朝向能源节约与资本使用方向发展,在全球价值链的物理位置较高而经济位置偏低,资源型行业与中技术型行业具有国际竞争优势。

第三,中国工业全球价值链嵌入位置演变对能源偏向型技术进步的影响。首先通过散点拟合曲线确定计量模型为二次曲线形式,再进行实证研究。中国工业全球价值链嵌入位置与能源偏向型技术进步指数呈现出倒 U 型曲线关系,当行业在全球价值链相对低端位置时,其沿全球价值链向高端攀升会导致技术进步方向偏向于耗能方向,只有当行业在全球价值链中嵌入位置进入拐点右侧,其位置攀升才会促进节能型技术进步发展。中国工业各行业嵌入全球价值链的嵌入方式、嵌入市场及其行业本身技术水平的异质性均会引起技术进步方向产生不同变化规律。企业对内涵或外延式生产方式的选择、外部环境规制强度的大小和中央与地方的政策导向均会影响技术进步方向。

第四,全球价值链嵌入位置对中国工业能源偏向型技术进步的作用机制。全球价值链嵌入位置攀升过程中,“干中学”效应与对进口中间品进行的“逆工程化”均会产生技术溢出效应,促进节能型技术进步。随着一国在全球价值链中位置攀升,能源消耗型生产方式难以应对价值链高端位置激烈的科技竞争,在竞争压力的促使下,企业需使用能源效率更高的节能技术应对市场对产品的要求。全球价值链嵌入位置的路径依赖效应一方面体现在粗放型生产方式形成经济发展的惯性,放大了初始国际垂直分工选择,对能源占比较大的要素投入结构产生依赖;另一方面体现为企业更新换代生产技术将付出巨大成本。先发国家可能将能源消耗型生产环节通过全球价值链向后发国家转移。

第五,全球价值链嵌入位置对技术进步方向的四种作用机制在不同嵌入方式、嵌入方向、嵌入市场中,及在不同企业生产方式、不同环境规制强度及不同政策导向条件下的异质性结果。简单嵌入全球价值链方式抑制了技术溢出效应，复杂嵌入方式可以有效缓解路径依赖效应，避免中国工业沿袭过去的粗放型生产方式；内涵型生产方式有效促进了技术溢出与市场竞争，而外延型生产方式则加重了路径依赖效应与污染转移；低环境规制强度加重路径依赖与污染转移效应，中环境规制强度是最优选择，可以有效促进技术溢出与市场竞争效应，而高环境规制强度会产生负面影响。中央政策导向比执行中的地方政策更能促进节能技术发展。探究全球价值链嵌入位置对能源偏向型技术进步的作用规律，对尽早实现能源脱钩具有一定意义。

本书构思于五年前，其间世界经济格局演变一直在继续，全球价值链仍处于深度重构的十字路口，当前疫情后经济尚未完全实现深“V”反弹，经济疲软与创新增长两股对冲力量仍在较量，创新危机成为悬在各国头上的“达摩克利斯之剑”。但长远来看，经济全球化符合经济规律和生产力发展方向，是不可逆转的历史大势，各国不可能回到闭关自守的时代，一张超越地域边界、高度互通互联、多极化融合发展的全新创新网络正在形成。本书研究结论仍是时代的函数，继续紧紧围绕国家重大经济发展战略和政策做研究始终使命光荣，责任重大。

目　录

第一章
导 论

第一节 研究背景与价值

一、研究背景

经济增长往往伴随着能源资源约束与环境污染问题，一味追求经济增长而不考虑资源与环境约束会对一国长期可持续发展带来负面效应。资源与环境经济学是历史发展的产物，18 世纪中叶第一次工业革命到 19 世纪 30 年代的八十年中，世界人口由 10 亿猛增至 20 亿，导致能源需求骤增，人们开始关注经济增长中的能源与环境问题。传统的发展经济学通常将环境恶化视为经济发展的一个必然阶段，经济增长以资源消耗和环境质量下降为代价。中国在过去的经济发展中确实存在一些资源过度开发、环境监管不力、技术水平相对滞后等问题。然而，现代经济学和环境经济学研究表明，通过采取科学的环境管理和可持续发展模式，可以实现经济增长和环境保护的双赢。因此，解决经济与能源间的矛盾冲突，跳出“能源诅咒”，实现绿色发展具有重要意义。

技术进步是提高能源效率与改善生态环境的重要途径。技术进步的发展并不总是中性的，不同技术对能源的使用强度不同，能源要素的相对边际生产率不同，因此呈现出能源使用型与能源节约型的不同特征，呈现出有偏性。由于受要素投入结构、投入强度及其他因素的影响,技术进步在不同经济发展阶段、不同地区与产业中会呈现出能源使用或能源节约的不同特征,且其偏向程度具有异质性。技术进步方向会间接影响环境污染与收入分配,也是中国能否实现经济增长与能源消耗脱钩的决定因素。工业在我国经济发展中占据主导地位,对能源的使用率最高,其技术进步的能源偏向性也成为众多学者研究的焦点。但现有文献对于工业能源偏向性的研究,缺乏从全球价值链的角度考量中国制造业能源偏向特征的原因,研究中国能源使用与环境问题,也并未厘清中国在全球价值链中嵌入位置对国内技术进步的能源偏向及能源使用的作用机理。中国改革开放四十余年的历程本质上是不断融入全球价值链的过程。事实证明,中国工业沿全球价值链向高端位置攀升过程中,技术进步的能源偏向性也会发生变化,技术溢出效应、市场竞争效应、路径依赖效应和污染转移效应都会从不同方向拉动中国工业的能源偏向程度,四种作用机制相互制约,相互抗衡,共同决定中国工业技术进步能源偏向程度,进而改变生产要素投入结构、产品能源含量与能源要素收入份额。另外,全球价值链嵌入方式、嵌入方向、嵌入市场以及工业行业本身技术类型均可能对技术进步方向产生异质性结果。在不同生产方式、不同环境规制强度与不同政策导向下,中国工业企业在全球价值链中嵌入位置演变可能对能源偏向型技术进步产生不同作用。

因此,探索中国工业全球价值链嵌入位置对能源偏向型技术进步的影响及其作用机制,考察全球价值链嵌入方式、嵌入方向、嵌入市场以及工业行业本身技术类型异质性对技术进步方向作用的异质性规律,研究在不同生产方式、不同环境规制强度与不同政策导向下,中国工业企业在全球价值链中嵌入位置演变对能源偏向型技术进步产生的不同作用结果,对于在能源约束下保证经济增速,降低经济对能源的依赖性,尽早实现能源消费与经济增长的脱钩具有重要的意义和价值。

二、理论与实践价值

本书的理论价值有以下三点。

第一,丰富可持续发展理论,从供给侧进行“绿色治理”。可持续发展理论最初起源于人类对环境破坏和资源枯竭的反思,现有文献大多聚焦于评价单一政策工具对节能减排的影响效应,较少研究能源偏向型技术进步的节能减排效应。本书选择中国工业为研究方向,分行业测算能源要素与非能源要素的替代弹性,分析能源偏向型技术进步的发展趋势、特征以及对能源使用强度与生态环境的影响。技术进步是提高能源效率的重要途径,具有能源节约与能源使用的不同方向特征。Hicks(1932)指出,技术进步会朝相对昂贵要素的方向发展,某种生产要素相对价格的提高会激发使用该要素的技术创新和发明,继而提升该要素的生产效率,节约昂贵要素的使用,即诱导创新。虽然能源相对价格的提高会激发生产者提高能源要素的使用效率,但是技术进步的要素使用偏向还会受到能源与非能源要素间替代弹性的影响。如果能源与非能源要素间是替代关系($\sigma>1$),企业在能源价格提高情形下会选择更多使用非能源要素的生产技术,即促使能源节约型技术进步;如果能源和非能源要素间是互补关系($\sigma<1$),能源相对价格的提高将会激发提高能源使用效率的技术发明,企业生产中会更多地使用能源,即促使能源要素使用型技术进步。因此,能源价格的上升将使能源效率水平提升,替代弹性的大小决定企业生产中要素的使用偏向,技术进步方向决定了能源的相对边际生产率,会改变生产要素投入结构,进而影响能源要素与非能源要素的价格与报酬,改变要素收入分配结构。实现“双碳”目标根本上需要绿色技术驱动,中国需要抓住机遇率先实现“绿色革命”,以此形成新经济增长点,归纳提出更具活力的绿色发展与高质量发展理论。

第二,将全球价值链纳入技术偏向理论框架,拓展其适用范围。现有技术进步能源偏向理论研究多局限在封闭区域，在一国范围内对技术进步的能源偏向性进行测算，或者考察能源偏向型技术进步对能源使用强度、能源效率与能源消费的影响，没有考虑中国工业沿全球价值链向高端位置攀升过程中其嵌入位置演变对技术进步能源偏向性的影响。技术进步能源偏向性不仅取决于一国要素禀赋结构与生产环境等因素，还会受到全球价值链中其他国家的影响。将全球价值链理论分析纳入能源经济学理论与技术进步理论，为解决能源使用与经济增长矛盾冲突提供了新方法。使用全球价值链理论相较于传统分析方法具有以下特点。首先，重视贸易的增加值部分。传统分析方法仅基于进出口总量指标，忽略了各国以及各个产业在进出口贸易中获得的净利润情况。其次，沿全球价值链纵向分解产品，涉及全球化生产过程中的所有国家和行业的增加值收益情况，有助于分析国家价值链参与度与各国经济增长之间的联系，同时为跨国公司的投资决策、国家以及国际组织的贸易政策制定提供有力的信息支持。

第三，从全球价值链嵌入位置角度考察其对能源偏向型技术进步的非线性影响，并探究其作用机理。中国工业沿着全球价值链攀升并不绝对促进能源偏向型技术进步的发展。在嵌入全球价值链初期，中国工业主要利用劳动力与资源环境等生产要素成本相对较低的优势，承接价值链低端生产制造环节，中国工业的嵌入位置虽然得到提升，但仍处于全球价值链低端的加工组装环节，技术进步向能源使用方向发展。随着中国工业企业开始由工艺升级、产品升级向功能升级和链条升级转变，由组装加工环节向研发设计和营销服务环节转变，承担知识密集型环节，提高中国工业的全球价值链嵌入位置能够促进技术进步向能源节约方向发展。

中国工业全球价值链嵌入位置主要通过技术溢出效应、市场竞争效应、路径依赖效应与污染转移效应影响技术进步的能源偏向性。中国工业沿全球价值链嵌入位置攀升过程中，国内加工人员不断积累与更新生产技术以顺利完成生产任务，形成“干中学”效应，对进口中间品进行“逆工程化”的拆分、测绘和重造，都会产生技术溢出效应，改变国内技术进步方向。随着一国在全球价值链中位置攀升，能源消耗型生产方式难以应对价值链高端位置激烈的科技竞争，在竞争压力的促使下，企业需改进生产技术，使用能源效率更高的节能技术以应对全球价值链高端位置对产品的高要求，形成全球价值链嵌入位置的市场竞争效应，改变国内技术进步方向。中国等发展中国家在国际垂直分工中一般利用本国能源要素丰裕的比较优势承担耗能型生产任务，这种粗放型生产方式易形成经济发展的惯性，对能源占比较大的要素投入结构产生依赖。另外，无论是自主研发还是直接购买先进技能技术，前期投入成本较大，且收益风险不确定，加之技术更新需要更换与之配套的机器设备，并对从业人员重新培训，企业不具有足够的动力进行技术的更新换代，造成对能耗型技术使用的依赖性，产生路径依赖效应。发达国家在产品生产中，可能将各生产工序通过全球价值链分散在世界各地，将产品研发与售后服务等核心任务保留在国内，而把低技术高耗能型生产工序放在海外进行，产生污染转移效应。全球价值链嵌入位置对技术进步方向的四种作用机制相互抗衡，相互制约，研究全球价值链嵌入位置四种效应作用规律至关重要。

本书的实践价值有以下两点。

第一，在新发展格局下，量化中国国际竞争力真实状况。在“双循环”格局下，采用全球价值链方法测算中国工业贸易失衡的真实状况，量化反映中国工业沿全球价值链从低端向高端攀升过程中本国竞争力的实际变化，形成对全球要素资源的强大引力场，带动和激活国际循环。中国在世界贸易和全球产业链中扮演着重要角色，事实上，全球价值链中传统产业链在地理上被打散，国际贸易市场中外包程度加深，中国已深深融入国际垂直专业化分工体系，参与全球产业内分工程度不断增大。世界贸易组织（以下简称

WTO)和IDE-JETRO(2011)研究了贸易类型和全球价值链间关系，发现全球贸易模式正在由货物贸易向任务贸易转变。中国全球价值链参与度逐渐加深，承担着大量国际生产任务，而且嵌入全球价值链的位置也在逐渐向高增值环节攀升。改革开放前，中国出口品以农产品为主；在改革开放初期，出口品以工业品为主，主要集中于大宗初级商品；到20世纪80年代，逐渐提升为以轻纺为主的工业产品；而到90年代，中国的出口主体进化为机电产品，不过当时出口的机电产品都属于中低端产品；直到21世纪以后，中国的外贸才开始逐渐地提升到以出口高技术含量和高附加值的“双高”产品为主，如高铁、核电等大型成套设备。在中国工业沿全球价值链向高端位置不断攀升的过程中，不同嵌入位置下，行业生产所涉及的生产工序不同，所使用生产技术不同，需求侧对产品技能属性等产品质量要求标准不同，因此，全球价值链不同嵌入位置必定会影响生产技术能源偏向方向与偏向程度，对能源使用与能源节约型技术进步产生不同的作用效果。

第二，为实现关键技术自主可控，依靠科技自立自强塑造新优势提供中国方案。当今世界正处于百年未有之大变局，科技创新成为影响世界格局重塑的关键变量，我国诸多关键产业发展面临着外来“卡脖子”风险，关键领域存在的科技短板已成为束缚我国经济高质量发展的桎梏，依靠原来引进与模仿的技术升级路径已不再适用，亟须实现科技创新领域的突破，强化创新驱动和扩大高端产品技术供给。需要依靠科技自立自强实现“卡脖子”技术的攻关克难，对科技创新发展提出了更高的要求。中国工业提升全球价值链嵌入位置的路径主要包括结构升级和价值链升级。其中，结构升级是指工业出口结构由能源密集型产品向资本和技术密集型产品转变；价值链升级是指制造业由以生产制造低端环节为主向以研发设计和营销服务高端环节为主转变，中国工业通过工艺升级、产品升级、功能升级和链条升级，最终实现嵌入位置的提升(Humphrey and Schmitz, 2001)。本书探究全球价值链嵌入方式、嵌入方向与嵌入市场异质性下作用效果，并考察了不同环境规制强度、生产方式和政策导向条件下全球价值链嵌入位置对能源偏向型技术进步的作用结果，有助于扩大节能技术创新辐射半径，成为节能技术创新策源地。

第二节 研究框架、方法与创新点

一、研究框架

本书从技术进步偏向理论和全球价值链理论出发，梳理技术进步能源偏向性和全球价值链的前沿文献研究现状，构建适合中国工业发展的全球价值链嵌入位置对技术进步能源偏向性影响的模型，探析中国工业的技术进步能源偏向特征、演变特点与形成原因；实证研究中国工业全球价值链嵌入位置对技术进步能源偏向性的作用机制，研究全球价值链不同嵌入方式、嵌入方向、嵌入市场与不同技术类型下，全球价值链嵌入位置的作用差异，研究在企业选择不同生产方式、在不同环境规制强度与不同政策导向条件下，全球价值链嵌入位置的技术溢出效应、市场竞争效应、路径依赖效应与污染转移效应的影响；进一步挖掘其他内外部依赖条件下的异质性作用效果，对工业的能源要素投入结构、环境治理问题和全要素生产率的提升等形成指导意见。本书具体划分为如下内容：

第一，导论部分。提出中国工业全球价值链嵌入位置对能源偏向型技术进步作用的选题背景，归纳总结本书的研究价值、研究框架和研究方法。

第二，国内外相关文献的研究综述。分别从能源偏向理论、全球价值链理论与全球价值链嵌入对技术进步影响三个维度进行了系统的梳理。从理论发展、测算方法、经济解释和影响因素方面对能源偏向型技术进步理论进行了综述,从全球价值链的形成、全球价值链嵌入位置的测算与全球价值链嵌入位置影响因素方面对全球价值链理论进行了综述,从全球价值链嵌入位置对技术进步方向的技术溢出效应、市场竞争效应、路径依赖效应与污染转移效应方面综述了全球价值链嵌入位置对技术进步能源偏向性的作用机理,并进行了深入评析,进一步确定本书研究价值。

第三,构建两部门生产函数,研究封闭经济条件前与嵌入全球价值链以后,一国技术进步方向变化。在封闭经济条件下,中国工业技术进步方向取决于要素禀赋、相对市场竞争程度、相对研发效率与相对技术水平,技术进步方向不受国外技术的影响。而在开放经济条件下,在参与全球价值生产过程中,技术进步方向还会受到全球价值生产技术溢出效应、市场竞争效应、技术进步路径依赖效应与污染转移效应的影响。全球价值链嵌入位置的技术溢出效应、市场竞争效应与路径依赖效应对中国工业技术进步向何种方向发展不确定,而污染转移效应向耗能方向拉动中国工业技术进步。

第四,构建中国工业技术进步能源偏向性指数与全球价值链嵌入位置指标测算方法。借鉴 Hicks(1932)要素节约型技术进步和 Acemoglu(2002)技术进步偏向性的定义,通过技术进步对生产要素的相对边际产出的影响设计能源偏向型技术进步指数,将生产要素拓展为资本、劳动与能源三种类型,建立三要素双层嵌套 CES 生产函数,使用标准化供给面系统估计方法对资本—劳动—能源要素间替代弹性进行估计,并对中国工业各行业技术进步能源偏向性进行测算。根据 Wang 等(2017)对生产长度的定义,在序贯生产过程中,要素创造的增加值可能在总产出中被多次计算,被计算的平均次数即为生产长度,进一步地借助生产长度概念建立全球价值链嵌入位置指数。

第五,探究全球价值链嵌入位置演变对中国工业能源偏向性的影响,并细化考察简单嵌入方式与复杂嵌入方式的作用差异，再进行异质性分析，实证分析中国工业嵌入简单与复杂全球价值链，前向与后向嵌入全球价值链，嵌入北美市场、亚洲市场与“一带一路”沿线国家市场下技术进步方向的变化差异，探究全球价值链嵌入方式、嵌入方向与嵌入市场异质性下的作用效果，并考察不同环境规制强度、生产方式和政策导向条件下，全球价值链嵌入位置对能源偏向型技术进步的作用结果。

第六，考察全球价值链嵌入位置对中国工业技术进步能源偏向性的传导机制。全球价值链嵌入位置演变对能源偏向型技术进步存在多种作用机制，在参与全球价值生产过程中，技术溢出效应、市场竞争效应、路径依赖效应与污染转移效应都会使得中国工业技术进步方向在不同程度上偏向于耗能或节能，各种作用机制的强度与作用方向差异决定了中国工业技术进步能源偏向性在不同条件下呈现出不同特征。细化研究全球价值链嵌入位置对技术进步方向的作用效果在不同嵌入方式、嵌入方向、嵌入市场及在不同企业生产方式、不同环境规制强度、不同政策导向下，四种影响机制的作用强度差别。

第七，为中国工业技术升级与经济转型提供切实可行的政策建议。提出坚持创新引领发展，依托创新驱动发展战略，全面提高自主创新水平，从技术创新人才培养、创新环境构建、创新资金支持与创新公共服务建设方面增强创新实力。注重对地方政府环境保护措施成效的考核评价，运用绩效考核工具激励地方政府环境保护政策的有效实施，平衡好政府政绩考核与官员任期制之间的辩证关系，统筹环保与效率协调发展。与技术先进国积极合作，引入先进技术，打破国内市场的封闭性和垄断性，实现更充分的市场竞争，反过来激励产品和服务的生产者主动革新现有落后技术，推进内涵式企业发展。此外，还要促进技术与技术人员高效合理流动，并合理安排环境规制强度。

具体框架如图 1.1 所示。

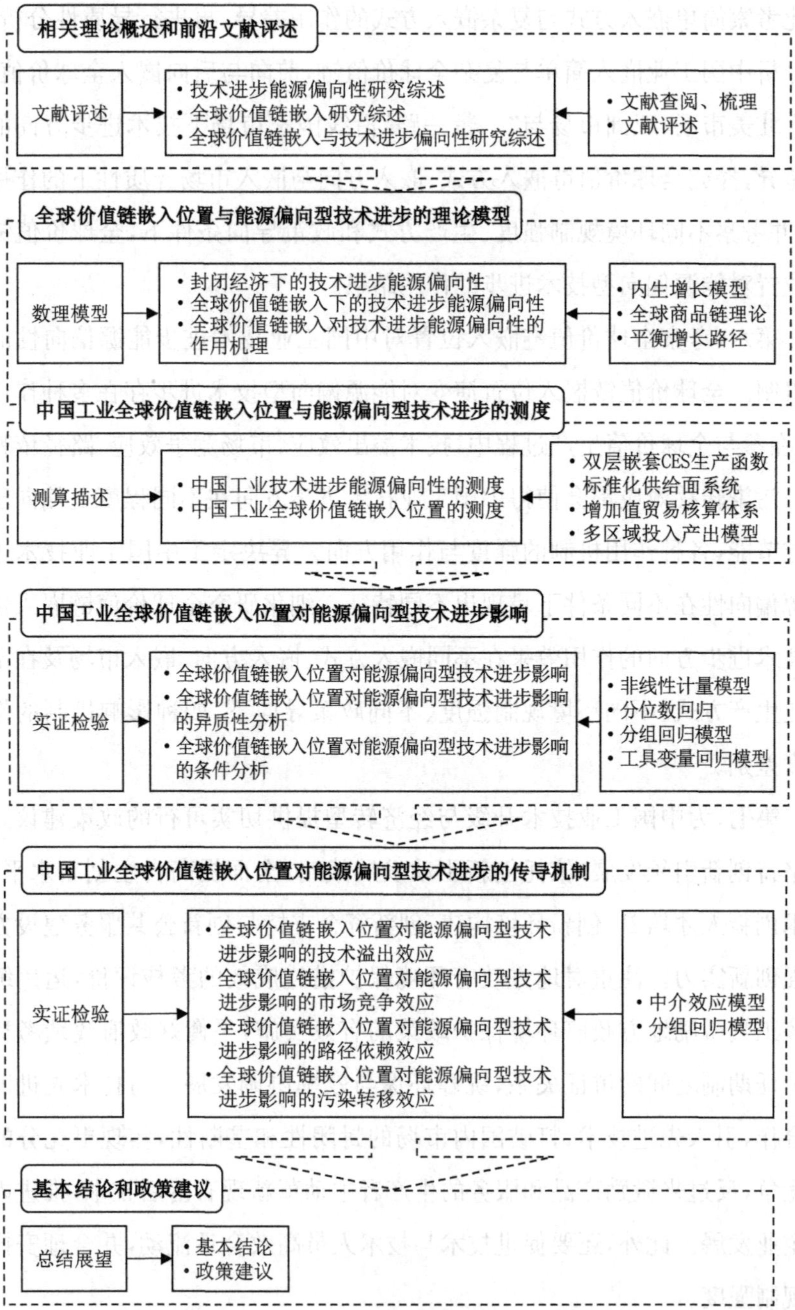
相关理论概述和前沿文献评述
文献评述
• 技术进步能源偏向性研究综述
• 全球价值链嵌入研究综述
• 全球价值链嵌入与技术进步偏向性研究综述
• 文献查阅、梳理
• 文献评述
全球价值链嵌入位置与能源偏向型技术进步的理论模型
数理模型
• 封闭经济下的技术进步能源偏向性
• 全球价值链嵌入下的技术进步能源偏向性
• 全球价值链嵌入对技术进步能源偏向性的作用机理
• 内生增长模型
• 全球商品链理论
• 平衡增长路径
中国工业全球价值链嵌入位置与能源偏向型技术进步的测度
测算描述
• 中国工业技术进步能源偏向性的测度
• 中国工业全球价值链嵌入位置的测度
• 双层嵌套CES生产函数
• 标准化供给面系统
• 增加值贸易核算体系
• 多区域投入产出模型
中国工业全球价值链嵌入位置对能源偏向型技术进步影响
实证检验
• 全球价值链嵌入位置对能源偏向型技术进步影响
• 全球价值链嵌入位置对能源偏向型技术进步影响的异质性分析
• 全球价值链嵌入位置对能源偏向型技术进步影响的条件分析
• 非线性计量模型
• 分位数回归
• 分组回归模型
• 工具变量回归模型
中国工业全球价值链嵌入位置对能源偏向型技术进步的传导机制
实证检验
• 全球价值链嵌入位置对能源偏向型技术进步影响的技术溢出效应
• 全球价值链嵌入位置对能源偏向型技术进步影响的市场竞争效应
• 全球价值链嵌入位置对能源偏向型技术进步影响的路径依赖效应
• 全球价值链嵌入位置对能源偏向型技术进步影响的污染转移效应
• 中介效应模型
• 分组回归模型
基本结论和政策建议
总结展望
• 基本结论
• 政策建议

图 1.1　研究框架图

二、研究方法

(一) 数理分析方法

本书理论分析以技术进步能源偏向性和全球价值链嵌入为着手点，构建全球价值链嵌入下技术进步能源偏向性的内生模型，在引入全球价值生产的前提下，分析全球价值链嵌入位置演变对技术进步能源偏向性的影响机理和内在联系，分别探究在封闭和开放两种情况下技术进步能源偏向性的形成机理，分析全球价值链嵌入位置影响技术进步能源偏向性的作用机制，进一步考察不同条件下全球价值链嵌入位置的作用效果。

(二) 实证分析方法

采用四方程标准化供给面系统法测算中国工业总体及各行业替代弹性、能源要素份额等相关参数，求解中国工业总体及各行业技术进步能源偏向性。

应用非线性回归模型与分组回归模型，使用 OLS 回归方法、FGLS 回归方法、MLE 回归方法等验证全球价值链嵌入位置对中国工业技术进步能源偏向性的作用效果，考察全球价值链不同嵌入方式、嵌入方向、嵌入对象与不同技术类型下，全球价值链嵌入位置的作用差异，并研究在企业选择不同生产方式、在不同环境规制强度与不同政策导向条件下，全球价值链嵌入位置对能源偏向型技术进步的作用规律。

使用中介效应模型和分组回归模型考察全球价值链嵌入位置的技术溢出效应、市场竞争效应、路径依赖效应与污染转移效应的作用方向与作用强度，并使用分组回归方法考察在各种依赖条件下，全球价值链嵌入位置四种效应的作用范畴，进行实证分析。

三、研究的创新点

第一，现有关于技术进步偏向性的研究大多集中于劳动力与资本双要素生产模型，考察国家、省域或行业层面的技术进步在劳动力与资本间的偏向特征，或由技术进步偏向引起的收入分配与技能溢价问题，而较少涉及三要素条件，对于三要素生产函数条件下的技术进步偏向性指数测量方法也并不统一。本书将能源要素纳入技术进步偏向理论范畴，设立劳动力、资本与能源三要素 CES 生产函数，借鉴 Acemoglu（2002）对技术进步偏向性的定义，设计技术进步能源偏向性指数对中国工业及其子行业的技术进步方向进行测量，判断工业技术进步的节能与耗能程度，研究中国工业技术进步能源偏向性的发展规律。

第二，本书创新性地从全球价值链嵌入位置视角解释中国工业技术进步能源偏向性的形成原因，为中国工业技术进步方向的演变规律提供了一个全新的解释视角。以往研究一般将国家、地区或行业层面的技术进步方向归因于要素禀赋、技术引进与自主研发等因素，将技术进步方向决定因素局限于一国范围内，即使在开放经济条件下的研究也仅涉及国际贸易与外商直接投资（以下简称 FDI）对一国技术进步方向的作用，尚未有研究涉及全球价值链嵌入位置变化对中国工业技术进步方向的影响。事实上，世界各国参与全球价值生产后，各自的生产链条在地理上被打散，需要与产业链中不同上下游国家进行分工，在分工合作与上下游供需衔接过程中会使各国技术进步方向发生偏转，影响一国能源偏向型技术进步的发展。

第三，本书从理论与实证层面检验全球价值链嵌入位置变化对能源偏向型技术进步的作用机理。以往文献虽对全球价值链嵌入位置对技术进步方向的作用机理有所涉及，但大都仅考虑嵌入全球价值链的生产率效应与技术溢出效应，对作用机理的归纳不够全面。事实上，全球价值链嵌入位置对技术进步方向的作用机理较为复杂，可能包括技术溢出效应、市场竞争效应、路径依赖效应与污染转移效应等多种作用渠道。本书构建两部门模型研究全球价值链嵌入位置对技术进步能源偏向性的作用机理，并使用计量回归方法实证研究以上四种效应对中国工业技术进步能源偏向性的作用效果差异。

第四,多维度、多角度细化探究全球价值链嵌入位置演变对能源偏向型技术进步的作用差异。使用多种方法测算中国工业各行业全球价值链嵌入位置指数,从物理位置、经济位置与经济—物理位置多种视角考察中国工业全球价值链嵌入位置的演变趋势。从全球价值链嵌入方式、嵌入方向、嵌入市场与行业技术类型角度考察全球价值链嵌入位置对技术进步方向的影响,并探究四种作用机制差异。同时,分别探究中国工业在内涵型与外延型生产方式、不同强度环境规制、中央与地方政策导向条件下,全球价值链嵌入位置对技术进步能源偏向性的作用效果。因此,本书将各种内外部因素综合考虑,较以往文献更加全面化与精细化。

第二章
相关理论综述

第一节　能源偏向型技术进步理论的研究综述

一、技术进步偏向理论回顾

历史上重大工业变革无不伴随着技术进步的巨大突破，技术进步是目前中国工业结构升级与经济转型最有效的手段与路径，是工业发展新动能。技术进步理论具有长久的历史起源。Schumpter(1934)首次将技术进步内生于经济增长模型中，提出“创造性破坏”理论，是经济学领域研究技术进步问题的重要突破。在技术进步理论研究初期，大多研究都将生产函数形式设定为科布-道格拉斯(Cobb-Douglas)型生产函数，符合早期卡尔多事实内容，但该生产函数默认技术进步为中性，即技术进步的发生会同时并均等地提高所有生产投入要素的边际生产率。尼古拉·康德拉季耶夫(Nikolai D. Kondratiev)的长周期理论、保罗·罗默(Paul M. Romer)的内生经济增长理论、约瑟夫·熊彼特(Joseph A. Schumpeter)的技术创新理论、理查德·尼尔森(Richard R. Nelson)的国家创新体系理论与理查德·坎蒂隆(Richard Cantillion)的企业家理论等均对技术进步理论作出贡献。俄罗斯经济学家尼古拉斯·康德拉季耶夫提出长波周期理论，并在 20 世纪 20 年代广泛推广该理论。他发现经济周期呈现出 50—60 年左右的长期波动性，科技创新革命一般发生在经济周期的下降阶段，创新成果的大规模应用推动了下一个经济周期的上升。熊彼特创新理论认为，经济长周期包括六个约为9—10年的中周期，中周期又包含三个约40个月的短周期，每个经济周期都会产生新产业与新创业机会。“新熊彼特主义”与“泛熊彼特主义”认为，创新是创新主体与创新要素交互复杂作用的结果，罗默内生经济增长理论默认了创新对经济发展的决定作用。

然而，技术进步并不总是表现出中性特征，对要素边际生产率经常产生非对称影响。以劳动与资本要素为例，如果技术进步提高劳动要素相对边际生产率，则称技术进步为劳动偏向型技术进步。Hicks(1932)在《工资理论》中首次提出技术进步偏向性概念，认为技术并不总是中性的，在大多数情况下，技术进步对于投入要素边际产量的提升幅度都有差异，如果技术进步更有利于提高某种要素的边际产量，等产量线的切线发生偏转，那么就定义这项技术为偏向该要素的技术进步。随后，诱致性技术创新假说兴起，认为生产要素的相对价格改变会诱致技术进步方向偏向于价格相对昂贵要素方向以节约昂贵要素的使用。然而，诱致性创新理论的缺陷为确定技术进步方向需要首先确定要素稀缺程度并计算出要素的相对价格，这在当时具有一定的难度，因此技术偏向理论未得到重视。20世纪60年代后，一些研究重新探讨要素相对价格对技术创新的影响(Kennedy, 1964; Ahmad, 1966; Hayami and Ruttan, 1970)，重新研究Hicks(1932)的技术进步偏向理论。Kennedy(1964)使用非参数法也发现，技术进步方向受要素相对价格的影响，在固定要素投入份额情况下，受市场作用影响，技术进步会偏向于节约投入份额较大要素的方向，以节约生产投入成本。这一结论将技术进步方向的原因归结于要素价格的大小，并未完全反映出技术进步偏向性的形成原因(Samuelson, 1965; David, 1965; Phelps, 1962)。技术进步偏向理论最早在农业部门得以应用，速水佑次郎(Hayami)、弗农·拉坦(Vernon W. Ruttan)、希克斯(Hicks)和汉斯·宾斯旺格(Hans

Bingswanger)创立了诱致性农业技术创新模型，被称为希克斯-速水-拉坦-宾斯旺格假说，认为在完全竞争市场条件下，农业生产技术方向与要素相对价格有关，由于要素市场价格大小可以准确反映市场中要素数量，农民受要素价格影响，会自动发明和改进节约昂贵要素的技术进步，使得农业技术进步方向偏向于价格较昂贵即较为稀缺要素。与前述观点不同，施莫克勒-格里克斯假说尊崇技术进步方向的市场需求诱致理论，认为要素价格并不是影响技术进步方向的决定因素，技术进步方向受市场需求作用，当生产出的产品中某一要素投入较多，且这种产品的市场需求较大，那么技术进步方向将偏向于该种要素，某一要素偏向型技术的规模与数量总是与该要素含量较高的产品的市场需求呈正向关系。

Acemoglu(2002)基于诱致性技术创新假说关于技术进步偏向性的定义，提出技术进步偏向理论分析框架，重新对技术进步偏向性概念作出解释：将生产函数设定为 $F(L, Z)$ 的形式，如果技术进步提高 Z 要素的相对边际产出，即 $\partial[(\partial F/\partial L)/(\partial F/\partial Z)]/\partial A>0$，那么技术进步方向偏向于 Z 要素。与诱致性技术创新理论不同，他提出的技术进步偏向理论的分析框架可以总结为“两种生产要素＋两种技术”，技术进步方向不是仅受要素相对价格的影响，而是受到两种相互抗衡的力量即价格效应和市场规模效应的共同作用，价格效应与市场规模效应共同决定技术创新利润，技术创新利润最终决定了技术进步方向。价格效应使得生产者更倾向于研发偏向于价格昂贵的稀缺要素方向的技术，而市场规模效应使得生产者更倾向于研发偏向于禀赋较高的丰裕要素方向的技术。技术进步方向更大程度上取决于何种要素与要素替代弹性有关，当要素替代弹性大于 1，即生产要素间呈替代关系时，价格效应占优；当要素替代弹性小于 1，即生产要素间呈互补关系时，市场规模效应占优。技术进步偏向理论除应用于资本—劳动要素外，还可以用于技能劳动—非技能劳动、资本—能源与污染能源—清洁能源等要素的偏向性研究。技术进步偏向理论除测量技术进步偏向方向与大小以外,还可用以研究要素报酬及技能溢价相关问题。技术进步偏向理论具有重要实践意义。对于资本—劳动要素报酬来说,劳动报酬提高有助于劳动力接受进一步的教育,提高国家人力资源储备,异质性劳动力间技能溢价的多少也会影响劳动力的教育决策,因此,使用技术进步偏向理论研究要素收入份额变化涉及一国人力资本储量大小与经济长足发展。此外,将技术进步偏向理论应用于能源经济学中,可以考察清洁能源技术发展问题,有助于解决全球气候变暖与环境恶化加剧问题(Acemoglu, 2012)。

二、能源偏向型技术进步的形成因素探索

自 Rash 和 Tatom(1977)首次将能源作为生产要素加入科布-道格拉斯生产函数中后,学界开始展开能源经济理论的广泛研究。能源作为国民经济发展必不可少的物质投入基础,与资本、劳动和土地等传统生产要素类似,是现代生产重要的生产投入要素。当前全球经济增长突飞猛进,具有巨大的能源需求量与消耗量,虽然清洁能源技术蓬勃发展,世界能源使用中绝大多数比例仍为污染性能源,目前全球一次能源消费中,石油占 32.9%、天然气占 23.8%、煤炭占 29.2%、核能占 4.4%、水电占 6.8%。可再生能源在全球能源消费中的比重为 2.8%,其中占比最大的是风能(52.2%)。煤炭等传统化石能源的使用引发了严重的气候问题,全球气温上升、海平面上移、欧洲热浪、飓风肆虐等环境气候问题反复出现,不利于地球生态平衡与人类生存环境的改善(Stott et al., 2004; Emanuel, 2005; Landsea, 2005; Nicholls et al., 2010)。除资本与劳动以外,能源要素逐渐被纳入技术进步偏向理论。

大量研究探究了能源偏向型技术进步的形成原因,包括价格效应、替代效应、生产率效应与初始技术进步方向等因素。Popp(2002)以能源节约型即环境友好型技术进步为例检验了偏向型技术进步的形成原因,使用 1970—1994 年美国专利申请数衡量能源节约型技术进步水平,验证了美国

技术进步向能源节约型方向发展是受到价格效应与生产率效应的双重叠加作用的影响。从价格效应角度来说,国际油价上涨引致美国技术进步方向偏向于能源节约;从生产率效应来说,以往生产中积累的知识存量也有助于企业继续进行能源节约型技术进步的研发与应用,加速了能源节约型技术发展,从侧面支持了诱致性技术创新理论。Acemoglu 等(2012)改变了技术偏向理论以要素投入为研究重点的局面,将技术偏向理论的研究重点转向技术本身,设定了包含两种偏向型技术进步的分析框架,假设清洁投入与清洁技术互补、污染投入与污染技术互补,探究技术进步偏向性的形成机理。结果表明,价格效应、替代效应与生产率效应决定了技术进步偏向性,其中,初始技术水平与替代效应共同决定了技术进步方向,若初始时污染技术水平高于清洁技术,则技术进步偏向于污染要素,当清洁要素与污染要素间替代效应大于 1 时,现有污染型技术进步在将来会导致环境灾难,需要政府公共政策干预以规避环境灾难,若污染要素与清洁要素间替代弹性足够大,合理而及时的政府税收与补贴政策完全可以改变技术进步方向,使技术进步由污染方向转向清洁方向;若替代弹性小于 1,需要牺牲长期经济增长利益,结合技术偏向理论制定环境治理政策,实施长期的环境治理政策以干预技术进步方向发展,才能避免环境灾难。Aghion 等(2016)以汽车行业为例,使用世界专利数据验证了上述结论。以汽车动力类型将汽车行业内技术分类,将汽车生产中的内燃机技术视为污染技术,电力与混合动力技术视为清洁技术,检验了价格效应与生产率效应作用强度。研究发现,能源价格上涨促进汽车生产企业研发清洁技术,由此可见,政府通过制定碳税政策以提高能源相对价格可以诱致企业更多研发清洁技术;而生产率效应决定了技术进步方向的路径依赖特征,使得技术进步方向沿初始偏向延伸,遵循以往研究路径。由于初始阶段汽车行业技术进步方向大致为污染方向,在生产率效应作用下,现阶段汽车行业技术进步方向依然偏向于污染技术,需要政府进行正确的引导,给予汽车行业清洁技术一定的研发补贴,以吸引研发部门多进行清洁技术的研究,转变技术进步方向,未来继续遵循清洁技术方向路径,进行可持续性发展。Noailly 和 Smeets(2013)从企业层面视角以欧洲 5 471 个电力企业为样本研究了电力行业,将电力行业技术划分为污染型的化石能源技术与清洁型的可再生能源技术,将电力行业企业进行划分,一类为仅从事一种类型技术研发且不会转变研发方向的小型专业化企业,另一类为可同时从事两种技术研发,并可以随时转变研发方向并重构研发组合的大型混合企业。研究发现,对于小型专业化企业,其研发技术偏向性受到价格效应、市场规模效应与生产率效应的影响,其中生产率效应与价格效应强度最大,市场规模效应影响微弱,化石能源价格上升与自身历史积累的知识存量对小型专业化企业技术研发方向发挥主要作用;而对于大型混合企业来说,其历史积累的污染型化石能源技术知识存量可以促进未来污染技术发展,也可以为未来清洁技术发展提供基础,促进清洁技术研发,而清洁技术知识存量仅可促进清洁技术研发,并阻碍未来污染技术研发。研究发现,对于小型专业化企业,价格效应与市场规模效应会对清洁技术与污染技术间技术差距产生影响,化石能源价格上涨与市场规模的扩大均会使小型专业化企业从事清洁技术,从而缩小污染技术与清洁技术间技术差距;而对于大型混合企业来说,由于以往积累的污染技术知识存量会对两种技术研发均产生促进作用,因此污染技术知识存量越大,两种技术间技术差距越小,大型混合企业技术差距仅与污染技术知识存量有关。因此,小型专业化企业更易受到政府政策与研发环境的影响而转变技术研发方向,从事清洁技术研发。政府应积极制定针对小型专业化企业的政策长期引导技术进步方向转向清洁技术。Acemoglu 等(2016)强调初始技术进步方向对未来技术进步方向的重要作用,证实了技术进步方向的路径依赖效应,并解释了两种技术进步相互转换的作用机理。假设清洁技术与污染技术在技术进步研发与产品生产中均呈竞争关系,且污染技术水平高于清洁技术。那么若企业在初始时期技术进步方向偏向于污染技术,则在未来发展中将更难转换为清洁技术。究其原因，污染技术与清洁技术间技术差距使得企业需要投入更大研发资源并花费更大成本来使清洁技术水平追赶上污染技术。因此，政府需要进行合理的政策引导改变清洁技术与污染技术研发成本，对污染技术征税，对清洁技术进行补贴，令清洁技术水平逐渐追赶污染技术，在路径依赖效应下持续性促进清洁技术发展。数值模拟结果显示，即使具有政策引导，污染技术向清洁技术的转变也并非易事。从 Krusell(1998)的资本积累方程来看，技术进步由污染方向转向清洁方向将使得研发部门将原本投入污染技术研发的资源转移至清洁技术研发，降低清洁技术产品成本与价格，增大清洁产品市场需求，进一步促进清洁技术研发，但过多的清洁资本品使用也会增大清洁资本品折旧成本，一定程度上阻碍清洁技术的发展。因此，相对于以往未重视环境治理问题的时期，政府对环境治理及清洁技术研发的重视程度越发明显，例如，碳税政策相比以往更加严格，碳税增长加快，对清洁技术研发提供更高的研发补贴。

国内研究较少从价格效应、市场规模效应与生产率效应入手，而多考虑对外开放与环境规制政策对技术进步偏向性的决定机理。中国经济发展起步较晚，在经济发展初期对环境治理问题关注度不足，早期工业化过程中遗留了大量由于消耗能源、忽略能源使用效率而引起的环境恶化问题，能源节约型技术进步发展水平严重落后。为了经济的可持续发展，中国政府近年来越来越重视环境治理问题，加强环境规制，以解决历史积累下严峻的环境状况，国内关于环境规制的研究亦蜂拥而至。景维民和张璐(2014)借鉴 Acemoglu 等(2012)对于技术进步偏向理论的研究，使用 2003—2010 年 33 个工业行业数据考察对外开放与环境规制对中国工业行业技术进步能源偏向性的影响，发现进口、出口与 FDI 对技术进步能源偏向性具有截然不同的作用效果，对外开放程度对国内绿色技术进步的作用通过两种方向相反的力量来实现，技术溢出效应促使技术进步方向偏向于绿色技术，而产品结构效应阻碍了绿色技术进步的发展。一般而言，进口品中清洁技术含量较大，而出口品中污染技术含量较大。对外开放程度增大，有利于中国从进口品中模仿学习物化于进口品中的清洁型技术进步，通过进口引起的绿色技术溢出需要与国内研发相配合，才会发挥出积极的引导作用，国内研发水平与进口品中蕴含的技术进步的适宜度是影响进口品促进绿色技术进步的关键。进口品通过两种效应促进国内绿色技术的发展，一方面，进口品中蕴含的绿色技术进步为国内绿色技术研发提供了可供模仿的样本示范；另一方面，进口产品与国内同等商品进行竞争，促进国内企业以提升产品市场竞争力为导向的绿色技术进步。出口产品则表现出较强的产品结构效应，阻碍了国内绿色技术进步。一方面，出口品中一般蕴含的绿色技术进步较少，对绿色技术研发难以产生激励作用；另一方面，发展中国家普遍采取的贸易保护政策对产品生产的环境管制要求较低，对绿色技术研发激励不足。FDI对绿色技术进步的影响具有方向相反的双重作用，一方面，FDI 的引入会为东道国带来先进的绿色技术进步，直接提高跨国公司绿色技术水平，并通过技术溢出效应对行业内与行业间绿色技术进步带来正面影响；另一方面，东道国较为宽松的环境管制又会放松跨国企业对绿色技术进步的要求，从而通过产品结构效应阻碍绿色技术进步发展，两种力量的最终效果取决于政府对 FDI 的激励政策与环境管制强度的大小。总体而言，进口在国内研发水平配套跟进的前提下对绿色技术进步产生正向促进作用，出口对绿色技术进步具有负向抑制作用，FDI 对绿色技术进步作用方向不确定。污染型能源易引起环境灾难等负面作用，但现阶段世界经济发展对污染型能源的依赖度并未出现明显下降，因此，利用政府政策引导以使企业技术研发方向由污染型技术转向清洁技术是可持续发展的必由之路。

三、能源偏向型技术进步的测算方法归纳

随着环境治理问题日益被重视，关于测算技术进步能源偏向性的实证研究与方法设计开始显现。Sanstad 等(2006)从行业层面估计了印度、韩国

和美国能源部门的能源增进型技术进步水平与生产率。Otto 等(2007)使用可计算一般均衡模型(CGE)测算能源偏向型技术进步。Karanfil 和 Yeddir(2010)首次将能源要素与劳动和资本要素一起纳入超越对数生产函数，设计系统方程测算技术进步的能源偏向性，研究发现能源偏向型技术进步对能源要素价格反应灵敏。Jorgenson(1966)使用 Kalman Filter 方法测算能源偏向型技术进步，并基于现有能源偏向型技术进步水平预测未来技术进步方向，延长了技术进步偏向的考察范围，但此方法中能源偏向性的衡量指标是具有不可观测性的潜变量。由于数据局限性，行业层面能源偏向性的测度并非易事，行业层面能源价格数据无法直接获得，能源偏向性较难识别，现有文献大多使用标准化 CES 生产函数、能源要素投入、劳动要素投入和资本要素投入一阶条件的非线性联立方程组来估计能源、资本与劳动要素之间的替代弹性，使用可行性广义非线性最小二乘法(FGLS)来估计各生产要素间替代弹性，以此作为判断技术进步方向的重要依据(Kemfert and Welsch, 2000; Klump et al., 2007;陈晓玲和连玉君，2012; León-Ledesma et al., 2010)，使用全局最优法在(0, +∞)范围内搜寻合理的要素替代弹性取值，使得要素替代弹性满足对数极大似然法的最大估计结果，降低初始值对系统模型的影响，合理估计要素替代弹性、要素边际生产率与要素分配参数。郑照宁和刘德顺(2004)从行业层面测算了中国 1978—2000 年资本、劳动与能源要素间替代关系，发现资本与能源相互替代，但替代弹性不具有稳定结果，此外，资本与劳动也呈替代关系。钱娟和李金叶(2018)研究了 1995—2015 年中国工业及其子行业资本、劳动与能源三大要素与技术进步方向的关系，测算结果表明，相对于资本要素，中国工业技术进步方向偏向于能源，技术进步提高了资本要素的相对边际生产率，是一种资本节约即能源使用型技术进步，而将资本与劳动要素进行比较，技术进步提高了劳动要素的相对边际生产率，是偏向劳动节约、资本使用的技术进步。

第二节 全球价值链理论的研究综述

一、全球价值链的理论内涵

世界市场范围的扩大与科技进步促进了国际分工的深化与细化，国际分工由初期产业内或产业间分工细化到产品内分工，某种产品的不同生产工序打破空间局限性，在国际间形成跨国生产链条，越来越多的国家被纳入全球价值链。在全球价值生产体系下，某种商品的生产流程被划分为连续、可分割的若干个生产阶段，各生产阶段在其上游生产已形成的价值基础上再增加新的价值，不同部门增值能力不同。一条价值链中的生产环节可分为价值链的高端环节与低端环节，例如，研发、设计、营销以及核心部件生产等具有高增加值的过程即为高端环节，而原材料供应、加工组装以及简单部件生产等具有较低增加值的过程则为低端环节。在国际分工体系中，各国依据比较优势原理与本国要素禀赋条件进行专业化生产，在全球价值链中获取本国增加值，最大限度降低成本，提高生产效率，在全球价值链中获取利益。全球价值链相互交织，产品生产环节越复杂，其生产链的扩展性越强，参与生产过程的国家和部门越多，在此基础上产业规模越大，价值链参与者获利越多，生产链中同质生产者相互竞争，全球价值链不断延伸和衍生，形成复杂多变的生产网络。不同企业、产业乃至国家的价值链相互交叉连结，各企业在全球价值链中均占据一定位置，其在价值链中的位置及其与上下游间的关系决定了该企业在全球生产网络中的竞争力。Kogut(1985)将价值链定义为原料、劳动和技术同时投入某个生产环节，完成价值增值，再将各种生产环节相互组合形成最终商品，最后将商品投入市场交易与消费过程，以完成价值循环过程。在产品沿着价值链增值的过程中，单个企业可以只参与价值链增值的某个环节，也可以将产品增值的所有环节纳入企业分级体系。全球价值链的形成是一国在全球生产中的比较优势与国内企业市场竞争情况共同作用的结果，各国在世界生产中的比较优势决定了全球价值链在全球范围内的空间布局，企业的市场竞争力决定了其能否在所处全球价值链条的节点上精进技术，降低成本，以保证在这一节点上的竞争优势。Kogut(1985)解释了全球价值链的垂直效应与全球空间配置的关系，将微观企业与宏观国家视角相结合考察全球价值链问题。

二、全球价值链嵌入位置的影响因素探索

关于全球价值链嵌入位置决定因素的研究有很多。Humphrey 和 Schmitz(2004)认为全球价值链使得生产活动由囿于一个企业范围内部转变为在世界空间范围内重新配置，将生产环节分散于世界各地，各国要素禀赋结构对于其选择何种产品生产阶段或何种零部件与组件进行生产具有决定性作用，一国依据要素禀赋条件只参与某种产品的特殊生产阶段，跨国中间品贸易迅速增长。发展中国家参与全球价值链一般是通过接受发达国家发出的外包订单形式实现。中国拥有人力资本丰裕的要素禀赋结构优势，并拥有完善的基础设施，成为接受国际外包订单数目最多的国家，以上条件有利于中国未来在全球价值链中继续深化，降低国外市场进入壁垒，从而在全球价值网络中获得竞争优势。劳动力是生产力三要素中最关键的要素，对全球价值链嵌入位置具有重要决定作用(唐海燕和张会清，2009；毛海欧和刘海云，2019)。FDI 的流入会对一国在价值链中所处位置造成影响，并且这种影响对发展中国家具有两面性。一方面，发展中国家引进外资会通过技术溢出效应与竞争效应促进其沿着全球价值链攀升。国际直接投资理论认为，外资引进会引发企业要素的转移，将外资企业知识与技术溢出至本土企业。随着外资的引进，发达国家先进的生产技术与管理经验也会流入发展中国家，发展中国家通过模仿学习的方式提高自身技术水平，节省研发成本并实现技术吸收。另一方面，外资流入也可能产生低端锁定等负面效

应。发展中国家在价值链中一般承担加工组装等位于价值链低端的生产任务，价值链主导者出于自身利益会对发展中国家进行纵向压迫，产生孤岛效应，不利于其产业升级。平新乔等(2007)发现以往的研究高估了 FDI 对技术进步的提升作用，外资并不能有效缩小内资企业与外资企业间技术差距，只有来自中国港澳台地区的外资明显缩小了技术差距，提高了内资企业总生产率。马野青等(2017)也证实 FDI 对全球价值链攀升无明显促进作用。产业结构由工业化向服务化的变迁会促进一国企业沿价值链攀升。刘斌等(2016)发现制造业服务化不仅提高了中国在全球价值链中的参与程度，还提升了其在全球价值链中的位置，从服务投入异质性来看，运输服务化、金融服务化、分销服务化对中国价值链攀升积极作用明显，而电信服务化影响不大。

三、全球价值链嵌入位置的测算方法归纳

现有关于全球价值链位置指数的测算方法主要有三种，均以贸易增加值的分解为依据。Stehrer(2012)提出贸易增加值是指一国出口贸易中被进口国或第三国吸收的本国直接增加值和间接增加值的和，也为一国出口增加值与进口增加值之差。利用一国总出口等于国内中间投入、国外中间投入与增加值三者之和的等式，Timmer 等(2012)首次对一国总出口进行分解，利用增加值系数与国内完全消耗系数进行矩阵运算，将一国总出口分解为国内增加值部分与国外增加值两部分。Koopman 等(2010)和 Wang 等(2017)使用增加值系数向量与里昂惕夫逆矩阵计算出完全增加值系数，分别将一国总出口分解为 9 部分与 16 部分。Wang 等(2017)借助生产长度概念建立了全球价值链嵌入位置指数，将生产长度定义为在序贯生产过程中雇佣要素创造的增加值被计算为总产出的平均次数，即价值链中产品生产阶段的数目，即从一国某一部门的初始投入到另一国某一部门的最终产出之间的生产阶段数目，可以反映该产品生产的复杂程度，对比一国或某一部

门在全球价值链中上下游生产长度可以更直观反映出该国或部门在全球价值链中的嵌入位置。Koopman 等(2010)的方法仅反映出某一部门在全球价值链中前向与后向参与度的规模差异。Wang 等(2017)的方法更加复杂,更加精确,更能反映出某一部门在全球价值链中的经济位置和重要程度,使用的是能够将该部门在全球价值链中参与程度与嵌入深入结合的指标。

第三节　全球价值链嵌入对能源偏向型技术进步的作用机理

中国经济融入世界经济体系,参与全球价值生产所引起的生产变革决定着中国工业技术进步的发展速度与能源偏向性。Coe 和 Helpman(1995)首次研究了国外研发资本对本国技术进步率的促进作用,发现一国全要素生产率不仅取决于本国的研发资本,还受贸易伙伴国研发资本的影响,一国对外开放程度越高,参与全球价值链越深,国外研发资本对本国技术进步率的作用越大,资本中间品的国际贸易是研发资本存量跨国流动的重要载体和形式。其后有大量研究开始关注中间品贸易对本国技术进步的影响。林毅夫和任若恩(2007)、赵志耘等(2007)与黄先海和刘毅群(2016)发现资本中间品贸易不仅可以为进口国带来蕴含于资本品中的物化型技术进步,还可以带来技术先进国的生产经验、管理观念与操作手法等非物化型技术进步。

Water 和 Ugelow(1979)提出“污染天堂”假说,又称“污染避难所”假说,假设发达国家具有较高的环境规制,而发展中国家环境规制强度较弱,因此,在国际贸易中发展中国家污染品具有比较优势,而发达国家清洁品具有比较优势,发展中国家在参与全球价值链过程中进口清洁品而利用其比较优势出口污染品，发达国家污染企业逐渐转移至发展中国家，诱使发展中国家企业研发能源使用型技术进步，导致发展中国家环境进一步恶化。另一些研究否定了“污染天堂”假说，依照“污染天堂”假说的说法，发展中国家为吸引并留住外资会降低本国环境规制强度，促进外资在本国选址，防止外资撤离。然而，这不符合发展中国家的经济事实，发展中国家环境规制标准也经历了逐渐提高的过程。Hémous(2016)使用南北贸易理论研究中间品贸易对南北国家技术进步方向与环境污染的影响。假设技术研发厂商追求利润最大化原则，雇用科学家进入本企业污染研发与清洁研发部门开展技术研发。在自由贸易条件下，污染中间品的出口使一国在全球价值链中污染中间品所占市场份额增大，诱使本国技术研发倾向于污染品，技术进步方向偏向于污染技术。假设污染技术生产率高于清洁技术，当北方国家对污染中间品征税时，这会促使北方国家一部分污染产业转移至南方国家，使南方国家技术进步方向偏向于污染技术。同理，当北方国家对清洁中间品进行补贴并对其进口征收贸易税时，北方国家清洁中间品具有比较优势，促进清洁品研发部门研发，技术进步方向偏向于清洁技术。当北方国家清洁技术水平达到某一高度后，北方国家与南方国家环境水平均会有效提高。

全球价值链对一国技术进步方向的作用可能存在以下几种机理。

一、技术溢出效应

长期以来，技术溢出效应在经济学界受到广泛关注和研究。技术溢出效应一般是指发达国家向发展中国家的技术溢出，发达国家一般为技术领先国家或北方国家，发展中国家一般为技术落后国家。技术溢出途径有多种，可以直接购买先进技术、专利和设备来实现技术传导和技术溢出，可以通过国际贸易，将货物视为凝结了先进技术的客观存在，实现技术溢出到发展中国家，也可以通过在发展中国家设立跨国公司子公司，开展日常贸易活动、人员交流往来及产业链上下游联动实现技术溢出。通过以上技术溢出途径，发达国家能够将其先进的节能技术扩散到发展中国家，引起发展中国家技术进步方向偏向节能。

随着经济全球化趋势，学界对技术溢出效应有了更深认识。Grossman 和 Helpman(1991)援引法国学者里昂·瓦尔拉斯(Léon Walras)所提出的一般均衡理论作为分析方法，在新增长理论的指导下，对技术进步与贸易增长的关系进行了探索。水平差异模型和质量阶梯模型表明，中间品种类的增加和质量的改善是技术进步的典型表现。Long 和 Wong(1997)认为国际分工带来的高质量和多种类中间品是促进发展中国家实现本国技术进步的重要途径。发展中国家通过参与全球价值分工，获得了凝结更先进技术的中间品，并凭借生产要素积累，推动本国经济增长，与其他国家构成动态互补关系。庄奕琦(2006)通过构造基于两个国家的追赶模型，发现在中间品进口与出口贸易中引发的技术溢出效应是促进经济增长的动力之一，技术溢出效应会受到中间产品自身特性与贸易伙伴国技术特征的影响，技术进步偏向等属性会随着技术溢出效应发生溢出国向吸收国的传导，且贸易伙伴国技术水平的高低即技术差距也会影响技术溢出效应的强弱。其他研究也得出相似结论(Chuang, 1998; Ben-David and Loewy, 1998)。

技术溢出效应可以通过多种途径实现，自由主义经济学家倾向于将进口视作最快速提升发展中国家技术水平的途径和方式，尤其是对于高新技术、设备、产品的进口，这些国家通过模仿学习、逆向工程、培训人才和二次开发实现技术进步过程中的后发优势。从信息论角度看，进口的中间品越多，发展中国家与发达国家在先进技术上的信息不对称将越小，越有利于提升该国技术发展水平，促进经济发展。Lawrence 和 Weinstein(1999)研究了出口导向与进口导向型贸易模式下日韩两国的经济增长现象，结果发现进口比重与该国经济全要素生产率有显著正相关关系，而出口对于该国生产率没有显著影响。因此，东亚包含日韩在内的发达或发展中经济体，应进一步加大对外开放，开展国际贸易，并加深全球价值生产合作，鼓励进口的同时适当降低关税，有利于本国生产率的提升和经济发展。Dodzin和Vamvakids(1999)基于跨国数据研究发现，一个国家参与全球价值链程度越大，该国制造业占国内生产总值的比重越高，进口设备与进口中间品中所包含的新技术对本国技术进步的推动作用会促进工业生产效率的提升，进而促进工业对经济增长的贡献率。Hendricks(2000)发现蕴含在资本中的技术进步与劳动力的劳动技能近似构成一个互补关系。事实上，在参与全球价值链过程中，劳动力将劳动技能与进口中间品结合，同时使用蕴含新技术的中间品又可以促进劳动技能的提升，先进技术通过中间品作为载体实现技术溢出。因此，实现技术进步的一个重要举措就是在扩大开放、合理调控进口价格的同时，增大参与全球价值生产的规模，鼓励进口蕴含新技术的中间品。Goh和Olivier(2002)研究发现，在南北贸易中，北方国家积累更多资本的重要方式是通过国际贸易进口更多廉价中间品，这样至少比该国在自给自足情况下积累的资本更多，且进口带来的"干中学"效应进一步增强了资本积累，使该国人均产出也相应得到提升。后发国家参与全球价值链而产生的技术溢出效应是其实现技术进步并促进经济发展的重要动力。通过参与全球价值链，后发国家得以对接世界先进科学技术，引进消化吸收国际既有先进科学技术并逐渐积累，通过二次创新或逆向工程等方式提升自身技术实力，加速本国技术进步步伐。值得一提的是，南方国家更容易通过与科技发达、技术先进的北方国家进行生产分工合作实现本国技术进步，且对外开放程度、进口占贸易总额比重与本国技术进步呈现正相关关系。

影响技术溢出效应的因素有很多。Coe和Helpman(1995)与Coe等(1997)发现，贸易伙伴国的研发资本R&D存量越高，则中间品进口国的全要素生产率越高。使用双边进口比重作为权数，发现进口国进口结构不变的情况下，进口额占国内生产总值的比重越大，则该国从技术溢出效应中实现的技术进步越大。选取数十个发展中国家的国际贸易数据，研究其技术溢出情况，结果发现在国际贸易中，发展中国家从发达国家获得的技术溢出效应促进了收益增长。Keller(1998)基于前人的研究基础，通过随机分配的方式构造贸易伙伴关系，并计算了这些贸易中的技术溢出效应，得出的结论与 Coe 等(1997)相似。Lee(1995)以跨国样本为研究对象，也发现经济增长率与中间品进口呈正相关关系，一个国家的经济增长率与其投资构成中进口中间品的比重正相关，进口国提升自身资本累积效率较快的方式是从发达国家进口较多相对价廉的中间品，这是因为资本投资中本来就蕴含了大量能够促进技术进步的因素。

然而，一些研究认为全球价值链不具有技术溢出效应，甚至阻碍一国技术进步。Bardhan(1970)认为国民经济发展是一个渐进的过程，需要通过产业知识的不断积累实现更大的规模效应。因此，如果发展中国家过早引入先进技术，会阻碍本国在国际贸易中通过“干中学”实现规模经济，该国将长久处于全球价值链中的低端位置。Stokey(1991)和 Young(1991)也认为开放的国际贸易对于发展中国家具有不利影响。发展中国家技术进步、产业升级进展缓慢的原因之一是从发达国家进口了相对较多的高技术中间品，形成了所谓“造不如买”的思维认识，客观上抑制了本国的技术进步进程。由于路径依赖带来的历史惯性，发展中国家在开放的国际贸易中不会增强对新技术的学习，反而会不断固化本国在低端产业上的比较优势，成为低技术产品的忠实制造者(Lucas，1988；Boldrin and Scheinkman，1988；Matsuyama，1992)。

二、市场竞争效应

在沿全球价值链向高端位置攀升的过程中，参与国际分工的部门会由于面临更大的市场竞争压力而加快技术进步进程。国际市场的环境规制更为严格，国际贸易中的中间品为争取更多国际市场，产品质量和节能属性需要得到针对性优化以满足国际贸易要求，企业必须改进生产工艺和生产效率，从而在客观上推动了节能型技术进步。某一行业加入全球价值链后，会增加行业内市场竞争效应，引发行业内部的技术改进。尤其对于一个国家的某些垄断工业部门如通信行业、能源行业、高科技行业等，企业依靠自身市场优势地位，技术进步动力不足，市场敏锐性和竞争力相对较低。当这些垄断行业出现市场竞争时，外来竞争者与垄断企业争夺市场份额，激励本国企业加强自主创新能力，提升自身技术让产品质量更好，同时通过降低产品能耗程度并扩大生产规模以降低生产成本，从而推动了节能型技术进步。

Lawrence 和 Weinstein(1999)研究了美国进口贸易对其全要素生产率的影响，发现 20 世纪 80 年代美国近百个行业中，国际贸易带来的竞争效应显著提升了全要素生产率，全要素生产率增长的 80%由进口贸易引起的市场竞争效应和产业结构变化贡献。Bloch 和 Olive(2001)研究了澳洲制造业相关数据，发现中间品贸易带来的竞争效应提升了澳大利亚制造业企业的生产效率及配置效率。Connolly(2003)选取 1965—1990 年间 75 个国家高科技产品的进口贸易数据，发现高科技中间品进口对发展中国家技术创新具有显著促进作用，高科技中间品进口产生的技术溢出效应促进了发展中国家全要素生产率的提升。其他研究也揭示了中间品贸易带来的进口竞争效应对企业生产率具有促进作用(Pavcnik, 2002; Patrick, 2006; Almeida and Fernades, 2008)。1993 年以来，中国实施外贸体制改革，贸易自由化程度进一步提升，在规模报酬可变和市场不完全竞争条件下，市场竞争效应促进了国内技术进步，提升了各行业规模经济效应，也进一步打破了国内市场存在的垄断，全要素生产率显著提高(陶剑，1999)。有学者关注我国内资工业部门因为开放贸易所受到的来自外国资本的影响，在国际贸易带来的市场竞争效应和技术溢出效应影响下，正向市场竞争效应出现在国企及私企，负向市场竞争效应则出现在我国工业部门(张海洋和刘海云，2004)。许礼生和高凌云(2010)研究了全要素生产率变化率与市场竞争效应间的关系,选取1978—2006年的宏观经济数据进行实证研究,结果显示市场竞争效应与全要素生产率变化率具有正向关联,当一个国家的市场竞争程度比较低时,国际贸易带来的进口竞争效应对全要素生产率的提升作用更显著。不过,湛柏明和孟庆雷(2013)借助投入产出表发现发达国家经济增长也受益于嵌入全球价值链而产生的中间品贸易带来的市场竞争效应。Levinsohn(1991)认为在国际贸易及全球价值生产带来的市场竞争下,国内企业会选择通过其他方式提升市场竞争力,如降低生产成本、打“价格战”等,与外来企业进行竞争,不利于先进节能技术发展。

三、路径依赖效应

路径依赖效应指的是技术进步路径和生产方式有自发在原有路径延续的趋势。在新制度经济学理论看来,在缺乏强有力外部因素的影响下,即使原有生产技术已与当前生产条件与经济形势不匹配,但无论是技术还是组织都有强化原有存在、延续历史发展惯性的趋势。因此,研究技术进步方向的发展趋势,需要考察初始状态下的技术进步方向。路径依赖理论起源于生物学领域,最早由古生物学家斯蒂芬·杰·古尔德(Stephen Jay Gould)提出,生物进化过程是指在路径依赖的基础上,发生随机性基因突变导致生物进化进程加速,是历史惯性力量支配下具有某种偶然性的自发选择。类似地,技术进步的起因也可归纳为在技术沿原有技术水平路径下,由于不可控突变导致某种更先进技术占据主流地位。吕晓刚(2003)将路径依赖归纳为正反馈机制,这种正反馈机制本质上是对现有体系的不断强化。即一旦一个制度体系在某个组织中得以确立,这个制度体系的正反馈属性将引导组织发展延续现有的路径与方向。

嵌入全球价值链后,中国工业技术进步方向具有沿能耗型技术进步延续的趋势。一方面,污染型、耗能型企业更新升级技术和设备的成本较高,同时需要培养提升设备操作者的劳动技能，使劳动力与技术相匹配，短期内其对企业成本影响较大。另一方面，我国丰富的自然资源为耗能型企业生存发展提供了条件，企业生产往往只要投入较多能源要素。这些因素导致中国企业生产有向能源使用方向的偏向，进而导致中国工业技术进步偏向高耗能。North(1990)将路径依赖视作延续发展“轨迹”的过程，即历史发展中的偶然事件可能开创一个新的历史进程并逐渐占据历史主流，“改旗易帜”的成本较高。路径依赖效应一般有两种稳定状态：一种是锁定状态，一种是平衡状态。二者的主要区别在于初始状态是否有利于技术进步和生产率提高。处于前者下的系统将延续初始状态的低效率与高耗能特征，阻碍技术进步和生产率提高。处于后者下的系统实现了良性循环，初始状态有利于技术进步和生产率提高，经济发展将反过来巩固现有的稳定状态。当稳定状态的路径依赖效应实现时，说明系统处于报酬递增状态下，即当经济系统在稳定状态下不断获益时，系统的一系列后续制度设计与当前状态相适应，使得整个制度体系得以强化，有自我强化(self-reinforce)的偏向。Arthur(1989)研究经济发展的历史发现，一个制度设计最初总是呈现报酬递增特征，但随着人类知识积累和技术发展，带来的报酬却呈现边际递减特征，然而经济个体总是选择相信现有制度是有利的，选择现有制度从而达成路径依赖。中国技术进步路径偏向耗能，这是由于中国长期依靠能源要素丰裕的资源禀赋条件实现经济增长。一些研究也证实自然资源丰裕的地区其技术进步一般较为缓慢。耗能型企业的发展依赖自然资源，往往位于自然资源产地，路径依赖使得这些资源丰富的区域更容易停留在现有技术发展阶段，抑制了产业升级和经济发展(Bradbury, 1979; Santos, 1997; Papyrakis and Gerlagh, 2007)。一些研究从国家层面(Sachs and Warner, 1995; Gylfason, 2001; Papyrakis and Gerlagh, 2004)，区域内部层面(徐康宁和王剑，2005；胡援成和肖德勇，2007；Papyrakis and Gerlagh, 2007；邵帅和齐中英，2008；孙永平，2011)，以及城市层面(蔡昉，2005；李树人，2007；

邵帅，2010）证实了技术进步及其偏向性的路径依赖效应。

全球价值链嵌入的路径依赖效应会挤出节能型技术进步发展。耗能型企业产品与资源禀赋水平和国际市场价格关系紧密，产品更新换代比较慢，在路径依赖效应影响下，更容易产生技术进步挤出的现象。现有研究已经证明了耗能型企业有挤出节能型技术进步的偏向（Sachs and Warner，2001）。为追求利润最大化，技术进步所需的高素质劳动力将进一步增加企业经营成本，从而抑制了耗能型企业在人力资本培训上的投入，从而阻碍技术进步进展（Sachs and Warner，1995，1997；Gylfason，2001）。Corden 和 Neary（1982）借助 R&D 内生经济增长模型发现路径依赖效应影响下的耗能型企业对 R&D 存在挤出效应，阻碍节能技术发展。进一步研究发现，耗能型企业的发展会抑制某些生产要素的转移，因为这些可转移生产要素在耗能型企业的边际产品价值更高。因此，对于能源要素丰裕的发展中国家来说，在全球价值生产中承担能源要素与高能耗产品生产任务会导致这些国家形成能源密集型中间品的比较优势，能源要素在后发国家中具有更高的边际生产率，不但阻碍了能源密集型生产任务从后发国家中转出，还促进了先发国家将污染型生产工序转移至后发国家中进行，加剧了路径依赖效应。路径依赖效应通过对耗能型企业的“锁定”，包括对企业功能和认知上的锁定等阻碍了节能型技术进步（Grabher，1993；Bertinell，2007）。宋冬林和汤吉军（2004）发现，锁定效应来自耗能型企业对资源要素的关注，较高的沉淀成本抑制了耗能型企业的技术进步。王必达和王春晖（2009）认为，耗能型企业出于对自然资源的依赖，产业结构天然具有固化趋势，资源禀赋深刻决定着一个耗能型企业的制度变迁，进一步阻碍了企业产业结构升级，并阻碍节能型技术进步的发展。

四、污染转移效应

随着全球价值生产与国际分工的不断深化，发达国家会将一部分污染型、耗能型企业或生产任务通过外包、跨国公司子公司或者全球价值链等方式转移到发展中国家。发展中国家发挥自身在能源和劳动力方面的优势承接一些能耗型产业，但这样加速了发展中国家的资源消耗和环境污染，并且由于技术上的路径依赖效应，这些发展中国家的技术进步方向向耗能方向偏移。环境经济学作为经济学的重要分支，兴起于20世纪70年代，当时发达国家开始将污染企业和生产任务逐渐转移至发展中国家，污染转移效应受到学界关注。发展经验证明污染转移效应导致技术进步方向转向耗能型。发达国家的污染转移效应的实现途径包括全球价值链、外商直接投资、国际贸易等形式，借助产业转移等手段，形成了环境保护在发展中国家与发达国家之间的“双重标准”。污染转移效应的前提是发展中国家与发达国家间环境成本不同，即为了实现环境保护法律法规所规定的标准而付出的代价不同。发达国家环境保护法规标准较高，监管较为严格，同时市场竞争激烈。企业为达到环境保护标准需要付出高昂成本，这些成本包含在企业总经营成本中，加大了企业经济压力，企业为减少环境成本有向环境保护法律法规标准较低的国家和地区转移的趋势，这些国家和地区大部分是发展中国家，从而导致发达国家向发展中国家转移污染产业的现象。

Pethig(1976)和Siebert(1977)较早关注并研究了不同国家间环境规制差异性所引起的发达国家将污染型、耗能型企业或生产任务向发展中国家转移的现象，即污染转移效应。在此基础上，Copeland和Taylor(1994)结合经典贸易理论，针对污染转移效应反映的现象，证明了“污染避难所”假说。“污染避难所”假说认为，环境规制强度的区域性差异引致了污染型、耗能型等“肮脏”产业向环境规制强度小的区域集中，以实现企业利润最大化。发展中国家承接了大量污染型、耗能型产业，被视为所谓“污染避难所”。自此，大量研究开始关注污染转移效应及其影响。Baumol和Oates(1988)的研究揭示了对待环境规制的不同举措将影响一个国家在污染型、耗能型产业上的比较优势。他们发现一个国家不采用或者采用标准较低的环境规制时,该国在污染型、耗能型产业的竞争力相对更强,具有比较优势,也更倾向生产这些污染型产品。Xing 和 Kolstad(1996)深入研究和讨论了污染转移效应实现的前提:一是污染转移效应发生在不同区域之间,区域存在着生产环节壁垒,将该区域不允许的生产工序转移到具备生产能力的区域是打破壁垒的一种方式;二是不同区域的环境规制强度必须有区分度,这是推动污染型产业转移的直接动力;三是环境规制造成的环保成本必须纳入企业经营成本。其证明了“污染避难所”假说,发达国家高标准环境规制降低了企业利润是促使企业污染转移的根本原因。

污染转移效应最初建立在传统贸易理论上,未考虑环境成本、环境资源价值和环境外部性影响,Mcguire(1982)拓展了污染转移效应,认为环境规制对污染型、耗能型企业施加影响时,会阻碍能耗型企业的技术进步。Long 和 Siebert(1991)基于 Mcguire(1982)的研究成果改进了 H-O 模型,改进后的 H-O 模型将环境因素纳入生产投入要素,这一改进被广泛认可,至此,污染转移效应理论模型发展进入成熟阶段。在这个模型中,污染转移效应发生的内因是环境规制导致区域间资本回报率不同,体现为发展中国家环境规制强度较弱,环境成本较低,天然适合从事污染型、耗能型企业生产。换句话说,“环境”作为一种生产要素在不同区域产生不同的资本回报率,引起污染转移。污染型、耗能型企业自发向环境规制弱且资本回报率高的区域转移,直到区域间实现经济系统的平衡,即不同区域间资本回报率相同。

Taylor(2006)认为,一国环境规制强度是基于国内各种生产条件的一种理性选择。一是该国的经济发展水平和资源禀赋,这是一个国家理性选择何种强度环境规制的基础;二是企业决定自身贸易模式和转移资本要素的直接动力来自企业环境成本与企业总成本之间的利弊权衡,而企业环境成本由该国环境规制水平所决定;三是一国制定环境规制政策需要考虑本国环境保护水平、产品售价等相关变量，而这些变量又反过来作用于该国环境规制水平，形成一个动态平衡的闭环。Wheeler(2001)基于“污染避难所”假说，认为各国若无底线降低本国环境规制强度，将使得本国环境保护水平下降到一个很低的标准，造成本国资源枯竭和更严重的环境污染。在他看来，“污染避难所”假说将引起发展中国家间的“比烂”趋势，甚至造成本国资源和环境的最终崩溃，他将这种假设称为“向底线赛跑”。Bhagwati(1993)对这种假说提出了质疑，认为该假说的情况过于极端，与实际情况不一致。一是一个国家的经济体制、法律保障、人文社会环境、文化差异等因素都将影响企业的投资行为，环境规制只是决定企业进行投资的因素之一，甚至不算是最主要的决定因素；二是污染型、耗能型企业转移到发展中国家，客观上增加了其就业机会，为该国政府贡献了税收，提升生产率，对该国经济发展具有积极作用，而经济发展为该国引进或研发更先进的环境保护技术奠定了基础。生态经济学家普遍认可贸易理论下的污染转移效应来自不同区域间环境规制水平带来的环境成本比较优势(Pearce et al., 1990)。Casson(1976)在企业利润最大化原则基础上，将内部化理论和国际生产折衷理论相结合，解释跨国公司的污染转移效应。当一个公司拥有所有权特定优势和区位特定优势，同时具有环境成本内部化能力的时候，会选择成立跨国公司，通过跨国公司实现污染转移。

国内学者对污染转移效应也进行了研究。刘淑琪(2001)认为我国环境成本内化程度较低，这是吸引发达国家将污染型、耗能型企业转移到我国的重要原因之一，污染转移的方式往往是外商直接投资。徐向红(2004)的研究进一步揭示了发达国家将污染型、耗能型企业转移来自本国激烈的市场竞争和较高的环境规制水平。李国平和俞文华(1999)与陈林和朱卫平(2010)的研究显示，制度因素造成的成本差异和外部梯度促进了污染型、耗能型企业向发展中国家的转移，且这个过程是自发的。

第四节 本章小结

通过总结上述文献关于技术进步能源偏向性及全球价值链问题的研究不难发现,技术进步偏向性的研究主要集中于技术进步方向理论的发展、技术进步偏向性的测算及影响因素,从不同视角对相关领域存在的问题给出了丰富的参考意见,并且使相关理论和研究方法的运用更加贴近实际,但仍然存在一定的局限性。

技术进步偏向理论将技术进步的方向进行了内生化处理,给出了技术进步产生偏向的影响因素,在理论上是内生增长理论的一个有效拓展,突破了内生增长理论仅考虑技术进步大小而不考虑技术进步方向的束缚,为内生增长理论的不断完善与发展提供了方向。然而,在现实运用中,技术进步偏向理论主要关注劳动力与资本这两种生产要素,着重关注技术进步偏向对这两种生产要素报酬的影响,对于能源这一生产要素的关注则相对比较匮乏。在工业化、城市化进程中,除了劳动力与资本的投入之外,能源的投入变得越来越重要,对国内生产总值(以下简称 GDP)的贡献也不断上升。另外,劳动力与资本的使用不会产生环境污染等负外部性问题,而能源的使用则会产生环境污染,进而影响经济的增长。且现有文献也缺乏对中国宏观、中观、微观三个层面关于能源偏向型技术进步对经济增长与节能减排的影响,缺少从理论机理到定量估算、影响效应评估的研究以及对诱发能源偏向型技术进步动因的深入探究。

前沿研究将国际贸易因素纳入技术进步偏向理论,但仅考察国际进出口和离岸外包等对技术进步方向的影响,没有从全球价值链视角考察技术进步能源偏向性的形成机理。对于中国工业嵌入全球价值链是否会影响行业的能源偏向性,使得技术进步向能源消耗或能源节约方向转变这一问题,尚未有研究。同时,现有研究缺乏对全球价值链嵌入位置演变影响技术进步能源偏向性作用机制的梳理。那么,中国工业嵌入全球价值链是否会对技术进步方向产生影响呢？其影响机制是什么？不同全球价值链嵌入方式、嵌入方向与嵌入市场的影响效果是否一致？其影响效果是否存在非线性和行业异质性？全球价值链嵌入对技术进步方向的作用存在哪些依赖条件？准确回答上述问题对中国工业在嵌入全球价值链过程中如何实现价值链攀升和转型升级具有重要的理论与现实意义。

第三章
理论模型构建

技术进步不仅具有经济增长功能，也有要素偏向功能，依照偏向能源使用或能源节约方向可以分为节能型技术进步与耗能型技术进步。其中，节能型技术进步在实现经济增长的同时可以降低能源消耗，并降低环境污染问题，是解决经济增长与环境污染矛盾的关键。在全球价值链嵌入前后，能源偏向型技术进步可能呈现不同特征，对缓解当前中国能源危机、实现经济结构转型与绿色发展具有不同效果。在封闭经济条件下，中国工业技术进步方向取决于两种技术研发效率、相对市场竞争程度、相对技术水平、要素禀赋结构与两种中间品替代弹性，而在开放经济条件下，在参与全球价值生产过程中，技术进步方向还会受到全球价值生产技术溢出效应、市场竞争效应、技术进步路径依赖效应与污染转移效应的影响。为探究在嵌入全球价值链前后中国工业技术进步方向的形成原因与差异，本书借鉴 Acemoglu(2012)、Hemous(2016)与钱娟(2018)的模型，将生产函数设定为最终品由能源偏向型技术与资本偏向型技术两部门中间品进行生产，以探究全球价值链对能源偏向型技术进步影响。

第一节 封闭经济条件下能源偏向型技术进步的决定机制

一、模型的基本设定

借鉴 Acemoglu(2012)关于技术进步方向的生产模型，假设封闭经济体的最终品由能源密集型中间品与资本密集型中间品生产得到。其中，能源密集型中间品由能源密集型部门生产，而资本密集型中间品由资本密集型部门生产。将最终品生产函数设定为：

$$Y_t=\left(Y_{Et}^{\frac{\varepsilon-1}{\varepsilon}}+Y_{Kt}^{\frac{\varepsilon-1}{\varepsilon}}\right)^{\frac{\varepsilon}{\varepsilon-1}} \tag{3.1}$$

其中，Y_t 表示最终品，Y_{Et}表示能源密集型中间品，Y_{Kt}表示资本密集型中间品，ε 表示两种中间品的替代弹性，$\varepsilon>0$。当 $\varepsilon>1$ 时，表明能源密集型中间品与资本密集型中间品之间呈相互替代关系，ε 数值越大，表明两种中间投入品间可替代性越强，能源密集型中间品更易被资本密集型中间品所替代，经济增长方式更易转变为节能型与绿色型增长方式；当 $0<\varepsilon<1$ 时，表明两种中间投入品之间呈现互补关系，且可替代性较弱，经济增长方式较难转型。假设两种中间投入品的替代弹性 $\varepsilon>1$，即两种中间品呈相互替代关系。

为方便讨论，后文令 $S\in\{E, K\}$表示能源或资本。假设 S 类型中间品的生产除需要投入相应生产要素外，还需投入标准化在$[0, T_{St}]$区间上的一系列机器设备，将 S 类型中间品的生产函数分别设定为：

$$Y_{St}=\left(\int_0^{T_{St}} M_{Sit}^{\alpha}\,\mathrm{d}i\right)S_t^{1-\alpha} \tag{3.2}$$

其中，α 表示机器设备的产出弹性，且 $0<\alpha<1$；M_{Sit}表示在S 类型中间

品生产过程中所需投入的第 i 种机器设备的数量；T_{St} 为 S 类型机器设备种类数，代表 S 偏向型技术水平；S_t 表示生产中间品所需的 S 类型要素投入量。

借鉴黄先海和宋学印(2017)的做法，假设中间品市场均存在一个在位垄断者和众多进入企业，中间品的生产以最终产品作为投入，在位者垄断生产技术，其边际生产成本为 1。进入企业的生产技术水平相对落后，其边际生产成本为 ξ_S。假设中间品市场施行伯特兰德竞争(Bertrand Competition)，在位者的最优定价为 ξ_S，从而可以获得全部市场，可得：

$$q_{Sit}=\xi_S \tag{3.3}$$

其中，ξ_S 反映市场垄断程度，ξ_S 越大表示市场垄断程度越强，即市场竞争程度越弱，并且假设 $1<\xi_S<\frac{\varepsilon}{\alpha(\varepsilon-1)}$。

假设机器设备生产者不仅垄断机器设备的生产，而且通过实施研发活动提升机器设备质量，以提高垄断生产利润。将 S 类型机器设备的研发生产函数表示为：

$$\dot{T}_{St}=\vartheta_S Z_{St}^{\delta} T_{St}^{\eta} \tag{3.4}$$

其中，$\dot{T}_{St}$ 表示 S 偏向型技术水平增量，Z_{St} 为研发过程中最终产品投入，ϑ_S 表示 S 类型机器设备研发效率，$\eta>0$ 为自主创新能力，$0<\delta<1$ 为研发产出弹性。

二、模型的均衡解

假设最终产品价格标准化为 1，将 S 类型中间品的市场价格设为 P_{St}。利用式(3.1)，并根据最终品生产部门利润最大化原则，在完全竞争市场条件下，可求得 S 类型中间品的反需求函数为：

$$P_{St}=Y_t^{\frac{1}{\varepsilon}}Y_{St}^{-\frac{1}{\varepsilon}} \tag{3.5}$$

假设中间品市场完全竞争，对于 S 类型中间品，其利润最大化条件分别为：

$$\max_{M_{Sit},\, S_t} P_{St}Y_{St}-\int_0^1 (q_{Sit}\times M_{Sit})\mathrm{d}i-p_{St}\times S_t \tag{3.6}$$

其中，q_{Sit} 表示 S 类型机器设备市场价格，p_{St} 表示 S 类型要素价格水平。

将式(3.2)代入式(3.6)，利用一阶条件，可得能源密集型与资本密集型机器设备的反需求函数为：

$$q_{Sit}=\alpha P_{St}M_{Sit}^{\alpha-1}S_t^{1-\alpha} \tag{3.7}$$

同时，可以得到 S 类型要素的边际产出价值即最优价格为：

$$p_{St}=\frac{\partial(P_{St}Y_{St})}{\partial S_t}=(1-\alpha)P_{St}Y_{St}S_t^{-1} \tag{3.8}$$

将式(3.3)代入式(3.7)，可得第 i 种 S 类型机器设备的均衡数量为：

$$M_{Sit}=\left(\frac{\alpha}{\xi_S}P_{St}\right)^{\frac{1}{1-\alpha}}S_t \tag{3.9}$$

将式(3.9)代入式(3.2)，可得 S 类型中间品的均衡总产出为：

$$Y_{St}=\left(\frac{\alpha}{\xi_S}P_{St}\right)^{\frac{\alpha}{1-\alpha}}T_{St}S_t \tag{3.10}$$

联立式(3.5)与式(3.10)，可将 S 密集型中间品市场价格表示为：

$$P_{St}=\left(\frac{\alpha}{\xi_S}\right)^{-\frac{\alpha}{\varepsilon(1-\alpha)+\alpha}}Y_t^{\frac{1-\alpha}{\varepsilon(1-\alpha)+\alpha}}S_t^{\frac{\alpha-1}{\varepsilon(1-\alpha)+\alpha}}T_{St}^{\frac{\alpha-1}{\varepsilon(1-\alpha)+\alpha}} \tag{3.11}$$

再将式(3.10)代入式(3.8)，可得 S 密集型机器设备的均衡定价为：

$$p_{St}=(1-\alpha)\left(\frac{\alpha}{\xi_S}\right)^{\frac{\alpha}{1-\alpha}}P_{St}^{\frac{1}{1-\alpha}}T_{St} \tag{3.12}$$

将式(3.9)代入第 i 种 S 密集型机器设备的垄断生产利润 $\pi_{Sit}=(\xi_S-1)M_{Sit}$，并且对等式两边关于 i 求积分，可以得到均衡状态下 S 密集型部门生产机器设备的总利润为：

$$\pi_{St}=(\xi_S-1)\left(\frac{\alpha}{\xi_S}\right)^{\frac{1}{1-\alpha}}P_{St}^{\frac{1}{1-\alpha}}T_{St}S_t \tag{3.13}$$

由式(3.13)可知，机器设备生产商为了增加其垄断生产利润，可通过研发活动使机器质量提升，那么研发活动利润为由机器设备质量增加即技术进步带来的机器生产期望利润增量。结合式(3.4)与式(3.13)，可得机器生产者研发活动所获的利润为：

$$\Pi_{St}=(\xi_S-1)\left(\frac{\alpha}{\xi_S}\right)^{\frac{1}{1-\alpha}}P_{St}^{\frac{1}{1-\alpha}}\vartheta_S Z_{St}^{\delta}T_{St}^{\eta}S_t \tag{3.14}$$

S 密集型机器生产商根据研发净利润最大化原则，选择最优研发投入量 Z_{St}^*：

$$\max_{Z_{St}}[\Pi_{St}-Z_{St}] \tag{3.15}$$

将式(3.14)代入式(3.15)，利用一阶条件，可得最优研发投入为 Z_{St}^*：

$$Z_{St}^*=\left[\delta\vartheta_S(\xi_S-1)\left(\frac{\alpha}{\xi_S}\right)^{\frac{1}{1-\alpha}}\right]^{\frac{1}{1-\delta}}P_{St}^{\frac{1}{1-\alpha}\frac{1}{1-\delta}}T_{St}^{\frac{\eta}{1-\delta}}S_t^{\frac{1}{1-\delta}} \tag{3.16}$$

令 $g_{St}\equiv\dot{T}_{St}/T_{St}$ 表示 S 偏向型技术进步率，联立式(3.4)、式(3.11)与式(3.16)，可得 S 偏向型均衡技术进步率为：

$$g_{St}=\vartheta_S^{\frac{1}{1-\delta}}(\delta\psi_S)^{\frac{\delta}{1-\delta}}Y_t^{\omega}S_t^{\omega(\varepsilon-1)(1-\alpha)}T_{St}^{\frac{\eta-1}{1-\delta}+\omega(\varepsilon-1)(1-\alpha)} \tag{3.17}$$

其中，为简便记号，令 $\omega\equiv\frac{1}{\varepsilon(1-\alpha)+\alpha}\left(\frac{\delta}{1-\delta}\right)>0$，$\psi_S=(\xi_S-1)\left(\frac{\alpha}{\xi_S}\right)^{\frac{\varepsilon}{\varepsilon(1-\alpha)+\alpha}}$，$\psi_S$ 为 ξ_S 的严格单调递增函数，同样可以表示市场垄断程度，ψ_S 越大表示市场垄断程度越高。

为分析技术进步能源偏向性的决定机制，需要将技术进步能源偏向性 TB_t 表示出来。先通过联立式(3.11)与式(3.12)，可得能源与资本边际产出价值，即均衡要素价格之比为：

$$\frac{p_{Et}}{p_{Kt}}=\left(\frac{E_t}{K_t}\right)^{-\frac{1}{\varepsilon(1-\alpha)+\alpha}}\left(\frac{T_{Et}}{T_{Kt}}\right)^{\frac{(\varepsilon-1)(1-\alpha)}{\varepsilon(1-\alpha)+\alpha}} \tag{3.18}$$

结合技术进步能源偏向性 TB_t 的定义与式(3.18)，可将均衡条件下的技术进步能源偏向性表示为：

$$TB_t=\frac{1}{p_{Et}/p_{Kt}}\frac{\partial(p_{Et}/p_{Kt})}{\partial(T_{Et}/T_{Kt})}\frac{\mathrm{d}(T_{Et}/T_{Kt})}{\mathrm{d}t}=\frac{(\varepsilon-1)(1-\alpha)}{\varepsilon(1-\alpha)+\alpha}(g_{Et}-g_{Kt}) \tag{3.19}$$

由(3.19)式可知，技术进步能源偏向性主要由能源偏向型与资本偏向型技术进步率的相对大小以及能源与资本密集型中间品的替代弹性决定。当替代弹性 $\varepsilon>1$ 时，若能源偏向型技术进步率相对资本偏向型技术进步率更高，则技术进步偏向于能源，反之则反是；当 $0<\varepsilon<1$ 时，若能源偏向型相对资本偏向型技术进步率更高时，则技术进步偏向于资本，反之则反是。为简化分析，后文重点讨论与现实情况更为相符的替代弹性 $\varepsilon>1$ 的情况。因此，讨论技术进步能源偏向性的决定机制，即等价于探究能源偏向型与资本偏向型相对技术进步率的影响因素。由于 $\varepsilon>1$ 和 $0<\varepsilon<1$ 时的结论相反，结合(3.17)式，可以通过能源偏向型与资本偏向型相对技术进步率 g_{Et}/g_{Kt} 与 $(\varepsilon-1)$ 的乘积 $TA_t=(\varepsilon-1)\frac{g_{Et}}{g_{Kt}}$，探究技术进步能源偏向性的决定机制：

$$TA_t=(\varepsilon-1)\left(\frac{\vartheta_E}{\vartheta_K}\right)^{\frac{1}{1-\delta}}\left(\frac{\psi_E}{\psi_K}\right)^{\frac{\delta}{1-\delta}}\left(\frac{T_{Et}}{T_{Kt}}\right)^{\frac{\eta-1}{1-\delta}+\omega(\varepsilon-1)(1-\alpha)}\left(\frac{E_t}{K_t}\right)^{\omega(\varepsilon-1)(1-\alpha)} \tag{3.20}$$

由(3.20)式可知，技术进步能源偏向性取决于能源偏向型与资本偏向型技术相对研发效率 ϑ_E/ϑ_K、能源与资本密集型机器市场相对垄断程度 ψ_E/ψ_K、能源偏向型与资本偏向型相对技术水平 T_{Et}/T_{Kt}、能源与资本相对投入 E_t/K_t,并且受制于能源与资本密集型中间品的替代弹性 ε。具体而言,当 $\varepsilon>1$,即能源与资本密集型中间品总替代时:(1)若能源偏向型相对资本偏向型技术研发效率提升,则技术进步偏向能源方向,反之则反是;(2)若能源密集型相对资本密集型机器设备市场竞争程度越小,即垄断程度越高,则易引发技术进步偏向能源方向,反之则反是;(3)若能源偏向型相对资本偏向型技术水平越高,则技术进步偏向能源方向,且自主创新能力的提升会进一步强化技术进步的能源偏向,反之则反是;(4)表明若能源相对资本投入增多,则易促使技术进步偏向能源方向,反之则反是。而当 $0<\varepsilon<1$ 即能源与资本密集型中间品总互补时,结论恰好相反。

第二节　全球价值链嵌入条件下能源偏向型技术进步的决定机制

一、下游国家能源偏向型技术进步的形成

将下游国家的最终产品生产函数设为:

$$Y_t^D=\left((Y_{Et}^D)^{\frac{\varepsilon D-1}{\varepsilon D}}+(Y_{Kt}^D)^{\frac{\varepsilon D-1}{\varepsilon D}}\right)^{\frac{\varepsilon D}{\varepsilon D-1}} \tag{3.21}$$

其中,Y_t^D 为下游国家最终产品产出,Y_{Et}^D 和 Y_{Kt}^D 分别为下游国家能源密集型与资本密集型中间品投入,$\varepsilon^D>0$ 为中间品之间的替代弹性。

将 $S(S\in\{E, K\})$ 密集型中间品的生产函数设为:

$$Y_{St}^D=\left[\left(\int_0^{T_{St}^D}(M_{Sit}^D)^{\alpha^D}\mathrm{d}i\right)(S_t^D)^{1-\alpha^D}\right]^{\beta^D}(Y_{St}^U)^{1-\beta^D} \tag{3.22}$$

其中,M_{Sit}^D 为下游国家第 i 种 S 密集型机器设备投入,S_t^D 为 S 类型要

素投入;T_{St}^{D}为 S 密集型机器设备种类数,体现 S 偏向型技术水平;Y_{St}^{U}为下游国家生产过程中投入的上游国家 S 密集型中间品,其市场价格为 P_{St}^{U},由此体现全球价值链嵌入后,通过上游向下游国家的中间品贸易体现两国之间的生产关系;$1-\beta^{D}(0<\beta^{D}<1)$则为上游国家 S 密集型中间品的产出弹性。

假设下游国家机器设备市场为伯特兰德竞争,在位者将 S 密集型机器设备的价格 q_{Sit}^{D}定为进入者生产机器设备的边际成本 ξ_{S}^{D}:

$$q_{Eit}^{D}=\xi_{E}^{D} \tag{3.23}$$

其中,假设 $1<\xi_{E}^{D}<\dfrac{\beta^{D}(\varepsilon^{D}-1)+1}{\alpha^{D}\beta^{D}(\varepsilon^{D}-1)}$。

下游国家机器设备的垄断者在生产机器的同时,也通过实施研发活动,增加机器设备的种类数,即促使技术水平提升。为此,将 S 偏向型技术研发生产函数设为:

$$\dot{T}_{St}^{D}=\vartheta_{S}^{D}(Z_{St}^{D})^{\delta^{D}}(T_{St}^{D})^{\eta^{D}}(T_{St}^{U})^{\mu^{D}} \tag{3.24}$$

其中,$\dot{T}_{St}^{D}$为下游国家 S 偏向型技术水平的增量,Z_{St}^{D}为下游国家研发过程中的最终产品投入,T_{St}^{D}、T_{St}^{U}分别为下游与上游国家第 t 期的 S 偏向型技术水平,ϑ_{S}^{D} 为 S 偏向型技术研发效率,$\delta^{D}(0<\delta^{D}<1)$为研发产出弹性,$\eta^{D}(\eta^{D}>0)$表示下游国家的自主创新能力,$\mu^{D}(\mu^{D}>0)$代表下游国家对上游国家技术的模仿创新能力,反映上游国家对下游国家的技术溢出效应。

类似于封闭经济体下的模型求解过程,通过求解最终产品、中间品、机器设备生产商的生产利润最大化,以及技术研发者的研发利润最大化,可以推导得到下游国家 S 偏向型技术进步率 g_{St}^{D}:

$$\begin{aligned}g_{St}^{D}=&\vartheta_{S}^{D\frac{1}{1-\delta}}[\delta^{D}\psi_{S}^{D}(P_{St}^{U})^{(1-\varepsilon^{D})(1-\beta^{D})\gamma}]^{\Delta^{D}}(Y_{t}^{D})^{\gamma\Delta^{D}}\cdot\\&(T_{St}^{U})^{\frac{\mu^{D}}{1-\delta^{D}}}(T_{Et}^{D})^{\left(\frac{\eta^{D}-1}{\delta^{D}}+1-\gamma\right)\Delta^{D}}(E_{t}^{D})^{\Delta^{D}(1-\gamma)}\end{aligned} \tag{3.25}$$

其中，$\psi_S^D \equiv (\xi_S^D - 1)\left(\frac{\alpha^D \beta^D}{\xi_S^D}\right)^{[(\varepsilon^D-1)\beta^D+1]\gamma}(1-\beta^D)^{(\varepsilon^D-1)(1-\beta^D)\gamma}$为下游国家市场垄断程度$\xi_S^D$的单增函数，同样刻画市场垄断程度。为简化记号，令$\gamma \equiv \frac{1}{(\varepsilon^D-1)(1-\alpha^D)\beta^D+1}$，容易得到当$\varepsilon^D>1$时，$\gamma$满足$0<\gamma<1$；当$0<\varepsilon^D<1$时，$\gamma$满足$\gamma>1$。并且令$\Delta^D = \frac{\delta^D}{1-\delta^D}>0$。

同样可以推导得到下游国家的技术进步能源偏向性：

$$TB_t^D = \frac{(\varepsilon^D-1)(1-\alpha^D)\beta^D}{(\varepsilon^D-1)(1-\alpha^D)\beta^D+1}(g_{Et}^D - g_{Kt}^D) \tag{3.26}$$

根据式(3.26)，易知$(\varepsilon^D-1)(1-\alpha^D)\beta^D+1>0$。全球价值链嵌入后，下游国家技术进步能源偏向性由本国能源与资本密集型中间品替代弹性ε^D以及能源偏向型与资本偏向型技术进步率的相对大小决定。当$\varepsilon^D>1$时，若能源偏向型相对资本偏向型技术进步率越大，则下游国家技术进步偏向能源，反之则偏向资本。当$0<\varepsilon^D<1$时，结论恰好相反。

因此，为探讨下游国家技术进步能源偏向性的决定机制，只需分析下游国家能源偏向型与资本偏向型相对技术进步率g_{Et}^D/g_{Kt}^D与(ε^D-1)的乘积$TA_t^D = (\varepsilon^D-1)\frac{g_{Et}^D}{g_{Kt}^D}$：

$$TA_t^D = (\varepsilon^D-1)\left(\frac{\vartheta_E^D}{\vartheta_K^D}\right)^{\frac{\Delta D}{\delta D}}\left[\frac{\psi_E^D}{\psi_K^D}\left(\frac{P_{Et}^U}{P_{Kt}^U}\right)^{(1-\varepsilon^D)(1-\beta^D)\gamma}\right]^{\Delta^D} \cdot \left(\frac{T_{Et}^U}{T_{Kt}^U}\right)^{\frac{\mu^D}{1-\delta^D}}\left(\frac{T_{Et}^D}{T_{Kt}^D}\right)^{\left(\frac{\eta^D-1}{\delta^D}+1-\gamma\right)\Delta^D}\left(\frac{E_t^D}{K_t^D}\right)^{\Delta^D(1-\gamma)} \tag{3.27}$$

由式(3.27)可知，全球价值链嵌入后，下游国家的技术进步能源偏向性不仅会受到本国能源与资本偏向型技术相对研发效率$\frac{\vartheta_E^D}{\vartheta_K^D}$、能源密集型与资本密集型机器设备市场相对垄断程度$\frac{\psi_E^D}{\psi_K^D}$、能源与资本偏向型相对技术水平$\frac{T_{Et}^D}{T_{Kt}^D}$、能源与资本相对投入$\frac{E_t^D}{K_t^D}$、模仿创新能力 μ 与自主创新能力 η 的影响，而且会受制于上游国家能源与资本密集型中间品相对市场价格$\frac{P_{Et}^U}{P_{Kt}^U}$、上游国家能源与资本偏向型相对技术水平$\frac{T_{Et}^U}{T_{Kt}^U}$，同时还会受到下游国家能源与资本密集型中间品替代弹性 ε^D 的作用。

容易证明$\frac{\eta^D-1}{\delta^D}+1-\gamma>1$。因此，当 $\varepsilon^D>1$ 时，若下游国家能源相对资本偏向型技术研发效率越高、能源相对资本密集型机器市场垄断程度越高、能源相对资本偏向型技术水平越高、模仿创新能力与自主创新能力越强，并且上游国家能源相对资本密集型中间品价格越高、上游国家能源相对资本偏向型技术水平越高，则下游国家技术进步越偏向能源；反之则偏向资本。当 $0<\varepsilon^D<1$ 时，结论恰好相反。但是，无论 $\varepsilon^D>1$ 还是 $0<\varepsilon^D<1$，下游国家能源相对资本投入的增多，均会导致下游国家技术进步偏向能源，反之则偏向资本。

二、上游国家能源偏向型技术进步的形成

假设上游国家的最终产品通过投入本国生产的能源密集型与资本密集型中间品得到：

$$Y_t^U=\left((Y_{Et}^U)^{\frac{\varepsilon^U-1}{\varepsilon^U}}+(Y_{Kt}^U)^{\frac{\varepsilon^U-1}{\varepsilon^U}}\right)^{\frac{\varepsilon^U}{\varepsilon^U-1}} \tag{3.28}$$

其中，Y_t^U 表示上游国家最终产品产出，Y_{Et}^U 与 Y_{Kt}^U 分别为能源密集型与资本密集型中间品投入，$\varepsilon^U(0<\varepsilon^U<1)$为中间品之间的替代弹性。

假设上游国家 $S(S\in\{E, K\})$密集型中间品通过投入 S 类型要素与 S

密集型机器设备生产得到：

$$Y_{St}^{U}=\left(\int_{0}^{T_{St}^{U}}(M_{Sit}^{U})^{\alpha^{U}}\mathrm{d}i\right)(S_{t}^{U})^{1-\alpha^{U}} \tag{3.29}$$

其中，M_{Sit}^{U}为上游国家的第 i 种 S 密集型机器设备投入，S_{t}^{U} 为 S 类型要素投入，T_{St}^{U}为上游国家 S 密集型机器设备种类数，体现上游国家的 S 偏向型技术水平，α^{U} 为机器设备的产出弹性。

假设上游国家实施更为严格的环境规制，即通过对能源密集型中间品征收产品税 τ，则能源密集型中间品的市场价格为 $P_{Et}^{U}(1+\tau)$。

上游国家的机器设备市场同样为伯特兰德竞争，在位者将 S 密集型机器设备的价格 q_{Sit}^{U} 定为进入者生产机器设备的边际成本 ξ_{S}^{U}：

$$q_{Sit}^{U}=\xi_{S}^{U} \tag{3.30}$$

上游国家的机器设备的在位生产商不仅生产机器设备，同样通过实施研发活动以增加机器设备种类数，即提升技术水平，将研发生产函数设为：

$$\dot{T}_{St}^{U}=\vartheta_{S}^{U}(Z_{St}^{U})^{\delta^{U}}(T_{St}^{U})^{\eta^{U}}(T_{St}^{D})^{\mu^{U}} \tag{3.31}$$

其中，$\dot{T}_{St}^{U}$表示上游国家 S 偏向型技术水平增量，Z_{St}^{U}为上游国家投入研发活动的最终产品，$\vartheta_{S}^{U}(\vartheta_{S}^{U}>0)$表示上游国家 S 偏向型技术研发效率，$\delta^{U}(0<\delta^{U}<1)$代表上游国家最终产品的研发产出弹性，$\eta^{U}(\eta^{U}>0)$表示上游国家的自主创新能力，$\mu^{U}(\mu^{U}>0)$代表上游国家对下游国家技术的模仿创新能力。

与封闭条件下的均衡求解类似，通过求解上游国家最终产品、中间品、机器设备生产商的生产利润最大化，以及 S 偏向型技术研发的利润最大化，可得上游国家均衡 S 偏向型技术进步率 g_{St}^{U}：

$$g_{St}^{U}=\vartheta_{S}^{U\frac{1}{1-\delta^{U}}}(\delta^{U}\psi_{S}^{U})^{\Delta^{U}}(Y_{t}^{U})^{\frac{\Delta U}{\varepsilon^{U}(1-\alpha^{U})+\alpha^{U}}}(T_{St}^{U})^{\left(\frac{\eta^{U}-1}{\delta^{U}}+1-\rho\right)\Delta^{U}}(T_{St}^{D})^{\frac{\mu^{U}}{1-\delta^{U}}}S_{t}^{U\Delta^{U}(1-\rho)} \tag{3.32}$$

其中，$\psi_S^U=(\xi_S^U-1)\left(\frac{\alpha^U}{\xi_S^U}\right)^{\frac{\varepsilon^U}{\varepsilon^U(1-\alpha^U)+\alpha^U}}$ 为 ξ_S^U 的单增函数，同样可以刻画市场化程度。为简化记号，令 $\rho\equiv\frac{1}{(\varepsilon^U-1)(1-\alpha^U)+1}>0$，容易得到当 $\varepsilon^U>1$ 时，ρ 满足 $0<\rho<1$；当 $0<\varepsilon^U<1$ 时，ρ 满足 $\rho>1$。并且令 $\Delta^U=\frac{\delta^U}{1-\delta^U}>0$。

同理，可以得到上游国家的技术进步能源偏向性 TB_t^U：

$$TB_t^U=\frac{(\varepsilon^U-1)(1-\alpha^U)}{(\varepsilon^U-1)(1-\alpha^U)+1}(g_{Et}-g_{Kt}) \tag{3.33}$$

根据式(3.33)可以发现，上游国家技术进步能源偏向性受制于能源与资本密集型中间品替代弹性 ε^U，以及上游国家能源偏向型与资本偏向型技术进步率的相对大小。当 $\varepsilon^U>1$ 时，若上游国家能源偏向型相对资本偏向型技术进步率越大，则技术进步偏向能源，反之则偏向资本。当 $0<\varepsilon^U<1$ 时，结论恰好相反。

上游国家的技术进步能源偏向性，由能源偏向型与资本偏向型技术进步率的相对大小以及中间品替代弹性共同决定。为此，可通过分析能源偏向型与资本偏向型相对技术进步率与(ε^U-1)的乘积 $TA_t^U=(\varepsilon^U-1)\frac{g_{Et}^U}{g_{Kt}^U}$，探究技术进步能源偏向性的决定机制。根据式(3.32)可得：

$$TA_t^U=(\varepsilon^U-1)\left(\frac{\vartheta_E^U}{\vartheta_K^U}\right)^{\frac{1}{1-\delta^U}}\left(\frac{\psi_E^U}{\psi_K^U}\right)^{\Delta^U}\left(\frac{T_{Et}^U}{T_{Kt}^U}\right)^{\left(\frac{\eta^U-1}{\delta^U}+1-\rho\right)\Delta^U}\left(\frac{T_{Et}^D}{T_{Kt}^D}\right)^{\frac{\mu^U}{1-\delta^U}}\left(\frac{E_t^U}{K_t^U}\right)^{\Delta^U(1-\rho)} \tag{3.34}$$

由式(3.34)可知，上游国家技术进步能源偏向性由本国能源与资本偏向型技术相对研发效率 $\vartheta_E^U/\vartheta_K^U$、能源与资本密集型机器设备市场垄断程度 ψ_E^U/ψ_K^U、能源与资本偏向型相对技术水平 T_{Et}^U/T_{Kt}^U、能源与资本投入 E_t^U/K_t^U、模仿创新能力 μ^U 与自主创新能力 η^U 决定，并且还会受到下游国

家的技术溢出效应 T_{Et}^{D}/T_{Kt}^{D} 的影响。

容易证明 $\frac{\eta^{U}-1}{\delta^{U}}+1-\rho>0$。当 $\varepsilon^{U}>1$ 时，若上游国家能源相对资本偏向型技术研发效率越高、能源相对资本密集型机器设备市场垄断程度越高、能源相对资本偏向型技术水平越高、模仿创新能力与自主创新能力越强、下游国家能源相对资本偏向型技术水平越高，则上游国家技术进步偏向能源；反之则偏向资本。当 $0<\varepsilon^{U}<1$ 时，结论恰好相反。无论 $\varepsilon^{U}>1$ 还是 $0<\varepsilon^{U}<1$，上游国家能源相对资本投入的增多，始终使得技术进步偏向能源。

三、能源偏向型技术进步的决定机制

全球价值链嵌入后，上游国家会通过中间品贸易与技术外溢影响下游国家的技术进步能源偏向性，而下游国家则会通过技术外溢作用上游国家的技术进步能源偏向性。我们接下来将分别讨论全球价值链嵌入如何影响下游与上游国家的技术进步能源偏向性。

（一）全球价值链嵌入对下游国家能源偏向型技术进步的影响

比较式(3.20)与式(3.27)可知，当全球价值链嵌入后，上游国家的技术进步能源偏向性将通过中间品贸易(MC)和技术外溢(TS)两条路径对下游国家产生影响。根据式(3.27)，将下游国家技术进步能源偏向性关于上游国家的能源与资本偏向型相对技术水平求导可得：

$$\frac{\partial(TA_t^D)}{\partial(T_{Et}^U/T_{Kt}^U)}=\underbrace{(\varepsilon^D-1)\frac{\partial(g_{Et}^D/g_{Kt}^D)}{\partial(T_{Et}^U/T_{Kt}^U)}}_{\text{技术溢出}(TS)}+\underbrace{(\varepsilon^D-1)\frac{\partial(g_{Et}^D/g_{Kt}^D)}{\partial(P_{Et}^U/P_{Kt}^U)}\frac{\partial(P_{Et}^U/P_{Kt}^U)}{\partial(T_{Et}^U/T_{Kt}^U)}}_{\text{中间品贸易}(MC)} \tag{3.35}$$

由式(3.35)可知，上游国家对下游国家技术进步能源偏向性的影响由技术溢出与中间品贸易两条路径决定。

进一步求出：

$$TS=(\varepsilon^D-1)\frac{\mu^D}{1-\delta^D}\Phi^D\left(\frac{P_{Et}^U}{P_{Kt}^U}\right)^{(1-\varepsilon^D)(1-\beta^D)\gamma\Delta^D}\left(\frac{T_{Et}^U}{T_{Kt}^U}\right)^{\frac{\mu^D}{1-\delta^D}-1} \tag{3.36}$$

$$MC=-\Phi^D(\varepsilon^D-1)^2(1-\beta^D)\gamma\Delta^D\left(\frac{P_{Et}^U}{P_{Kt}^U}\right)^{(1-\varepsilon^D)(1-\beta^D)\gamma\Delta^D-1}\left(\frac{T_{Et}^U}{T_{Kt}^U}\right)^{\frac{\mu^D}{1-\delta^D}}\frac{\partial(P_{Et}^U/P_{Kt}^U)}{\partial(T_{Et}^U/T_{Kt}^U)} \tag{3.37}$$

其中，令 $\Phi^D=\left(\frac{\vartheta_E^D}{\vartheta_K^D}\right)^{\frac{\Delta^D}{\delta^D}}\left[\frac{\psi_E^D}{\psi_K^D}\right]^{\Delta^D}\left(\frac{T_{Et}^D}{T_{Kt}^D}\right)^{\left(\frac{\eta^D-1}{\delta^D}+1-\gamma\right)\Delta^D}\left(\frac{E_t^D}{K_t^D}\right)^{\Delta^D(1-\gamma)}$。

在求解上游国家技术进步能源偏向性过程中，可以得到上游国家能源与资本密集型中间品价格之比为：

$$\frac{P_{Et}^U}{P_{Kt}^U}=\frac{1}{1+\tau}\left(\frac{\xi_K^U}{\xi_E^U}\right)^{-\frac{\alpha^U}{\varepsilon^U(1-\alpha^U)+\alpha^U}}\left(\frac{T_{Et}^U}{T_{Kt}^U}\right)^{\frac{\alpha^U-1}{\varepsilon^U(1-\alpha^U)+\alpha^U}}\left(\frac{E_t^U}{K_t^U}\right)^{\frac{\alpha^U-1}{\varepsilon^U(1-\alpha^U)+\alpha^U}} \tag{3.38}$$

将式(3.38)关于 T_{Et}^U/T_{Kt}^U 求导可得：

$$\frac{\partial(P_{Et}^U/P_{Kt}^U)}{\partial(T_{Et}^U/T_{Kt}^U)}$$

$$=\frac{\alpha^U-1}{\varepsilon^U(1-\alpha^U)+\alpha^U}\frac{1}{1+\tau}\left(\frac{\xi_K^U}{\xi_E^U}\right)^{-\frac{\alpha^U}{\varepsilon^U(1-\alpha^U)+\alpha^U}}\left(\frac{T_{Et}^U}{T_{Kt}^U}\right)^{-\frac{1+\varepsilon^U(1-\alpha^U)}{\varepsilon^U(1-\alpha^U)+\alpha^U}}\left(\frac{E_t^U}{K_t^U}\right)^{\frac{\alpha^U-1}{\varepsilon^U(1-\alpha^U)+\alpha^U}}<0 \tag{3.39}$$

结合式(3.35)—式(3.39)可以发现，$MC>0$，而 TS 的方向与 ε^D 是否大于 1 相关；当 $\varepsilon^D>1$ 时，$TS>0$；当 $0<\varepsilon^D<1$ 时，$TS<0$。综合可知，上游国家偏向型技术进步对下游国家技术进步能源偏向性的影响并非确定，当 $\varepsilon^D>1$ 时，上游国家的能源偏向型技术进步即 T_{Et}^U/T_{Kt}^U 的增加，将通过技术溢出与中间品贸易两条途径引起下游国家技术进步偏向能源；当 $0<\varepsilon^D<1$ 时，上游国家能源偏向型技术进步即 T_{Et}^U/T_{Kt}^U 的增加，将通过技术溢

出促使下游国家技术进步偏向资本，而通过中间品贸易仍促使下游国家技术进步偏向能源，最终方向取决于两种力量的相对大小。

当然，上游国家偏向型技术进步对下游国家技术进步能源偏向型的影响程度还会受到两国制度、能力、资源等条件的作用，诸如下游国家的模仿创新能力、市场垄断程度、资源禀赋结构，以及上游国家的环境规制强弱。

1. 技术溢出效应

由式(3.36)可知，上游国家偏向型技术进步对下游国家技术进步能源偏向性影响的途径之一就是技术溢出(TS)，并且技术溢出效应的大小还会受制于下游国家的模仿创新能力。将式(3.36)关于模仿创新能力 μ^D 求导，可得当 $\varepsilon^D>1$ 时，$\frac{\partial TS}{\partial \mu^D}>0$；当 $0<\varepsilon^D<1$ 时，$\frac{\partial TS}{\partial \mu^D}<0$。并且，无论 $\varepsilon^D>1$ 还是 $0<\varepsilon^D<1$，$\frac{\partial |TS|}{\partial \mu^D}>0$，表明模仿创新能力的提升会强化上游国家对下游国家技术进步能源偏向性的技术溢出途径。此外，也可得 $\frac{\partial MC}{\partial \mu^D}>0$，模仿创新能力的提升同样会增强上游国家对下游国家的中间品贸易途径。因此，全球价值链嵌入的技术溢出效应对下游国家技术进步方向的作用方向不确定，当 $\varepsilon^D>1$ 时，全球价值链嵌入的技术溢出效应向能源方向拉动下游国家技术进步方向；当 $0<\varepsilon^D<1$ 时，全球价值链嵌入的技术溢出效应向资本方向拉动下游国家技术进步方向。

2. 市场竞争效应

将式(3.35)关于相对市场垄断程度 ψ_E^D/ψ_K^D 求导，可得：

$$\frac{\partial (TA_t^D)}{\partial (T_{Et}^U/T_{Kt}^U)\partial (\psi_E^D/\psi_K^D)}=\frac{\partial TS}{\partial (\psi_E^D/\psi_K^D)}+\frac{\partial MC}{\partial (\psi_E^D/\psi_K^D)} \tag{3.40}$$

可知，下游国家机器市场竞争程度对上游国家向下游国家的技术传递路径的影响方向并非确定。当 $\varepsilon^D>1$ 时，$\frac{\partial TS}{\partial (\psi_E^D/\psi_K^D)}>0$ 且 $\frac{\partial MC}{\partial (\psi_E^D/\psi_K^D)}>0$，

则$\frac{\partial(TA_t^D)}{\partial(T_{Et}^U/T_{Kt}^U)\partial(\psi_E^D/\psi_K^D)}>0$，表明下游国家能源相对资本密集型机器设备市场竞争程度的下降，即垄断程度的提高，会加强上游国家能源偏向型技术进步对下游国家技术进步能源偏向性的正向影响，即市场竞争效应。当$0<\varepsilon^D<1$时，$\frac{\partial MC}{\partial(\psi_E^D/\psi_K^D)}>0$，但$\frac{\partial TS}{\partial(\psi_E^D/\psi_K^D)}<0$。因此全球价值链嵌入的市场竞争效应对下游国家技术进步方向的作用方向不确定，当$\varepsilon^D>1$时，全球价值链嵌入的市场竞争效应向资本方向拉动下游国家技术进步方向；当$0<\varepsilon^D<1$时，全球价值链嵌入的市场竞争效应向能源方向拉动下游国家技术进步方向。

3. 路径依赖效应

将式(3.35)关于相对要素投入E_t^D/K_t^D求导，可得：

$$\frac{\partial(TA_t^D)}{\partial(T_{Et}^U/T_{Kt}^U)\partial(E_t^D/K_t^D)}=\frac{\partial TS}{\partial(E_t^D/K_t^D)}+\frac{\partial MC}{\partial(E_t^D/K_t^D)} \tag{3.41}$$

其中，由式(3.36)可得：

$$\frac{\partial TS}{\partial(E_t^D/K_t^D)}\propto(\varepsilon^D-1)(1-\gamma)\left(\frac{E_t^D}{K_t^D}\right)^{\Delta^D(1-\gamma)-1} \tag{3.42}$$

可知，当$\varepsilon^D>1$时，$0<\gamma<1$，则$\frac{\partial TS}{\partial(E_t^D/K_t^D)}>0$；当$0<\varepsilon^D<1$时，$\gamma>1$，则$\frac{\partial TS}{\partial(E_t^D/K_t^D)}>0$。所以，无论$\varepsilon^D>1$还是$0<\varepsilon^D<1$，$\frac{\partial TS}{\partial(E_t^D/K_t^D)}>0$。

并且，由式(3.37)与式(3.39)可得：

$$\frac{\partial MC}{\partial(E_t^D/K_t^D)}\propto\left(\Delta^D\frac{(\varepsilon^D-1)(1-\alpha^D)\beta^D}{(\varepsilon^D-1)(1-\alpha^D)\beta^D+1}-\frac{1-\alpha^U}{(\varepsilon^U-1)(1-\alpha^U)+1}\right)\cdot\left(\frac{E_t^D}{K_t^D}\right)^{\Delta^D(1-\gamma)+\frac{\alpha U-1}{\varepsilon U(1-\alpha U)+\alpha U}-1} \tag{3.43}$$

可知，当 $\varepsilon^D>1$ 时，$\frac{\partial MC}{\partial(E_t^D/K_t^D)}$ 并不确定，但当 $0<\varepsilon^D<1$ 时，$\frac{\partial MC}{\partial(E_t^D/K_t^D)}<0$。

综合而言，能源与资本相对投入对上游国家向下游国家的技术传递路径的影响方向并非确定。具体而言，下游国家的能源相对资本投入的增多，会增强上游国家对下游国家的技术溢出强度，即路径依赖效应。当 $0<\varepsilon^D<1$ 时，下游国家的能源相对资本投入的增多，上游国家对下游国家技术进步能源偏向性的负向作用反而增强。因此全球价值链嵌入的路径依赖效应对下游国家技术进步方向的作用方向不确定，当 $\varepsilon^D>1$ 时，$\frac{\partial TS}{\partial(E_t^D/K_t^D)}>0$，但 $\frac{\partial MC}{\partial(E_t^D/K_t^D)}$ 不确定；当 $0<\varepsilon^D<1$ 时，$\frac{\partial TS}{\partial(E_t^D/K_t^D)}>0$，但 $\frac{\partial MC}{\partial(E_t^D/K_t^D)}<0$，全球价值链嵌入的路径依赖效应对下游国家技术进步最终作用方向取决于两种力量最终抗衡的结果。

4. 污染转移效应

将式(3.35)关于环境制度强度 τ 求导，可得：

$$\frac{\partial(TA_t^D)}{\partial(T_{Et}^U/T_{Kt}^U)\partial\tau}=\frac{\partial MC}{\partial\tau}<0 \tag{3.44}$$

可知，上游国家环境规制强度的增大，会减弱上游国家技术进步方向向下游国家的传递，而技术溢出途径不受影响。

上游国家具有较为严格的环境规制政策，会通过对能耗型中间品征收污染税或对进行节能技术研发的部门提供研发补贴，促进节能型技术进步的研发与使用，而下游国家环境规制政策较为宽松。上游国家与下游国家国内环境规制政策的差异会造成两国能源密集型中间品与资本密集型中间品价格差异，进而影响两种中间品的产出，导致上游国家与下游国家在中间品贸易中具有不同的比较优势，造成二者在全球价值生产中从事不同种类的中间品生产。上游国家以生产资本密集型中间品为主，而下游国家以生产能源密集型中间品为主。由$\frac{\partial MC}{\partial \tau}<0$可知，上游国家难以通过中间品贸易途径使下游国家技术进步方向也偏向资本方向，由式(3.17)可知，下游国家由于多生产能源密集型中间品而引起的$\frac{E_t^D}{K_t^D}$加大，会使本国技术进步方向偏向能源。相当于上游国家将本该在国内生产的耗能型中间品交由下游国家生产，造成污染产业由上游国家到下游国家转移。因此全球价值链嵌入的污染转移效应向能源方向拉动下游国家技术进步方向。

(二) 全球价值链嵌入对上游国家能源偏向型技术进步的影响

比较式(3.20)与式(3.34)可知，当全球价值链嵌入后，下游国家的偏向型技术进步将通过技术外溢(TS)路径对上游国家技术进步能源偏向性产生影响。根据式(3.34)，将上游国家技术进步能源偏向性关于下游国家的能源与资本偏向型相对技术水平求导可得：

$$\frac{\partial(TA_t^U)}{\partial(T_{Et}^D/T_{Kt}^D)}=(\varepsilon^U-1)\left(\frac{\eta^U-1}{\delta^U}+1-\rho\right)\Delta^U\left(\frac{\vartheta_E^U}{\vartheta_K^U}\right)^{\frac{1}{1-\delta^U}}\left(\frac{\psi_E^U}{\psi_K^U}\right)^{\Delta^U}\cdot \left(\frac{T_{Et}^U}{T_{Kt}^U}\right)^{\left(\frac{\eta^U-1}{\delta^U}+1-\rho\right)\Delta^U-1}\left(\frac{T_{Et}^D}{T_{Kt}^D}\right)^{\frac{\mu^U}{1-\delta^U}}\left(\frac{E_t^U}{K_t^U}\right)^{(1-\rho)\Delta^U} \tag{3.45}$$

由式(3.45)可知，下游国家偏向型技术进步会通过技术外溢途径，作用于上游国家的技术进步能源偏向性，且方向取决于上游国家能源与资本密集型总中间品替代弹性ε^U。当$\varepsilon^U>1$时，若下游国家的能源偏向型技术水平提升速度快于资本偏向型技术水平，则会引起上游国家的技术进步偏向能源，反之则反是。当$0<\varepsilon^U<1$时，结论恰好相反。

并且，下游国家偏向型技术进步对上游国家的技术进步能源偏向性的影响大小取决于上游国家模仿创新能力、市场竞争程度，以及要素禀赋结构。为此，本书进一步探讨下游国家偏向型技术进步对上游国家技术进步能源偏向性的影响效应。

1. 技术溢出效应

将式(3.45)关于上游国家的模仿创新能力 μ^U 求导,可得:

$$\begin{cases}\dfrac{\partial(TA_t^U)}{\partial(T_{Et}^D/T_{Kt}^D)\partial\mu^U}>0,\ \varepsilon^U>1\\[2ex]\dfrac{\partial(TA_t^U)}{\partial(T_{Et}^D/T_{Kt}^D)\partial\mu^U}<0,\ 0<\varepsilon^U<1\end{cases}\tag{3.46}$$

并且,$\dfrac{\partial|TA_t^U|}{\partial(T_{Et}^D/T_{Kt}^D)\partial\mu^U}<0$。由此表明,上游国家模仿创新能力的增强,会强化下游国家偏向型技术进步对上游国家技术进步能源偏向性的影响,即增大下游国家能源偏向型技术进步能源偏向性的技术溢出效应。因此,全球价值链嵌入的技术溢出效应对上游国家技术进步方向的作用方向不确定,当 $\varepsilon^U>1$ 时,全球价值链嵌入的技术溢出效应向能源方向拉动上游国家技术进步方向;当 $0<\varepsilon^U<1$ 时,全球价值链嵌入的技术溢出效应向资本方向拉动上游国家技术进步方向。

2. 市场竞争效应

将式(3.45)关于上游国家能源密集型与资本密集型机器设备市场的相对垄断程度 ψ_E^U/ψ_K^U,可得:

$$\begin{cases}\dfrac{\partial(TA_t^U)}{\partial(T_{Et}^D/T_{Kt}^D)\partial(\psi_E^U/\psi_K^U)}>0,\ \varepsilon^U>1\\[2ex]\dfrac{\partial(TA_t^U)}{\partial(T_{Et}^D/T_{Kt}^D)\partial(\psi_E^U/\psi_K^U)}<0,\ 0<\varepsilon^U<1\end{cases}\tag{3.47}$$

并且,$\dfrac{\partial|TA_t^U|}{\partial(T_{Et}^D/T_{Kt}^D)\partial(\psi_E^U/\psi_K^U)}<0$。可知,上游国家能源密集型相对资本密集型机器设备市场竞争程度的增加,会削弱下游国家偏向型技术进步对上游国家技术进步能源偏向性的作用,即市场竞争效应。因此,全球价值链

嵌入的市场竞争效应对上游国家技术进步方向的作用方向不确定，当 $\varepsilon^U>1$ 时，全球价值链嵌入的市场竞争效应向能源方向拉动上游国家技术进步方向；当 $0<\varepsilon^U<1$ 时，全球价值链嵌入的市场竞争效应向资本方向拉动上游国家技术进步方向。

3. 路径依赖效应

将式(3.38)关于上游国家能源与资本相对要素投入 E_t^U/K_t^U 求导，可得：

$$\frac{\partial(TA_t^U)}{\partial(T_{Et}^D/T_{Kt}^D)\partial(E_t^U/K_t^U)}\propto(\varepsilon^U-1)(1-\rho)\Delta^U\left(\frac{E_t^U}{K_t^U}\right)^{(1-\rho)\Delta U-1} \tag{3.48}$$

可知，当 $\varepsilon^U>1$ 时，$0<\rho<1$，则 $\frac{\partial(TA_t^U)}{\partial(T_{Et}^D/T_{Kt}^D)\partial(E_t^U/K_t^U)}>0$；当 $0<\varepsilon^U<1$ 时，$\rho>1$，则 $\frac{\partial(TA_t^U)}{\partial(T_{Et}^D/T_{Kt}^D)\partial(E_t^U/K_t^U)}>0$。由此发现，上游国家能源相对资本投入的增多，会强化下游国家能源偏向型技术进步对上游国家技术进步能源偏向的促进作用，即形成路径依赖效应。因此，无论 $\varepsilon^U>1$ 还是 $0<\varepsilon^U<1$，全球价值链嵌入的路径依赖效应向能源方向拉动上游国家技术进步方向。

第三节 本章小结

本章将生产函数设定为最终品由能源偏向型技术与资本偏向型技术两种中间投入品生产的形式，考察中国工业在嵌入全球价值链前后其技术进步方向的差异，探究全球价值链嵌入位置对能源偏向型技术进步的影响。在封闭经济条件下，中国工业技术进步方向取决于两种技术研发效率、相对市场竞争程度、相对技术水平、要素禀赋结构与两种中间品替代弹性的影响。而在开放经济条件下，在参与全球价值生产过程中，技术进步方向还会受到全球价值生产技术溢出效应、市场竞争效应、技术进步路径依赖效应与污染转移效应的影响。

一般而言，下游国家会接受上游国家的中间品进口，参与本国生产活动，并且在研发创新过程中，通过模仿吸收上游国家的先进技术，以促进本国偏向型技术水平提升。因此，上游国家的偏向型技术进步会通过中间品贸易与技术外溢两条途径影响下游国家技术进步的能源偏向性。此外，下游国家模仿创新能力的增强、能源相对资本密集型机器设备市场垄断程度的增加、能源相对资本要素投入的增多、上游国家环境规制的松懈，均会影响上游国家能源偏向型技术进步向下游国家技术进步能源偏向性的传导。与此同时，上游国家的技术进步能源偏向性也会受到下游国家偏向型技术进步的影响。上游国家处在全球价值链的上游位置，不会购进下游国家的中间品，因此下游国家对上游国家的影响仅通过技术外溢途径形成。并且，上游国家模仿创新能力的提升、能源相对资本密集型机器设备市场竞争程度的降低、能源相对资本投入的增多均会对自身技术进步能源偏向性产生作用。

上、下游国家参与全球价值链后，全球价值链的技术溢出效应对上、下游国家技术进步的作用方向不确定，当能源与资本密集型中间品呈相互替代关系时，全球价值链嵌入的技术溢出效应向能源方向拉动上、下游国家技术进步方向，而当能源与资本密集型中间品呈互补关系时，全球价值链嵌入的技术溢出效应向资本方向拉动上、下游国家技术进步方向。全球价值链嵌入的市场竞争效应对上、下游国家技术进步的作用方向不确定，当能源与资本密集型中间品呈相互替代关系时，全球价值链嵌入的市场竞争效应向资本方向拉动下游国家技术进步，向能源方向拉动上游国家技术进步；当能源与资本密集型中间品呈互补关系时，全球价值链嵌入的市场竞争效应向能源方向拉动下游国家技术进步，向资本方向拉动上游国家技术进步。无论能源与资本密集型中间品呈相互替代关系还是互补关系，全球价值链嵌入的路径依赖效应对下游国家技术进步的作用方向不确定，而向能源方向拉动上游国家技术进步。全球价值链嵌入的污染转移效应向能源方向拉动下游国家技术进步。

综上所述，全球价值链嵌入的技术溢出效应、路径依赖效应与污染转移效应对中国工业技术进步的作用方向不确定，而污染转移效应使中国工业技术进步偏向能源使用，即耗能方向。

第四章
相关指标测度与典型事实：以中国工业为例

第一节　能源偏向型技术进步的测度分析

本章借鉴 Hicks(1932)要素节约型技术进步和 Acemoglu(2002)技术进步偏向性的定义，通过技术进步对生产要素的相对边际产出的影响设计能源偏向型技术进步指数，将生产要素拓展为资本、劳动与能源三种要素，建立三要素双层嵌套 CES 生产函数，使用标准化供给面系统估计方法对资本—劳动—能源要素间替代弹性进行估计，并对中国工业各行业技术进步能源偏向性进行测算，既考虑了中国工业各行业生产方式差异导致的要素投入组合结构与要素替代弹性的异质性，又避免单一方程估计的非稳健性。

一、能源偏向型技术进步的测度方法

大多文献证实了当将资本、劳动与能源三要素同时纳入生产函数中时，先将资本与能源要素组合，再与劳动要素聚合的形式更符合中国经济增长现实(周晶等，2015；魏玮等，2016)，因此本章将三要素双层嵌套生产函数模型设定如下：

$$Y_t=\{\alpha(A_tL_t)^{\frac{\sigma-1}{\sigma}}+(1-\alpha)[\beta(B_tE_t)^{\frac{\varepsilon-1}{\varepsilon}}+(1-\beta)(C_tK_t)^{\frac{\varepsilon-1}{\varepsilon}}]^{\frac{(\sigma-1)/\sigma}{(\varepsilon-1)/\varepsilon}}\}^{\frac{\sigma}{\sigma-1}} \tag{4.1}$$

其中,L 为劳动要素投入,E 为能源要素投入,K 为资本要素投入,A_t、B_t 和 C_t 分别表示劳动、能源和资本的生产效率,α 为劳动所占份额,β 为能源所占份额,ε 为能源与资本的替代弹性,σ 表示资本与能源聚合后与劳动之间的替代弹性。

不变条件下能源与资本要素投入引发的要素相对边际产出比为:

$$TRSL=\frac{\partial Y_t}{\partial E}\Big/\frac{\partial Y_t}{\partial K} \tag{4.2}$$

若 $TRSL>1$,那么技术进步偏向能源;若 $TRSL<1$,则技术进步偏向资本。

为此,将技术进步能源偏向性定义为:

$$Teb=\frac{1}{TRSL}\frac{\partial TRSL}{\partial(B/C)}\times\frac{\mathrm{d}(B/C)}{\mathrm{d}t} \tag{4.3}$$

若 $Teb>0$,则技术进步偏向能源,其值越大,表明技术进步偏向能源的程度越高,即技术进步更能促进能源的边际产出;若 $Teb<0$,则技术进步偏向资本,其值越小,表明技术进步偏向资本的程度越高,技术进步更能促进资本的边际产出;若 $Teb=0$,则技术进步在资本与能源间具有无偏性。

由式(4.1)得出能源与资本要素的边际产出分别为:

$$MP_E=\partial Y_t/\partial E=(1-\alpha)\beta Y_t^{1-\rho}H_t^{\rho-\theta}B_t^{\theta}E_t^{\theta-1}$$

$$MP_K=\partial Y_t/\partial K=(1-\alpha)\beta Y_t^{1-\rho}H_t^{\rho-\theta}C_t^{\theta}K_t^{\theta-1}$$

其中,$\rho=\frac{\sigma-1}{\sigma}$, $\theta=\frac{\varepsilon-1}{\varepsilon}$, $H_t=[\beta(B_tE_t)^{\theta}+(1-\beta)(C_tK_t)^{\theta}]$。

假设经济处于完全竞争市场条件下,能源与资本的边际报酬之比即等于其边际产出之比:

$$\frac{w_{Et}}{w_{Kt}}=\frac{MP_E}{MP_K}=\left(\frac{\beta}{1-\beta}\right)\left(\frac{B_t}{C_t}\right)^{\theta}\left(\frac{E_t}{K_t}\right)^{\theta-1} \tag{4.4}$$

将式(4.4)代入式(4.3)中,得到技术进步能源偏向性指数:

$$Teb_{it}=\theta\left(\frac{A_E}{A_K}\right)^{-1}\frac{\mathrm{d}(A_E/A_K)}{\mathrm{d}t} \tag{4.5}$$

由式(4.5)可知,技术进步能源偏向性指数取决于能源与资本的生产效率及能源与资本间的替代弹性。本章利用标准化系统方程,运用广义非线性最小二估计法估算各要素替代弹性,进而测算技术进步能源偏向性指数。对生产函数进行标准化,得到如下标准化系统方程:

$$\log\left(\frac{Y_t}{\overline{Y}}\right)=\log(\Lambda)\frac{1}{\rho}\log\left\{\begin{array}{l}\overline{\alpha_L}\left[\frac{L_t}{\overline{L}}\exp\left(\bar{t}\,\frac{v_L}{\varphi_L}\left(\left(\frac{t}{\bar{t}}\right)^{\varphi_L}-1\right)\right)\right]^{\rho}\\ +\left(1-\overline{\alpha_L}\left[\beta_K\left(\frac{K_t}{\overline{K}}\exp\left(\bar{t}\,\frac{v_K}{\varphi_K}\left(\left(\frac{t}{\bar{t}}\right)^{\varphi_K}-1\right)\right)\right]^{\theta}\right.\\ +(1-\beta_K)\left[\left(\frac{E_t}{\overline{E}}\exp\left(\bar{t}\,\frac{v_E}{\varphi_E}\left(\left(\frac{t}{\bar{t}}\right)^{\varphi_E}-1\right)\right)\right]^{\theta}\end{array}\right\} \tag{4.6}$$

$$\log\left(\frac{w_tL_t}{Y_t}\right)=\log\overline{\alpha_L}+\rho\log\Lambda-\rho\log\left(\frac{Y_t/\overline{Y}}{L_t/\overline{L}}\right)+\rho\bar{t}\frac{v_L}{\varphi_L}\left[\left(\frac{t}{\bar{t}}\right)^{\varphi_L}-1\right] \tag{4.7}$$

$$\log\left(\frac{r_tK_t}{Y_t}\right)=\log\beta_K+\log(1-\overline{\alpha_L})+\rho\log\Lambda-\rho\log\left(\frac{Y_t}{\overline{Y}}\right)+\theta\bar{t}\frac{v_K}{\varphi_K}\left[\left(\frac{t}{\bar{t}}\right)^{\varphi_K}-1\right]+$$

$$\theta\log\left(\frac{K_t}{\overline{K}}\right)+\frac{\rho-\theta}{\theta}\log\left\{\begin{array}{l}\beta_K\left[\frac{K}{\overline{K}}\exp\left(\bar{t}\,\frac{v_K}{\varphi_K}\left(\left(\frac{t}{\bar{t}}\right)^{\varphi_K}-1\right)\right)\right]^{\theta}\\ +(1-\beta_K)\left[\frac{E}{\overline{E}}\exp\left(\bar{t}\,\frac{v_E}{\varphi_E}\left(\left(\frac{t}{\bar{t}}\right)^{\varphi_E}-1\right)\right)\right]^{\theta}\end{array}\right\} \tag{4.8}$$

$$\log\left(\frac{w_{et}E_t}{Y_t}\right)=\log(1-\beta_K)+\log(1-\overline{\alpha_L})+\rho\log\Lambda-\rho\log\left(\frac{Y_t}{\overline{Y}}\right)+\theta\bar{t}\frac{v_E}{\varphi_E}\left[\left(\frac{t}{\bar{t}}\right)^{\varphi_E}-1\right]$$

$$+\theta\log\left(\frac{E_t}{\overline{E}}\right)+\frac{\rho-\theta}{\theta}\log\left\{\begin{aligned}&\beta_K\left[\frac{K_t}{\overline{K}}\exp\left(\bar{t}\,\frac{v_K}{\varphi_K}\left(\left(\frac{t}{\bar{t}}\right)^{\varphi_K}-1\right)\right)\right]^{\theta}\\&+(1-\beta_K)\left[\frac{E_t}{\overline{E}}\exp\left(\bar{t}\,\frac{v_E}{\varphi_E}\left(\left(\frac{t}{\bar{t}}\right)^{\varphi_E}-1\right)\right)\right]^{\theta}\end{aligned}\right\} \tag{4.9}$$

生产率的增长率满足 Box-Cox 形式：

$$g_{l(t,\bar{t})}=\bar{t}\,\frac{v_L}{\varphi_L}\left[\left(\frac{t}{\bar{t}}\right)^{\varphi_L}-1\right]$$

$$g_{K(t,\bar{t})}=\bar{t}\,\frac{v_K}{\varphi_K}\left[\left(\frac{t}{\bar{t}}\right)^{\varphi_K}-1\right]$$

$$g_{E(t,\bar{t})}=\bar{t}\,\frac{v_E}{\varphi_E}\left[\left(\frac{t}{\bar{t}}\right)^{\varphi_E}-1\right]$$

其中，$Y_0=\Lambda\overline{Y}$，Λ 为规模因子，表示对各行业产出经过标准化后所造成产出不平等的修正；v_L、v_K、v_E 分别表示劳动、资本、能源的技术效率增长系数。即当其大于 0 时，该要素的技术效率不断增大；当其小于 0 时，则该要素的技术效率逐渐减小。φ_L、φ_K、φ_E 分别表示劳动、资本、能源的技术曲率。

二、行业匹配与数据来源

(一) 中国工业行业划分与匹配

工业作为三大产业中生产率最高的部门，其发展水平是衡量一国国际竞争力的重要指标。本章对 2011 年《国民经济行业分类》(GB/T4754-2011)中 38 个工业行业与世界投入产出数据库 WIOD 的世界投入产出表中 22 个工业进行删减与匹配，最终确定 20 个工业行业进行测算与研究，行业匹配结果见表 4.1。

表 4.1　中国工业行业与世界投入产出表行业匹配结果

编号	行业匹配结果	世界投入产出表行业分类	国民经济行业分类
(1)	采矿业	采矿和采石业	煤炭开采和洗选业
			石油和天然气开采业
			黑色金属矿采选业
			有色金属矿采选业
			非金属矿采选业
(2)	食品、饮料、烟草制品制造业	食品、饮料、烟草制造业	食品制造业
			酒、饮料和精制茶制造业
			烟草制品业
(3)	纺织、服装、皮革制品制造业	纺织、服装、皮革制品制造业	皮革、毛皮、羽毛及其制品和制鞋业
			纺织业
			纺织服装、服饰业
(4)	木材加工和木、竹、藤、棕、草制品业	木材和软木制品业(家具除外)、稻草和编织材料制品制造业	木材加工和木、竹、藤、棕、草制品业
(5)	造纸及纸制品业	纸张及纸制品制造业	造纸及纸制品业
(6)	印刷和记录媒介复制业	印刷和记录媒介复制业	印刷和记录媒介复制业
(7)	石油加工、炼焦和核燃料加工业	焦炭、成品油生产	石油加工、炼焦和核燃料加工业
(8)	化工及化工产品制造业	化工及化工产品制造业	化学原料和化学制品制造业
			化学纤维制造业
(9)	医药制造业	基本医药品和制剂制造业	医药制造业
(10)	橡胶和塑料制品业	橡胶和塑料制品制造业	橡胶和塑料制品业
(11)	非金属矿物制品业	非金属矿产品制造业	非金属矿物制品业
(12)	基本金属制造业	基本金属制造业	黑色金属冶炼和压延加工业
			有色金属冶炼和压延加工业
(13)	金属制品业	金属制品制造业(机械设备除外)	金属制品业

续 表

编号	行业匹配结果	世界投入产出表行业分类	国民经济行业分类
(14)	计算机、电子、光学产品制造业	计算机、电子、光学产品制造业	计算机、通信和其他电子设备制造业
			仪器仪表制造业
(15)	电气设备制造业	电气设备制造业	电气机械和器材制造业
(16)	机械设备制造业	机械设备制造业	通用设备制造业
			专用设备制造业
(17)	交通运输设备制造业	汽车、挂车、半挂车制造业	交通运输设备制造业
		其他运输设备制造业	
(18)	家具制造业与其他制造业	家具制造业；其他制造业	家具制造业
			其他制造业
(19)	电力、燃气、热力生产和供应业	电力、煤气、蒸汽和空调供应业	电力、热力生产和供应业
			燃气生产和供应业
(20)	水的生产和供应业	水的收集、处理和供应业	水的生产和供应业

资料来源：作者匹配整理。

（二）能源偏向型技术进步测算数据来源

本章选取表 4.1 中 20 个工业行业，建立似不相关（SUR）模型并使用 FGLS 回归方法估计能源偏向型技术进步所涉及的各参数，由于计算全球价值链嵌入位置的世界投入产出表数据更新至 2014 年，为与之匹配，进行中国工业行业 2001—2014 年能源偏向型技术进步的测算。计算技术进步能源偏向性涉及指标有工业各行业产出 Y、能源要素投入 E、劳动要素投入 L、资本要素投入 K、能源要素报酬 hE、劳动要素报酬 wL 和资本要素报酬 rK。其中，行业产出 Y 由各行业工业增加值减税金总额的差表示，由于数据所限，1985—1992 年和 2007—2014 年数据使用工业净产值与工业总产值数据，与工业增加值按平均比例计算得到，再使用工业生产者出厂价格指数平减，数据来源于《中国工业经济统计年鉴》。分行业能源要素投入 E 使用能源消费总量表示，各行业能源消费总量，数据来源于《中国能源统计年鉴》。劳动要素投入 L 使用行业从业人员年平均数，即上一年末与本年末劳动人数年末数的平均值表示，数据来源于《中国工业经济统计年鉴》。资本要素投入 K 使用永续盘存法计算资本存量得到。能源要素报酬 hE 使用上述能源要素投入与能源价格的乘积表示，其中，能源价格计算较为复杂，由于各行业能源使用结构差别较大，若简单地使用燃料、动力类购进价格指数替代能源价格将忽略行业异质性问题，造成能源价格偏离实际值，因此本章借鉴杨冕等(2018)与王玉霞和傲日格乐(2019)的方法，使用2014年各类能源价格乘以各行业2014年各类能源消费量，得到2014年各行业能源消费总额，再除以各行业2014年能源消耗总量，得到2014年各行业能源价格，使用历年各行业燃料、动力类购进价格指数倒推出2000—2013年各行业能源价格，其中，原油价格使用大庆油田2014年中质原油价格表示；汽油价格使用金投网统计的2014年初与年末90号、93号和97号汽油平均价格表示；煤炭、焦炭、柴油、燃料油、煤油价格使用金投网与化工产品网公布的各地2014年初与年末价格的平均值表示，天然气价格依照1 375立方米/吨将液化天然气价格换算为元/亿立方米；电力价格使用2014年各省上网电价的平均值表示。劳动要素报酬 wL 使用职工工资总额与社会保险基金之和表示，其中各行业社会保险基金由社会保险基金总额按各行业工资比例折算。资本要素报酬 rK 使用固定资产折旧与营业利润之和表示。

三、中国工业能源偏向型技术进步的特征分析

本章使用2000—2014年数据测算出中国20个工业行业能源偏向型技术进步测算所涉及参数，结果如表4.2所示。

根据表4.2结果可以看出，中国工业大多数行业技术进步规模因子 Λ 均大于0.6，且接近于1，与戴天仕等(2010)测算结果相符。中国工业绝大多数行业劳动要素投入都远小于资本与能源要素投入，各行业劳动要素投

表 4.2　中国工业各行业能源偏向型技术进步 SUR 各参数估计值

行业	Λ	α	σ	ν_L	φ_L	β	ε	ν_E	φ_E	ν_K	φ_K
1	0.401 1 (0.035 7)	0.159 4 (0.011 7)	0.484 6 (0.268 3)	0.186 5 (0.011 1)	1.046 7 (0.102 2)	0.796 0 (0.038 2)	0.201 9 (1.376 2)	0.084 3 (0.011 1)	1.895 9 (0.408 8)	0.031 6 (0.015 8)	3.463 4 (1.152 3)
2	0.627 9 (0.019 3)	0.183 6 (0.006 5)	0.728 6 (0.003 6)	0.220 0 (0.013 7)	0.670 7 (0.077 0)	0.491 8 (0.013 3)	0.759 4 (0.055 0)	0.184 3 (0.010 6)	1.367 1 (0.306 7)	(0.000 0) (0.014 2)	(0.000 0) (0.078 5)
3	0.856 2 (0.041 8)	0.321 7 (0.013 9)	0.429 9 (0.264 5)	0.137 9 (0.007 2)	1.110 2 (0.096 5)	0.594 7 (0.021 1)	0.528 3 (0.184 9)	0.041 1 (0.012 9)	3.759 2 (0.748 6)	0.016 2 (0.009 3)	0.221 3 (0.156 2)
4	0.709 0 (0.050 4)	0.289 1 (0.019 3)	0.417 2 (0.201 5)	0.219 3 (0.011 7)	1.150 2 (0.083 9)	0.411 9 (0.027 2)	0.609 1 (0.175 0)	0.178 2 (0.026 6)	2.109 3 (0.316 4)	0.000 7 (0.004 2)	9.246 2 (9.682 5)
5	0.891 7 (0.051 6)	0.355 4 (0.031 7)	0.355 7 (0.295 5)	0.177 6 (0.008 6)	1.072 7 (0.096 8)	0.114 1 (0.011 9)	0.661 1 (0.339 4)	0.139 8 (0.039 1)	1.899 1 (0.560 3)	0.019 0 (0.009 0)	3.295 5 (1.084 3)
6	0.401 6 (0.026 5)	0.129 0 (0.009 9)	0.420 0 (0.221 8)	0.154 0 (0.007 3)	1.244 3 (0.110 4)	0.786 7 (0.012 5)	0.594 8 (0.349 9)	0.010 6 (0.007 1)	6.734 2 (1.311 1)	0.026 3 (0.024 0)	3.378 7 (2.917 8)
7	0.730 7 (0.045 7)	0.215 5 (0.015 1)	1.093 8 (0.045 7)	0.085 2 (0.003 8)	0.932 0 (0.097 8)	0.329 5 (0.025 1)	1.299 4 (0.146 7)	0.234 8 (0.129 2)	0.846 6 (0.364 0)	(0.113 0) (0.065 5)	0.854 6 (0.281 8)
8	0.555 8 (0.028 8)	0.182 2 (0.009 2)	0.982 8 (0.008 0)	2.839 4 (1.086 3)	1.903 8 (0.186 7)	0.649 4 (0.019 0)	0.706 2 (0.122 5)	−0.475 1 (0.212 0)	0.699 6 (0.218 7)	−0.417 2 (0.226 7)	1.778 6 (0.621 0)
9	0.303 9 (0.033 6)	0.074 3 (0.008 9)	0.372 3 (0.291 6)	0.137 2 (0.005 7)	1.342 5 (0.118 8)	0.875 2 (0.018 9)	0.359 5 (0.312 6)	0.099 5 (0.012 5)	1.996 1 (0.457 8)	0.019 1 (0.006 1)	4.587 4 (0.675 9)
10	0.854 7 (0.047 9)	0.212 1 (0.010 3)	0.773 1 (0.035 6)	0.189 0 (0.023 7)	0.882 5 (0.026 7)	0.351 8 (0.024 1)	0.501 8 (0.043 2)	0.065 2 (0.011 8)	1.111 9 (0.003 2)	(0.000 0) (0.004 6)	(0.000 0) (0.094 3)

续　表

行业	Λ	α	σ	ν_L	φ_L	β	ε	ν_E	φ_E	ν_K	φ_K
11	0.761 9 (0.038 5)	0.356 3 (0.021 8)	0.369 0 (0.227 9)	0.190 5 (0.007 4)	1.381 1 (0.096 9)	0.214 4 (0.015 7)	0.303 8 (0.491 2)	0.005 7 (0.004 4)	7.412 9 (1.422 1)	0.021 2 (0.006 8)	4.458 7 (0.697 7)
12	0.705 4 (0.036 0)	0.119 7 (0.006 6)	1.112 5 (0.049 2)	0.088 7 (0.003 3)	0.964 2 (0.049 6)	0.772 7 (0.024 8)	0.473 7 (0.430 2)	0.088 3 (0.008 7)	1.459 2 (0.357 0)	0.048 7 (0.008 5)	0.619 7 (0.256 1)
13	0.320 7 (0.025 9)	0.045 5 (0.005 5)	0.320 7 (0.308 6)	0.145 9 (0.005 9)	1.154 7 (0.108 2)	0.941 4 (0.006 8)	0.423 3 (0.224 2)	0.028 2 (0.011 6)	4.169 0 (0.956 4)	0.028 2 (0.006 7)	0.379 5 (0.152 8)
14	0.831 0 (0.075 2)	0.421 4 (0.026 9)	0.531 1 (0.138 5)	0.108 6 (0.013 2)	0.627 6 (0.135 0)	0.218 3 (0.016 2)	0.859 0 (0.052 9)	0.306 7 (0.094 6)	0.785 4 (0.190 1)	(0.023 4) (0.039 1)	3.453 9 (3.050 5)
15	0.830 7 (0.049 8)	0.280 4 (0.022 5)	0.475 7 (0.220 0)	0.147 5 (0.010 5)	0.995 3 (0.153 7)	0.388 3 (0.012 7)	0.717 6 (0.066 4)	0.179 3 (0.021 3)	1.484 7 (0.233 2)	0.002 5 (0.008 4)	0.056 6 (0.185 9)
16	0.582 0 (0.017 0)	0.289 0 (0.012 1)	0.780 0 (0.025 3)	0.345 6 (0.017 4)	1.532 8 (0.074 3)	0.654 7 (0.009 7)	0.410 7 (0.048 7)	0.042 3 (0.003 4)	2.261 0 (0.003 2)	(0.000 0) (0.004 3)	(0.000 0) (0.005 3)
17	0.679 2 (0.041 5)	0.286 1 (0.021 8)	0.573 3 (0.180 1)	0.158 2 (0.014 0)	1.052 7 (0.209 6)	0.453 0 (0.021 6)	0.672 7 (0.118 2)	0.176 1 (0.017 7)	0.769 7 (0.124 1)	0.000 7 (0.002 1)	10.911 1 (5.267 1)
18	0.819 9 (0.064 1)	0.289 5 (0.019 8)	0.498 9 (0.200 6)	0.147 8 (0.011 2)	1.511 9 (0.279 6)	0.539 9 (0.050 9)	0.481 9 (0.658 7)	0.046 5 (0.023 0)	1.213 0 (1.311 4)	0.045 8 (0.017 9)	1.252 0 (0.809 1)
19	0.932 0 (0.036 3)	0.101 6 (0.004 9)	1.445 9 (0.143 8)	0.120 6 (0.001 8)	1.039 5 (0.037 6)	0.499 6 (0.021 5)	1.190 4 (0.172 5)	0.160 5 (0.117 2)	0.833 6 (0.486 5)	−0.075 0 (0.121 2)	0.539 7 (0.226 2)
20	0.384 9 (0.047 1)	0.080 9 (0.010 2)	0.254 9 (0.442 5)	0.079 7 (0.004 7)	1.756 6 (0.215 0)	0.958 9 (0.005 3)	0.419 1 (1.397 9)	0.031 3 (0.007 0)	1.352 1 (0.716 7)	0.030 8 (0.054 7)	2.029 4 (3.720 8)

入份额 α 值均小于 0.5,表明中国工业发展没有充分利用中国劳动要素丰裕优势,在生产中,仍存在大量投入能源与资本要素的粗放式生产现象,大量生产企业仅通过扩大厂房和加大能源等生产资源方式进行简单再生产。对于能源与资本要素投入来说,能源要素投入份额 β 在行业(1)采矿业、(6)印刷和记录媒介复制业、(8)化工及化工产品制造业、(9)医药制造业、(12)基本金属制造业、(13)金属制品业、(16)机械设备制造业和(20)水的生产和供应业的值较大,分别为 0.796 0、0.786 7、0.649 4、0.875 2、0.772 7、0.941 4、0.654 7 和 0.958 9,以上工业行业对能源等自然资源的依赖程度较大。中国对外能源依存度连年上升,2016 年中国石油对外依存度为 65.4%,2018 年这一数字上升为 68.85%。在中国与世界能源储备均大幅下降的形势下,中国工业能源投入比例过大易于令中国在全球价值生产与国际竞争中陷入被动地位,甚至影响国家安全。中国应继续加大绿色技术进步的研发力度,优化要素投入结构,降低对能源要素的依赖性,促进产业高级化进程。从要素替代情况来看,对于劳动力要素与非劳动力要素,绝大多数工业行业替代弹性小于 1,仅有(7)石油加工、炼焦和核燃料加工业、(12)基本金属制造业和(19)电力、燃气、热力生产和供应业劳动力与非劳动力要素替代弹性大于 1,对于资本与能源要素,仅(7)石油加工、炼焦和核燃料加工业和(19)电力、燃气、热力生产和供应业中两种要素间替代弹性大于 1。这表明中国工业行业要素投入中,劳动、资本与能源三要素间大体呈现出互补关系,劳动或资本要素的增减也会对能源要素边际产出产生同方向的影响。由于工业行业要素间替代性较弱,劳动要素和资本要素无法完全替代能源要素的使用,工业生产者难以依靠调整要素投入结构来扩大产量和增加利润,各行业需利用要素间的互补关系,全方位提升各大要素生产效率,以实现生产率增长。从三大要素技术效率增长系数来看,各工业行业劳动、能源和资本技术效率增长率均值分别为 0.294 0、0.081 4 和−0.016 9,且 $\upsilon_L > \upsilon_E$;从三大要素的技术曲率来看,劳动、能源与资本增进型技术曲率 φ_L、φ_E 和 φ_K 的行业均值分别为 1.168 6、2.208 0 和 2.526 3，均大于 1，表明中国工业三大要素中劳动与能源增进型技术进步的技术效率在 2000—2014 年有一定幅度的提高，但资本增进型技术进步水平略有下降，劳动增进型技术进步的技术效率提升幅度最大，劳动生产效率的提升幅度是能源的 3.6 倍。对于能源与资本技术效率增速，仅有(6)印刷和记录媒介复制业、(8)化工及化工产品制造业和(11)非金属矿物制品业三个行业资本增进型技术进步增长率大于能源增进型技术进步。由能源与资本间要素替代弹性与要素技术效率增长系数可以推测出技术进步发展方向。由于在要素替代弹性小于 1 的情况下，某一要素增进型技术进步会引致技术进步方向偏向于该要素程度减弱，由表 4.2 可知能源—资本要素替代弹性小于 1，而能源增进型技术效率增长参数大于资本要素，因此，大体可推测出中国工业技术进步能源偏向性逐渐减弱，而资本偏向性逐渐增强。

将表 4.2 中各要素投入份额参数、要素替代弹性、技术效率增长系数与技术曲率估算结果代入技术进步方向测算公式中，得到中国工业及各行业 2000—2014 年技术进步能源偏向性测算结果，如图 4.1 和表 4.2 所示。

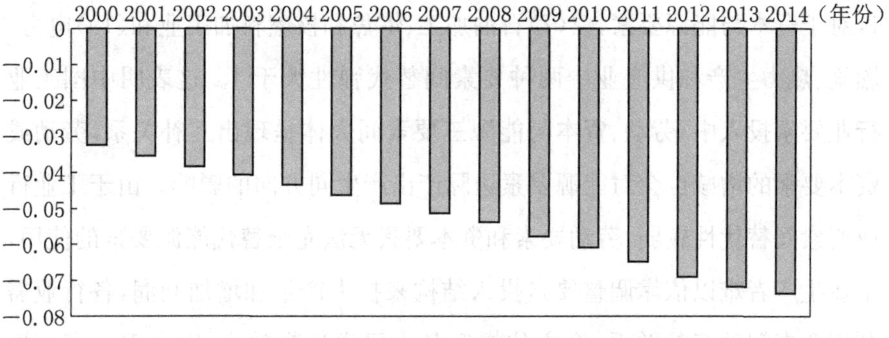

图 4.1　中国工业能源偏向型技术进步测算结果

由图 4.1 可知，2000—2014 年中国工业技术进步能源偏向性指数大体为负，也就是说，中国工业技术进步呈现出资本偏向特征，且其资本偏向属性逐年增强,技术进步能源偏向性指数值以平均每年 0.003 0 的速度匀速下降,中国工业技术进步大体朝着能源节约与资本使用方向发展。究其原因,一方面,中国加入 WTO 以后,能源约束形势趋紧,中国能源储备已难以满足迅猛发展的中国工业,工业建设所需能源大量依赖进口,而国际能源价格连年上涨,北海布伦特、迪拜和西德克萨斯三大原油市场平均价格从 2000 年的每桶 28.23 美元上涨为 2008 年的每桶 96.99 美元。对于资本要素价格来说,中国长期资本抑制引致资本价格偏低,但资本密集型产品价格高企,在要素价格诱致下,中国工业对能源节约型技术研发与应用较多,各行业都在积极寻求绿色转型方式,在工业生产中逐渐使用技术含量和资本含量较高的机器设备替代能源,对能源的依赖性降低,机械化程度提高,生产方式逐渐往清洁的节能方向发展。另一方面,随着中国加入 WTO,中国工业技术引进来源和渠道都得到拓宽,技术引进从全套设备进口为主转变为以签订技术合同为主,美国、欧盟与日本等发达国家和地区成为中国技术引进主要来源国,而技术由发达国家向发展中国家的传递过程,会改变发展中国家的技术进步方向(王林辉等,2017)。发达国家由于拥有丰裕的资本要素其技术进步方向呈现资本偏向性,随着中国工业与国外技术交流越来越频繁,发达国家技术进步的资本偏向属性也会影响中国工业技术进步方向(王林辉等,2019)。尤其随着中国在全球价值链中参与广度的扩大和参与深度的加深,先进节能技术的溢出、市场竞争的加剧与国际市场对产品能源含量的更高要求都促使中国工业技术进步偏向于节能的资本方向。

表 4.3 中国工业各行业能源偏向型技术进步测算结果

编号	行业	2000	2005	2010	2014	均值
(1)	采矿业	−0.198 5	−0.187 2	−0.095 3	0.046 9	−0.128 5
(2)	食品、饮料、烟草制品制造业	−0.050 3	−0.057 3	−0.062 8	−0.066 6	−0.059 2
(3)	纺织、服装、皮革制品制造业	−0.006 2	−0.052 6	−0.124 3	−0.199 9	−0.087 8

续表

编号	行　业	2000	2005	2010	2014	均值
(4)	木材加工和木、竹、藤、棕、草制品业	−0.087 5	−0.127 7	−0.149 5	−0.110 2	−0.126 4
(5)	造纸及纸制品业	−0.051 9	−0.066 3	−0.075 4	−0.078 9	−0.068 6
(6)	印刷和记录媒介复制业	0.009 2	0.004 9	−0.062 7	−0.212 7	−0.045 2
(7)	石油加工、炼焦和核燃料加工业	0.069 2	0.065 9	0.063 6	0.062 1	0.065 2
(8)	化工及化工产品制造业	0.060 9	−0.019 4	−0.076 7	−0.112 8	−0.037 5
(9)	医药制造业	−0.126 1	−0.140 0	−0.086 8	0.035 0	−0.097 6
(10)	橡胶和塑料制品业	−0.061 5	−0.064 1	−0.066 1	−0.067 4	−0.064 8
(11)	非金属矿物制品业	0.022 5	0.050 8	−0.043 1	−0.434 3	−0.048 0
(12)	基本金属制造业	−0.032 3	−0.056 9	−0.075 6	−0.088 1	−0.063 2
(13)	金属制品业	0.020 8	−0.041 9	−0.147 8	−0.268 9	−0.096 0
(14)	计算机、电子、光学产品制造业	−0.046 6	−0.046 4	−0.049 0	−0.052 7	−0.048 1
(15)	电气设备制造业	−0.058 8	−0.070 3	−0.079 7	−0.086 2	−0.073 6
(16)	机械设备制造业	−0.047 9	−0.077 5	−0.109 0	−0.135 1	−0.090 5
(17)	交通运输设备制造业	−0.081 5	−0.072 7	−0.030 1	0.234 7	−0.023 2
(18)	家具制造业与其他制造业	−0.001 1	−0.000 4	0.000 2	0.000 6	−0.000 2
(19)	电力、燃气、热力生产和供应业	0.034 9	0.031 9	0.030 0	0.028 8	0.031 4
(20)	水的生产和供应业	−0.005 2	0.006 4	0.019 4	0.030 5	0.011 9

资料来源:作者计算。

由表 4.3 可以看出,中国工业行业绝大多数行业技术进步方向偏向资本,20 个工业行业 2000—2014 年技术进步能源偏向性均值为−0.052 5。从 2000—2014 年技术进步方向变化趋势来看,20 个行业中有 15 个行业技术进步方向逐渐偏向资本,仅有(1)采矿业、(9)医药制造业、(17)交通运输设备制造业、(18)家具制造业与其他制造业和(20)水的生产和供应业 5 个行业技术进步方向由 2000 年的偏向资本逐渐转变为偏向能源。这表明随着中国工业技术优化与产业升级进程,中国工业发展对能源依赖性逐渐降低,更加重视能源效率的提升,在工业生产中以资本要素替代能源要素,技术进步方向随之偏向资本。在改革开放初期,中国工业对能源的稀缺性与战略性没有足够的认识,为满足国内外市场迅速扩大的能源需求,能源要素承担着经济发展与国家安全的重任,中国成为世界主要产油国。中国煤炭资源居世界第三位,而石油和天然气储量不足,“富煤缺油少气”的能源结构促使中国加强与世界各国的能源交易与技术交流,能源对外依存度不断提高,2014 年中国石油对外依存度接近 60%。鉴于过高的能源对外依存度可能危及国家安全,且较低的能源使用效率引起严重的水体污染、雾霾笼罩和地质结构改变等环境问题,中国由依赖能源数量指标转向优化能源结构与提升能源使用效率。“十一五”规划纲要强调了在工业生产中要以节约能源为重要目标,依靠国内丰富的煤炭资源,将能源使用结构调整为以煤炭为主,降低能源对外依存度,提升生产技术与能源使用效率,构筑稳定、经济、清洁、安全的能源供应体系。随后,中国还出台了《中国应对气候变化国家方案》《可再生能源法》《节约能源法》《循环经济促进法》等法规,并取得良好效果,2010 年中国单位 GDP 能源消耗减少为 2005 年的 60.61%。由中国工业 2000—2014 年技术进步能源偏向性测算结果看来,中国能源政策取得了良好效果,绝大多数行业技术进步能源偏向性逐渐减弱,而资本偏向性逐渐增强,不仅缓解了国内能源危机与环境压力,也使中国承担了减缓全球气候变暖的国际责任。(1)采矿业与(17)交通运输设备制造业两个行业的技术进步偏向能源方向的程度最大,2014 年技术进步能源偏向性指数比 2000 年分别提高了 0.245 4 和 0.316 1。2005 年全球矿石价格在 2004 年已上涨 20%的情况下,又上涨了 71%,尤其是铁矿石、煤、铜和金价格大涨,矿石价格大幅提升促进了全球及中国采矿业迅猛发展,普华永道研究发现 2005 年中国矿业净盈利增长了 59%,其市值增长了 72%,达到 7 910 亿美元。中国成为世界上对矿产品需求最大与产量最大的国家，而由于采矿业自身具有能源密集型特点，且中国所使用采矿装备较为落后，所涉及的采矿技术水平较低，逐渐增多的矿产品需求促进了技术进步方向偏向能源。对于交通运输设备制造业来说，自 2008 年中国第一条拥有完全自主知识产权的京津城际铁路试运营以来，中国高速铁路进入大规模建设阶段。“四横四纵”客运专线也在 2008 年开工，之后，中国进入铁路网建设新阶段，高铁乘客数量持续增加。虽然高铁运行实现了“以电代油”，有助于优化能源结构，但其设备建设及使用过程中促进了能源消费，使得交通运输设备制造业技术进步方向偏向能源，因此交通运输设备制造业技术进步能源偏向性指数在 2010 年以后迅速上升，由 2010 年的－0.030 1 跃升至 2014 年的 0.234 7。对于医药制造业而言，该行业参与全球价值生产方式以出口原料药为主，不断增加的国外需求促进了能耗强度与环境污染较大的原料药生产，诱使技术进步偏向使用能源。对于家具制造业，由于人造板贴面材利用率较高且利润较大，中国家具生产材料中纤维板与胶合板等人造板贴面材占比最高，而其生产过程中能耗较大，因此家具制造业的发展带动其技术偏向耗能。

为探究不同技术水平的行业能源偏向程度，本书参考 Lall(2000)对中间产品的分类方法，将产品分为资源密集型、低技术型、中技术型和高技术型产品，再将产品归并到所属行业中，将 20 个工业行业中的(1)采矿业，(2)食品、饮料、烟草制品制造业，(4)木材加工和木、竹、藤、棕、草制品业，(5)造纸及纸制品业，(7)石油加工、炼焦和核燃料加工业，(11)非金属矿物制品业，(12)基本金属制造业，(19)电力、燃气、热力生产和供应业和(20)水的生产和供应业划分为资源密集型行业；将(3)纺织、服装、皮革制品制造业，(13)金属制品业和 (18)家具制造业与其他制造业划分为低技术型行业；将(6)印刷和记录媒介复制业，(8)化工及化工产品制造业，(10)橡胶和塑料制品业和(17)交通运输设备制造业划分为中技术型行业；将(9)医药制造业，(14)计算机、电子、光学产品制造业，(15)电气设备制造业，(16)机械设备制造业划分为高技术型行业,测算出各种技术等级行业的技术进步能源偏向性指数均值。本章测算的资源密集型、低技术型、中技术型和高技术型行业 2000—2014 年能源偏向型技术进步演变趋势如图 4.2 所示。

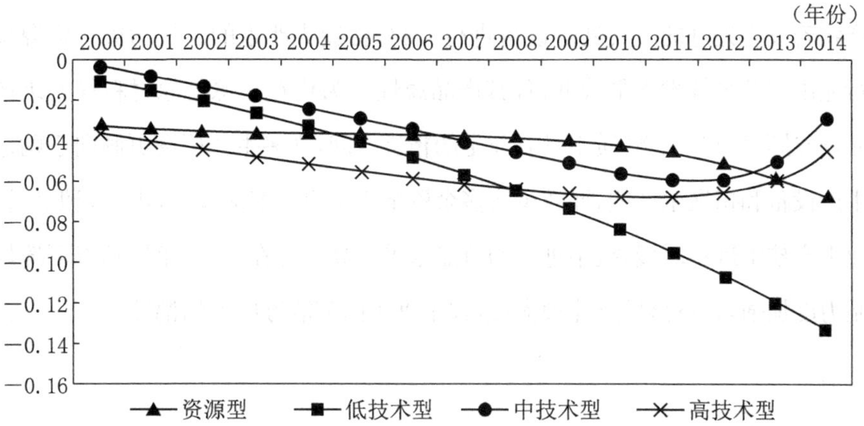

图 4.2　2000—2014 年不同技术等级能源偏向型技术进步演变趋势

图 4.2 的结果与王勇和刘厚莲(2015)的结论相同,整体看来,中国工业技术进步偏向节约能源方向,具有绿色转型趋势,有利于经济生产向低碳节能方向发展。然而,不同技术类型行业的能源偏向型技术进步发展趋势表现出较大差异。其中,中技术行业的技术进步能源偏向性最强,资源型行业次之,低技术行业技术进步能源偏向性最弱。究其原因,低技术行业多为劳动密集型行业,劳动力为主要投入要素,高技术型行业多为资本与技术密集型行业,资本为主要投入要素,因此技术进步能源偏向性较弱,资本偏向性较强。中技术行业对能源需求较大,但产能利用率较低。尽管近年来环境规制强度增大,大面积关停了一些产能过剩与落后企业,但中技术行业的生产工艺特点决定了其具有高消耗和高排放特点。冯烽(2018)认为,化工行业和印刷行业由于较高的能源回弹效应,使得能源效率的提升并未出现能源节约的结果,反而因为替代效应与收入效应增加了行业生产中的能源需

求。橡胶行业需要大量能源燃烧以产生硫化橡胶制品的蒸汽,且对热能利用率较低,仅为20%左右,生产工序有很大的节能空间。中技术行业生产技术的能耗特点必然导致产出端废水、废气与固体废弃物问题。中技术行业还存在环境污染问题,橡胶和塑料制品业在生产过程中产生的炼胶废气等污染产物若没有先进的废气处理设备进行分解,会造成严重的大气污染。资源型行业由于开采技术水平较低,且其产品属性多为化石能源与原材料等初级产品,产品质量与产品性质不具有充足的精进空间,许多生产厂商更倾向于购进生产设备和拓展生产线,而较少将多余资金用于更新节能设备,因此资源型行业生产技术进步缓慢,技术进步的节能水平不高。但在2010年后随着环境规制力度加强,大量落后产能被淘汰,技术进步向节能方向大幅偏转。

第二节　全球价值链嵌入位置的测度

大幅拓展在全球价值链中参与广度与嵌入深度是中国2001年加入世

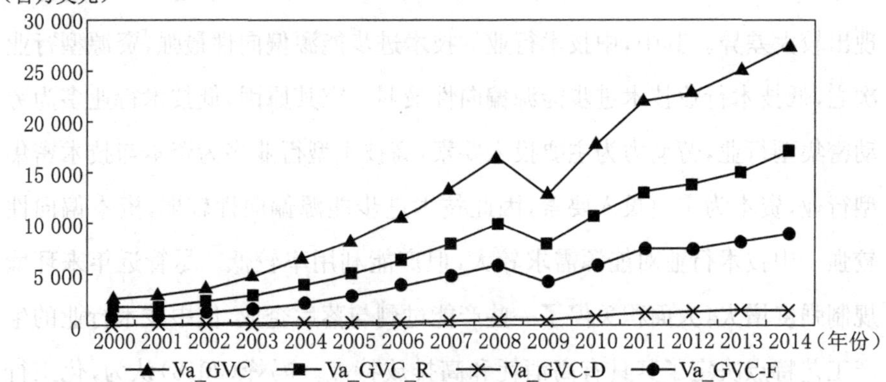

资料来源:作者根据WIOD和UIBE_GVC数据库,使用Wang等(2017)方法计算整理。

图4.3　中国工业历年全球价值链增加值均值

界贸易组织以来最重要的趋势之一，除承担国内生产任务以外，中国开始承接大量国际生产任务。中国工业各部门在全球价值链中生产规模逐渐增大，产品种类越加完善，国际竞争力逐步提升，中国“世界工厂”的地位逐渐形成并加以稳固，成为全球价值链中最大的中间出口部门，是全球价值链的“枢纽”。

由图 4.3 可知，中国工业全球价值链增加值均值在 2000—2014 年呈现“N”字型上升趋势，在 15 年中增长了近 10 倍，由 2000 年的 27.76 亿美元增长至 2014 年的 276.10 亿美元，仅在 2008—2009 年受全球经济危机影响经历短暂的下降。截至 2014 年，中国 20 个工业行业中已有 13 个行业全球价值链增加值占比超过传统最终品贸易增加值占比，因参与全球价值生产而与上下游国家间产生的中间品贸易规模已超过全部在国内生产再出口的传统贸易规模，中间品贸易成为绝大多数行业国际贸易的主要方式。其中，2014 年化工及化工产品制造业、非金属矿产品制造业与基本金属制造业全球价值链增加值占国际贸易增加值比重分别为 61.73%、67.20% 与 60.00%，均已达 60% 以上，而纺织、服装、皮革制品制造业该值较小，仅为

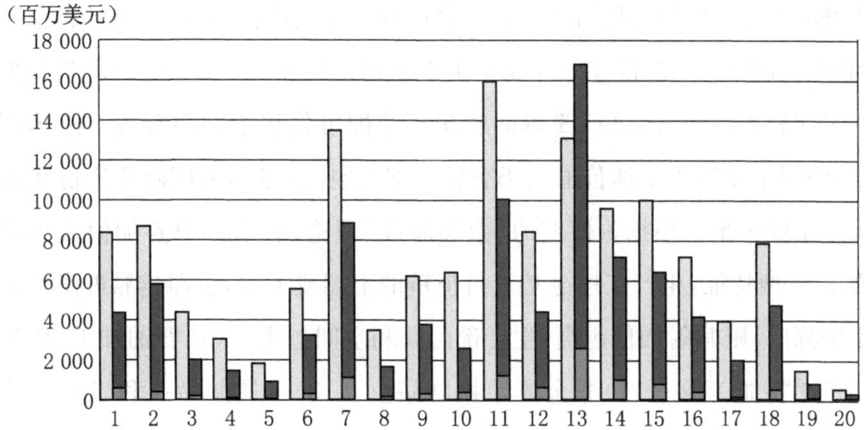

资料来源：作者根据 WIOD 和 UIBE_GVC 数据库，使用 Wang 等(2017)方法计算整理。

图 4.4　中国 20 个工业行业全球价值链增加值 2000—2014 年均值

25.28%。对于中国复杂全球价值链增加值，中间品出口后流至第三国的增加值 Va_GVC_F 远大于出口后又流回中国的增加值 Va_GVC_D，中国工业部门在加工与组装产品后出口，进口国进一步加工之后也较少将中间品再出口至中国，中国并未掌握全球价值链的下游部分，更多处于附加值较低、盈利能力较弱的价值链中段。

图 4.4 将中国 20 个工业行业全球价值链增加值 Va_GVC 依照中间品跨境次数分解为仅跨境一次即被进口国吸收的简单全球价值链增加值 Va_GVC_R 和跨境一次以上的复杂全球价值链增加值，后者又分为被进口国加工后又流回国内的增加值 Va_GVC_D 与被进口国加工后流至第三国的增加值 Va_GVC_F。由图 4.4 可知，整体而言，2000—2014 年期间，(7)石油加工、炼焦和核燃料加工业、(11)非金属矿物制品业和(3)金属制品业全球价值链增加值较多，参与跨境生产规模较大。其中，仅有(13)金属制品业的复杂全球价值链增加值超过简单全球价值链增加值，绝大多数工业部门参与全球价值链的方式为浅度跨境分工，(10)橡胶与塑料制品业浅度跨境分工占比达 70.76%，这表明中国工业在全球价值链中仍承担着大量劳动密集型的加工组装和成品储运等技术含量较小的生产任务，属于全球价值链的中下游生产环节，将零部件简单加工组装之后出口，在进口国内剩余生产工序较少，进口国进行简单的收尾环节即可将该中间品吸收。总体而言，中国工业嵌入全球价值链仍有较大加深空间，参与的国际生产链条结构复杂度不足。根据价值链的“微笑曲线”理论，价值链中附加值大小呈现出 U 型特征，生产工序越接近价值链的上端或下端，也即越靠近研发或市场部门，则其附加值越高，生产部门获利空间越大。(7)石油加工、炼焦和核燃料加工业、(11)非金属矿物制品业、(13)金属制品业和(14)计算机、电子、光学产品制造业出口后又流回中国的增加值 Va_GVC_D 较大，表明其盈利能力较强，在品牌管理、营销手段与售后服务等方面积极优化，下游工序服务化转变效果相对较好，但仍有很大优化空间，应继续增

强品牌营销与售后管理能力，促进下游环节回流，才能增强产业盈利能力与国际竞争力。

全球价值链增加值大小可以在一定程度上反映某部门在全球价值链中参与范围与参与规模，但难以衡量该部门在全球价值链中发展质量与增值盈利能力，不能准确衡量某部门在全球价值链中的具体嵌入位置，需要对全球价值链位置进行测算，以确定各部门在全球价值链中的物理位置及经济地位，这样既可确认其在全球价值链中所处的分工环节，又可反映其在国际生产中的增值能力。

一、全球价值链嵌入位置的测度方法

假设有 G 个国家，每个国家有 N 个部门，将总产出 X 分解为中间投入品与最终品：

$$X=AX+Y \tag{4.10}$$

其中，$A=Z\hat{X}^{-1}$，Z 为 $N\times N$ 阶中间投入流向矩阵，$\hat{X}$ 为以 X 向量各元素为对角元素的对角矩阵。

整理得：

$$X=LY \tag{4.11}$$

其中，$L=(I-A)^{-1}$，L 也被称为里昂惕夫逆矩阵。

增加值矩阵为：

$$Va'=\hat{V}X=\hat{V}LY \tag{4.12}$$

其中，$\hat{V}=VA\hat{X}^{-1}$。

世界投入—产出表可以反映 G 个国家 N 个部门之间投入产出关系，世界投入—产出表结构如表 4.4 所示：

表 4.4 世界投入—产出表结构示意

投入＼产出		中间品使用				最终品需求				总产出
		1	2	…	G	1	2	…	G	
中间投入	1	Z^{11}	Z^{12}	…	Z^{1g}	Y^{11}	Y^{12}	…	Y^{1g}	X_1
	2	Z^{21}	Z^{22}	…	Z^{2g}	Y^{21}	Y^{22}	…	Y^{2g}	X_2
	⋮	⋮	⋮	⋱	⋮	⋮	⋮	⋱	⋮	⋮
	G	Z^{g1}	Z^{g2}	…	Z^{gg}	Y^{g1}	Y^{g2}	…	Y^{gg}	X_g
增加值		Va^1	Va^2	…	Va^g					
总投入		$(X_1)'$	$(X_2)'$	…	$(X_g)'$					

其中，Z^{cd}为$N\times N$阶中间投入流向矩阵，Y^{cd}、X_c、Va^c均为$N\times 1$阶向量，Z^{cd}表示c国总出口中向d国出口被d国作为中间品进行生产的部分，Y^{cd}表示c国总出口中向d国出口被d国作为最终品吸收的部分，X_c表示c国总产出，$(X_c)'$为其转置，Va^c为c国直接增加值向量。

Wang 等(2017)将生产长度定义为某一国家或部门的初始投入进行跨境生产到另一个国家或部门最终品过程中经历的平均生产阶段数，使用该初始投入被计算为产出的价值除以初始投入价值的比值计算。假设初始投入由行业i开始，到行业j产生最终品终止，则该初始投入从行业i到行业j所有生产链被直接与间接计算的增加值之和为：

$$\lambda_{ij}v_i y_j + v_i a_{ij} y_j + v_i \sum\nolimits_{k}^{n} a_{ik} a_{kj} y_j + \cdots = v_i l_{ij} y_j \qquad \lambda_{ij}=\begin{cases}1, & i=j\\ 0, & i\neq j\end{cases} \tag{4.13a}$$

式(4.13a)的矩阵形式为：

$$\hat{V}\hat{Y}+\hat{V}A\hat{Y}+\hat{V}AA\hat{Y}+\cdots=\hat{V}(I+A+AA+\cdots)\hat{Y}=\hat{Y}(I-A)^{-1}\hat{Y}=\hat{V}L\hat{Y}$$

$$=\begin{bmatrix} v_1 l_{11} y_1 & \cdots & v_1 l_{1n} y_n \\ \vdots & \ddots & \vdots \\ v_n l_{n1} y_1 & \cdots & v_n l_{nn} y_n \end{bmatrix} \tag{4.13b}$$

其中，第 i 行第 j 列元素 $v_i l_{ij} y_j$ 代表行业 j 最终品中隐含的行业 i 的总增加值。

将生产链长度作为权重赋予到每个生产阶段中，得到总产出公式为：

$$\lambda_{ij} v_i y_j + 2 v_i a_{ij} y_j + 3 v_i \sum_k^n a_{ik} a_{kj} y_j + \cdots = v_i \sum_k^n l_{ik} l_{kj} y_j \qquad \delta_{ij} = \begin{cases} 1, & i = j \\ 0, & i \neq j \end{cases} \tag{4.14a}$$

式(4.14a)的矩阵形式为：

$$\begin{aligned} \hat{V}\hat{Y} + 2\hat{V}A\hat{Y} + 3\hat{V}AA\hat{Y} + \cdots &= \hat{V}(I + 2A + 3AA + \cdots)\hat{Y} \\ &= \hat{V}(L + AL + AAL + \cdots)\hat{Y} = \hat{V}LL\hat{Y} \end{aligned} \tag{4.14b}$$

行业 i 到行业 j 平均生产长度为：

$$plvy_{ij} = \frac{v_i \sum_k^n l_{ik} l_{kj} y_j}{v_i l_{ij} y_j} \tag{4.15}$$

以行业 i 对行业 j 贡献为权重计算基于前向联系的平均生产长度为：

$$\begin{aligned} plv_i &= \sum_j^n \frac{v_i l_{ij} y_j}{\sum_k^n v_i l_{ik} y_k} \frac{v_i \sum_k^n l_{ik} l_{kj} y_j}{v_i l_{ij} y_j} = \frac{v_i \sum_k^n l_{ik} \sum_j^n l_{kj} y_j}{\sum_k^n v_i l_{ik} y_k} \\ &= \frac{\sum_k^n l_{ik} x_k}{x_i} = \sum_k^n g_{ik} \end{aligned} \tag{4.16a}$$

式(4.16a)的矩阵形式为：

$$Plv = \frac{\hat{V}BB\hat{Y}\mu}{\hat{V}B\hat{Y}\mu} = \frac{\hat{V}BB\hat{Y}}{\hat{V}B\hat{Y}} = \hat{X}^{-1}BX = \hat{X}^{-1}B\hat{X}\mu' = G\mu' \tag{4.16b}$$

其中，G 为 Ghosh 逆矩阵，μ 为 $1 \times N$ 阶单位向量。

同理，基于后向联系的平均生产长度为：

$$plvy_j=\sum_i^n\frac{v_i l_{ij} y_j}{\sum_k^n v_k l_{kj} y_j}\frac{v_i\sum_k^n l_{ik} l_{kj} y_j}{v_i l_{ij} y_j}$$
$$=\frac{\sum_i^n v_i\sum_k^n l_{ik} l_{kj} y_j}{\sum_k^n v_k l_{kj} y_j}=\frac{\sum_k^n l_{kj} y_j}{y_j}=\sum_k^n l_{kj} \tag{4.17a}$$

式(4.17a)的矩阵形式为：

$$Ply=\frac{\mu\hat{V}LL\hat{Y}}{\mu\hat{V}L\hat{Y}}=\frac{\hat{V}LL\hat{Y}}{\hat{V}L\hat{Y}}=\mu L \tag{4.17b}$$

本章对于出口增加值的研究仅涉及出口增加值中涉及全球价值链的部分，因此，将出口增加值进行分解，将式(4.10)写为：

$$X_c=A^{cc}X^c+\sum_{c\neq d}^G A^{cd}X^d+Y^{cc}+\sum_{c\neq d}^G Y^{cd}=A^{cc}X^c+Y^{cc}+E^{c*} \tag{4.18}$$

其中，A^{cc}为c国内的消耗系数矩阵，A^{cd}为c国对d国的消耗系数矩阵，$E^{c*}=\sum_{c\neq d}^G E^{cd}$为$c$国家的总出口列向量。$E^{cd}$为$c$国对$d$国的总出口。

将式(4.18)两边同乘$R^{cc}=(I-A^{cc})^{-1}$整理得：

$$X^c=(I-A^{cc})^{-1}Y^{cc}+(I-A^{cc})^{-1}E^{c*}=R^{cc}Y^{cc}+R^{cc}E^{c*}=R^{cc}(Y^{cc}+E^{c*}) \tag{4.19}$$

由 $R^{cc}E^{c*}=R^{ss}(\sum_{c\neq d}^G Y^{cd}+\sum_{c\neq d}A^{cd}X^d)=R^{ss}\sum_{c\neq d}^G Y^{cd}+L^{cc}\sum_{c\neq d}A^{cd}X^d=L^{cc}\sum_{c\neq d}^G Y^{cd}+L^{cc}\sum_{c\neq d}A^{cd}\sum_h^G(L^{dh}\sum_k^G Y^{hk})$，代入式(4.19)，两边同时乘以$\hat{V}$，得：

$$(Va^c)'=\widehat{V^c}R^{cc}Y^{cc}+\widehat{V^c}R^{cc}E^{c*}$$
$$=\underbrace{\widehat{V^c}R^{cc}Y^{cc}}_{(1)\ V\_D}+\underbrace{\widehat{V^c}R^{cc}\sum_{c\neq d}^G Y^{cd}}_{(2)\ V\_RT}+\underbrace{\sum_{c\neq d}A^{cd}\sum_h^G(L^{dh}\sum_k^G Y^{hk})}_{(3)\ V\_GVC}$$

$$= \underbrace{\widehat{V^c}R^{cc}Y^{cc}}_{(1)\ V\_D} + \underbrace{\widehat{V^c}R^{cc}\sum_{c\neq d}^{G}Y^{cd}}_{(2)\ V\_RT} + \underbrace{\widehat{V^c}R^{cc}\sum_{c\neq d}A^{cd}R^{dd}Y^{dd}}_{(3a)\ V\_GVC\_R}$$

$$+ \underbrace{\widehat{V^c}R^{cc}\sum_{c\neq d}A^{cd}\sum\nolimits_{h}^{G}(R^{dh}Y^{hk})}_{(3b)\ V\_GVC\_D}$$

$$+ \underbrace{[\widehat{V^c}R^{cc}\sum\nolimits_{c\neq d}A^{cd}\sum\nolimits_{h}^{G}(R^{dh}\sum\nolimits_{k\neq c}^{G}Y^{hk}) - \widehat{V^c}R^{cc}\sum\nolimits_{c\neq d}A^{cd}R^{dd}Y^{dd}]}_{(3c)\ V\_GVC\_F}$$

(4.20)

由式(4.20)可知,c 国 d 部门增加值大体可以分为以下三部分:(1)V_D,在国内生产并作为最终品满足国内需求的增加值;(2)V_RT,在国内生产并作为最终品满足国外需求的增加值;(3)V_GVC,在国内生产并作为中间投入品满足国外需求的增加值。其中,(1)V_D 和(2)V_RT 均未经历跨境生产,仅(3)V_GVC 存在跨境生产。依照(3)V_GVC 增加值被最终吸收的国家部门和形式,跨境生产部分又可以细分为三部分,即(3a)V_GVC_R,被进口国作为中间投入品用以生产最终品并被该进口国吸收的国内增加值,该部分增加值只跨境一次,没有间接出口至第三国;(3b)V_GVC_D,被进口国作为中间品进行中间品与最终品生产后又重新流回出口国,并被出口国作为最终品吸收的国内增加值,该部分增加值跨境两次;(3c)V_GVC_F,被进口国作为中间品进行生产后出口至第三国,第三国将其作为中间品生产最终品而直接吸收,或再出口至 r 国被吸收。根据增加值参与跨境次数,将(3a)V_GVC_R 作为浅层 GVC 部分,将(3b)V_GVC_D+(3c)V_GVC_F 作为深层 GVC 部分。

式(4.20)中增加值的全球价值链部分为:

$$V\_GVC^c = \underbrace{\widehat{V^c}R^{cc}\sum_{c\neq d}A^{cd}R^{dd}Y^{dd}}_{V\_GVC\_R} + \underbrace{\widehat{V^c}R^{cc}\sum_{c\neq d}A^{cd}\sum\nolimits_{h}^{G}(L^{dh}Y^{hc})}_{V\_GVC\_D}$$

$$+\underbrace{[\widehat{V^c}R^{cc}\sum_{c\neq d}A^{cd}\sum_{h}^{G}(L^{dh}\sum_{k\neq c}^{G}Y^{hk})-\widehat{V^c}R^{cc}\sum_{c\neq d}A^{cd}R^{dd}Y^{dd}]}_{V\_GVC\_F} \tag{4.21}$$

与式(4.14a)相同,将以生产链长度为权重赋予式(4.21)各项中,得到 c 国国内增加值经历的所有生产链被直接与间接计算的国内总产出为:

$$Xvd\_GVC^c=\underbrace{\widehat{V^c}R^{cc}R^{cc}\sum_{c\neq d}A^{cd}R^{dd}Y^{dd}}_{Xvd\_GVC\_R}+\underbrace{\widehat{V^c}R^{cc}R^{cc}\sum_{c\neq d}A^{cd}\sum_{h}^{G}(L^{dh}Y^{hc})}_{Xvd\_GVC\_D}$$

$$+\underbrace{[\widehat{V^c}R^{cc}R^{cc}\sum_{c\neq d}A^{cd}\sum_{h}^{G}(L^{dh}\sum_{k\neq c}^{G}Y^{hk})-\widehat{V^c}R^{cc}R^{cc}\sum_{c\neq d}A^{cd}R^{dd}Y^{dd}}_{Xvd\_GVC\_F} \tag{4.22}$$

因此,c 国增加值引起的国内平均生产长度为:

$$Plvd\_GVC^c=\frac{Xvd\_GVC^c}{V\_GVC^c}=\frac{\sum_{K}^{M}V_{GVC\,j^c}*Plvd\_GVC\_j^c}{V\_GVC^c}\qquad M=(R,D,F) \tag{4.23}$$

类似地,得到 c 国国内增加值经历的所有生产链被直接与间接计算的国外总产出为:

$$Xvi\_GVC^c=\underbrace{\widehat{V^c}R^{cc}\sum_{c\neq d}A^{cd}R^{dd}R^{dd}Y^{dd}}_{Xvi\_GVC\_R}+\underbrace{\widehat{V^c}R^{cc}\sum_{c\neq d}A^{cd}\sum_{v}^{G}L^{rv}\sum_{h}^{G}(L^{vh}Y^{hc})}_{Xvi\_GVC\_D}$$

$$+\underbrace{[\widehat{V^c}R^{cc}\sum_{c\neq d}A^{cd}\sum_{v}^{G}(L^{dv}\sum_{h}^{G}L^{vh}\sum_{k\neq c}^{G}Y^{hk})-\widehat{V^c}L^{cc}\sum_{c\neq d}A^{cd}R^{dd}R^{dd}Y^{dd}}_{Xvi\_GVC\_F} \tag{4.24}$$

因此,c 国增加值引起的国外平均生产长度为:

$$Plvi\_GVC^c = \frac{Xvi\_GVC^c}{V\_GVC^c} = \frac{\sum_K^M V\_GVC\_j^c * Plvd\_GVC\_j^s}{V\_GVC^c}$$

$$M = (R, D, F) \tag{4.25}$$

将式(4.23)与式(4.25)相加,得到 c 国国内增加值参与全球价值链引起的总生产长度:

$$\begin{aligned} Plv\_GVC^c &= Plvd\_GVC^c + Plvi\_GVC^c \\ &= \frac{Xvd\_GVC^c}{V\_GVC^c} + \frac{Xvi\_GVC^c}{V\_GVC^c} = \frac{Xv\_GVC^c}{V\_GVC^c} \end{aligned} \tag{4.26}$$

全球价值链生产长度可以按照跨境次数分为只跨境一次的简单跨境生产长度与跨境多次的复杂跨境生产长度。关于生产长度的分解如图 4.5 所示:

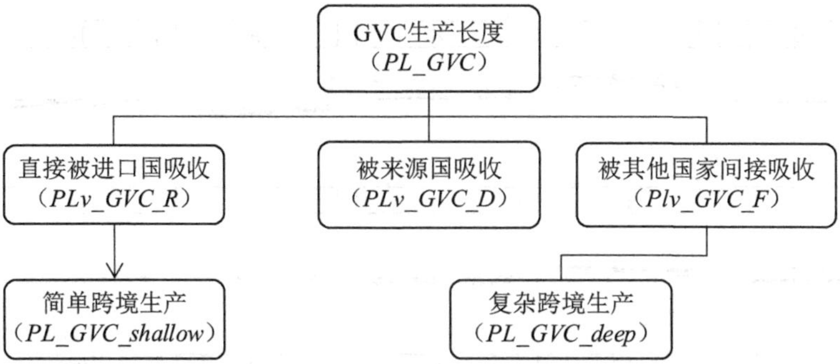

图 4.5　全球价值链生产长度分解结构

某国某一部门在全球价值链中基于前向生产联系的生产长度越大,则该部门在全球价值链中越处于上游位置,反之,当其在全球价值链中基于后向生产联系的生产长度越大,则该部门在全球价值链中越处于下游位置,因此,部门全球价值链嵌入位置指标设计为:

$$GVC\_Pos^c = Pos\_Wang = \frac{PLv\_GVC^c}{(PLy\_GVC^c)'} \tag{4.27}$$

GVC_Pos^c 指数越大,表明某一特定国家或部门越处于全球价值链的上游位置,其值越小,则越处于全球价值链下游位置。

二、中国工业全球价值链嵌入位置的特征分析

依据上文所述某一国家部门全球价值链嵌入位置指数测算方法,本章使用 WIOD 提供的世界投入产出表,测算出中国工业各行业全球价值链嵌入位置 *Position* 及简单全球价值链嵌入位置 *Ps* 和复杂全球价值链嵌入位置 *Pc*,其数值越高,则该行业越接近全球价值链的高端位置,结果如图 4.6 所示。

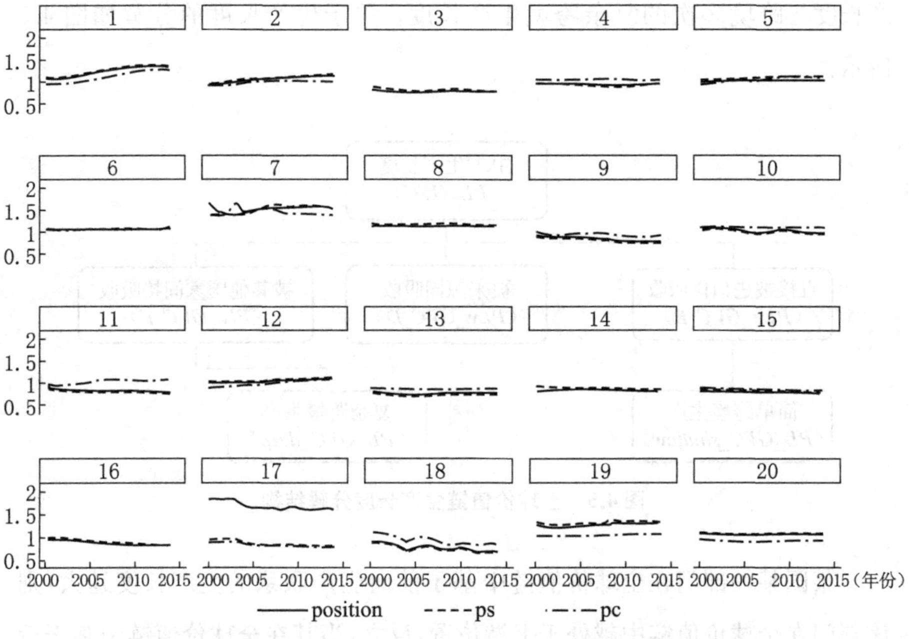

图 4.6　2000—2014 年中国工业各行业全球价值链嵌入位置

由图 4.6 可以看出,中国工业各行业全球价值链嵌入位置 *position*、简单全球价值链嵌入位置 *ps* 和复杂全球价值链嵌入位置 *pc* 在 2000—2014 年基本呈现相同变动趋势。其中,(1)采矿业,(2)食品、饮料、烟草制品制造

业和(7)石油加工、炼焦和核燃料加工业 *position*、*ps* 和 *pc* 具有明显的上升趋势,表明其在全球价值链中生产复杂程度增大,与其他部门联系更加紧密,其在全球价值链中增值能力和重要性更强。可以发现,在全球价值链中嵌入位置提升的行业均为资源与能源密集型行业,这说明中国加入 WTO 后一段时期,虽积极融入世界市场,但由于创新机制有待完善,自主创新能力较弱,产业结构发展不均衡,再加之丰裕的资源与能源禀赋,在国际分工中具有比较优势的仍然是资源与能源产品。这些行业技术门槛较低,在国际分工中主要承担附加值较低的原料供应功能,中国资源与能源密集型行业全球竞争力提升主要依靠规模与价格优势,虽实现了全球价值链嵌入位置的攀升,但易引起一系列生态环境问题,面临转型升级压力。为实现产业升级,从"量"的优势转化为"质"的提高,需要发展光伏、风电等战略性新兴能源产业,从原料供应、机器设备、工艺精进、技术标准等多方面完善新能源产业自主创新能力,促进产业高级化与合理化。(11)非金属矿物制品业具有明显的复杂全球价值链嵌入位置具有向高端位置上升趋势,但其全球价值链总位置和简单全球价值链嵌入位置却具有向低端位置下降趋势,中国房地产业的蓬勃发展引起非金属矿物制品业的大幅增长,房地产开发需要大量水泥、玻璃、砖石等土木工程与建筑工程材料,极大促进了非金属矿物制品业发展。2000 年以后,中国宏观经济稳定发展,房地产业开始蓬勃发展,房地产泡沫开始出现。2004—2006 年,房地产热潮从北京和上海向其他地区扩散,虽然政府对房价调控政策密度加大,但房地产热潮仍未减退。2006 年底,随着金融业全面开放,外资热钱的涌入助推了房地产热潮。2007 年,国家对房地产业的宏观调控开始生效,房价企稳。2008 年,受全球金融危机影响,中国房地产业开始低迷,2009 年开始缓慢回升。根据黄鹏等(2008)的观点,非金属矿物制品业在世界范围内属于复杂全球价值链活动占比低于 40%的价值链特征不明显的行业,而根据本章测算结果,中国非金属矿物制品业复杂全球价值链嵌入位置高于简单全球价值链,反映出中国非金属矿物制品业除满足国内房地产等其他建设需要以外，在世界市场中也占有相当大比率，中国非金属矿物采选技术水平处于世界领先水平，由原料供应为主向复合深加工，纳米技术与石墨烯材料的研发都提高了中国非金属矿物制品业国际竞争力，其在国内发展趋势与其在全球价值链中位置相一致。

对于大部分行业来说，其在简单全球价值链中嵌入位置高于复杂价值链，行业(1)采矿业，(2)食品、饮料、烟草制品制造业，(3)纺织、服装、皮革制品制造业，(5)造纸及纸制品业，(6)印刷和记录媒介复制业，(7)石油加工、炼焦和核燃料加工业，(8)化工及化工产品制造业、(10)橡胶和塑料制品业，(12)基本金属制造业，(13)金属制品业，(14)计算机、电子、光学产品制造业，(16)机械设备制造业，(17)交通运输设备制造业，(19)电力、燃气、热力生产和供应业以及(20)水的生产和供应业这 15 个行业的 ps 值均在 pc 值之上，其余 5 个行业在复杂全球价值链中嵌入位置高于简单全球价值链。现阶段中国所参与的全球价值生产活动链条较短，生产工艺较为简单，附加值较低，在简单全球价值链生产中位置高于复杂全球价值链，因此，中国工业各部门应继续提升产品生产技术水平，以承担生产结构复杂度与生产迂回程度较高的国际生产任务，提升复杂全球价值链嵌入位置。

依据上文提及的计算方法，计算出中国 20 个工业行业 2000—2014 年基于前向与后向联系的全球价值链生产长度 PLv_GVC 和 Ply_GVC，结果如图 4.7 所示，图 4.8 与图 4.9 为基于前向与后向联系的简单与复杂全球价值链生产长度。

根据图 4.7 至图 4.9 结果可以看出，中国工业全球价值链生产长度在 2000—2014 年大体都具有生产长度延长的趋势，无论是全球价值链生产长度、简单全球价值链生产长度还是复杂全球价值链生产长度，除(9)医药制造业和(18)家具制造业与其他制造业 2 个行业基于前向联系的复杂全球价值链生产长度 Ply_GVC_C 具有下降趋势外，其余 18 个行业的全球价值链生产长度都在延长，表明中国工业在国际贸易规模增大的同时，生产能力增

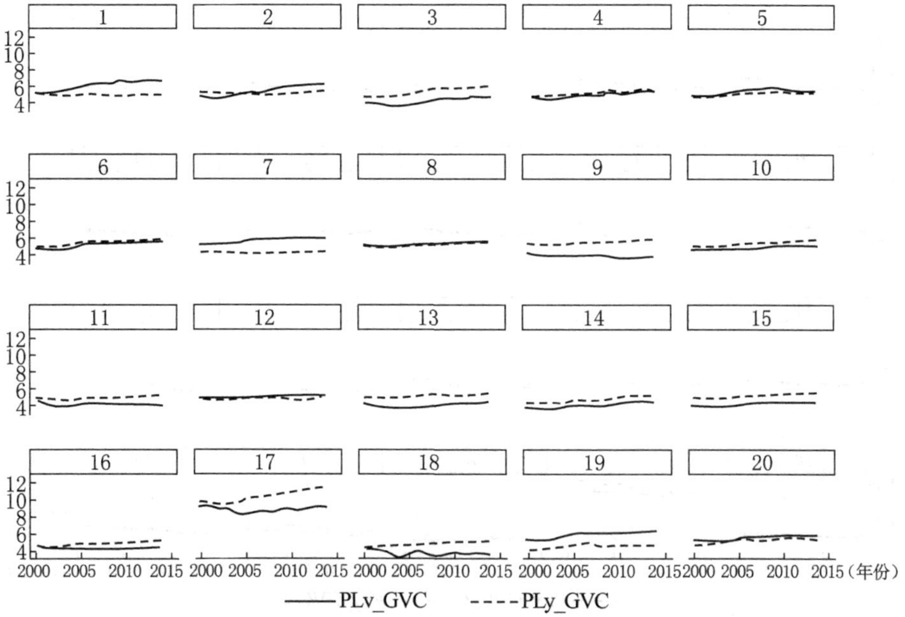

图 4.7　2000—2014 年中国工业各行业全球价值链生产长度

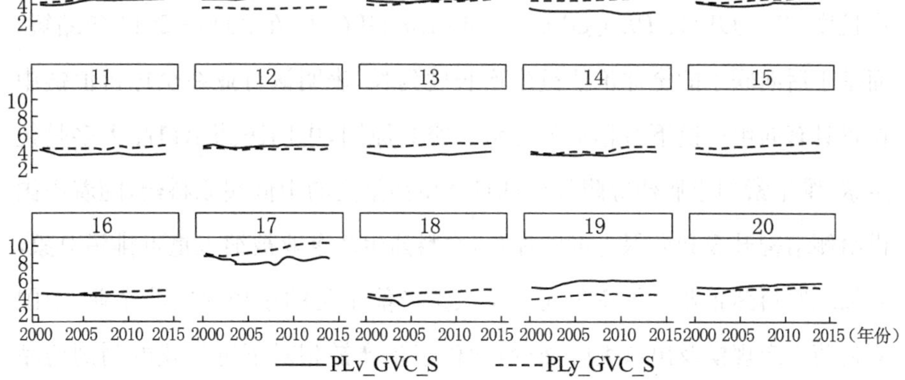

图 4.8　2000—2014 年中国工业各行业简单全球价值链生产长度

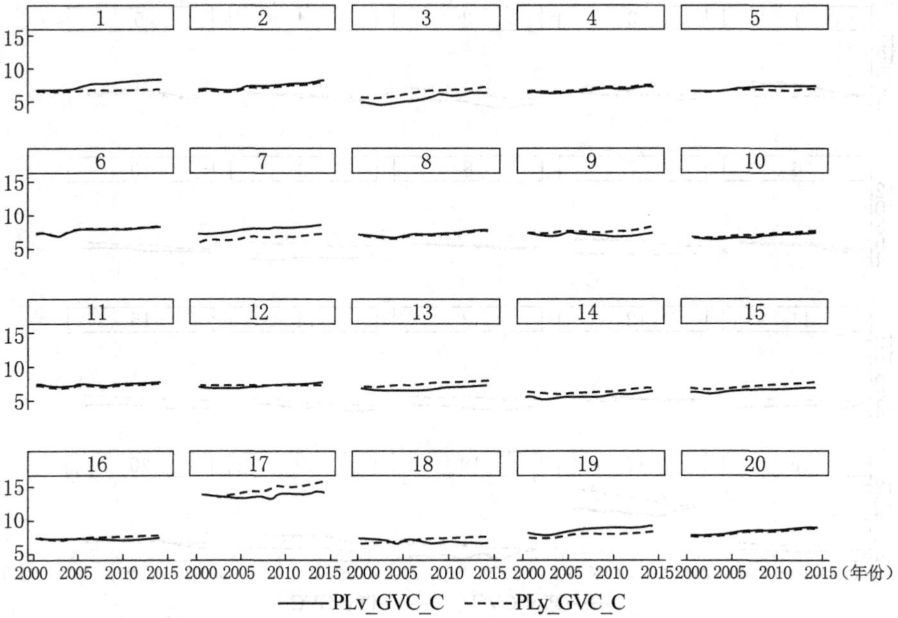

图 4.9　2000—2014 年中国工业各行业复杂全球价值链生产长度

强，参与全球价值链深度也在加深，在国际分工中生产跨度拓宽，能够跨行业生产更多种类的中间品进行出口，且由于生产工艺的精细化与复杂化加深，行业内生产链条也有所延长，因此绝大多数行业基于前向与后向联系的生产长度均具有延长趋势。(9)医药制造业基于前向联系的全球价值链生产长度 PLv_GVC、PLv_GVC_S 和 PLv_GVC_C 在 2000—2014 年缩短，而基于后向联系的全球价值链生产长度延长，表明该行业在全球价值链中位置具有向生产链下游移动的趋势。究其原因，中国医药出口品大多是抗生素、维生素和止痛药等附加值低且环境污染高的中低端原料药，随着中国供给侧结构升级和环保力度的加强，原料药生产企业被纳入重点排污对象，再加之原料药企业低价竞争淘汰了大量产能不足的小型原料药企业，中国原料药生产规模及出口大幅减少，而位于生产链相对下游位置的制剂药品出口增多，综合作用下中国医药制品业在全球价值链中位置向低端移动，前向生产长度缩短,而后向生产长度延长。2017 年国家将原料药批文制改为登记制,增大了下游行业对原料药的选择范围,下游行业更多使用进口原料药替代国内原料药,因此医药制品业的前向生产长度可能会有继续缩短趋势。(18)家具制造业与其他制造业是中国优势产业,但由于近年来劳动力成本与物流成本上升,环保力度加大而引起的家具原材料成本上升,使不符合环保标准的企业关停或转型,中国家具制造业中间品与最终品出口均有所下降,全球价值链前向生产长度缩短,面临来自越南和波兰等竞争对手的压力。

同时可以看出,有 9 个行业的前向全球价值链生产长度、前向简单全球价值链生产长度和前向复杂全球价值链生产长度均长于基于后向联系的生产长度,包括(1)采矿业,(2)食品、饮料、烟草制品制造业,(4)木材加工和木、竹、藤、棕、草制品业,(5)造纸及纸制品业,(7)石油加工、炼焦和核燃料加工业,(8)化工及化工产品制造业,(12)基本金属制造业,(19)电力、燃气、热力生产和供应业以及(20)水的生产和供应业。这些行业在全球价值链中嵌入位置靠近上游,其下游行业较多,占有较高国际市场份额,向全球价值链中下游行业供应了大量初级产品与中间品,获利能力较强。但这些行业均为能源与资源密集型行业,对能源等基础原料的依赖性较强,其技术进步能源偏向属性较强,易导致能源与环境问题。靠近全球价值链上游的行业拥有诸多下游产业,对下游接续产业的延续与发展至关重要,位于全球价值链上游的产业发展既要加大节能减排力度,又要防止产业链断裂,在前向生产长度延长过程中更应注重精进技术,合理安排要素结构,并通过产业链延伸将节能技术传递至下游产业,降低整个产业链的能耗水平。其余 11 个行业后向全球价值链生产长度长于前向全球价值链生产长度,包括(3)纺织、服装、皮革制品制造业,(6)印刷和记录媒介复制业,(9)医药制造业,(10)橡胶和塑料制品业,(11)非金属矿物制品业,(13)金属制品业,(14)计算机、电子、光学产品制造业,(15)电气设备制造业,(16)机械设备制造业,(17)交通运输设备制造业和(18)家具制造业与其他制造业。由此可知，对技术水平要求比较高的行业在全球价值链中仍处于相对下游位置。

三、其他核算方法与分析

为证明回归结果的稳健性，也为了进行比较研究，本章还使用 Koopman 等(2010)、APL 和 TPL 方法测算了中国工业分行业全球价值链嵌入位置。

(一) Koopman 等(2010)测算全球价值链嵌入位置方法

Koopman 等(2010)关于全球价值链嵌入位置的计算方法是使用最广泛的方法，其将一国总出口分解为三部分，国内增加值部分、国内出口到国外作为国外中间品投入进行加工又进口至国内部分与国外增加值部分，又将这三部分分别细化为三个指标，但仍局限于单边层面增加值分解，而不涉及双边层面，分解结果如图 4.10 所示：

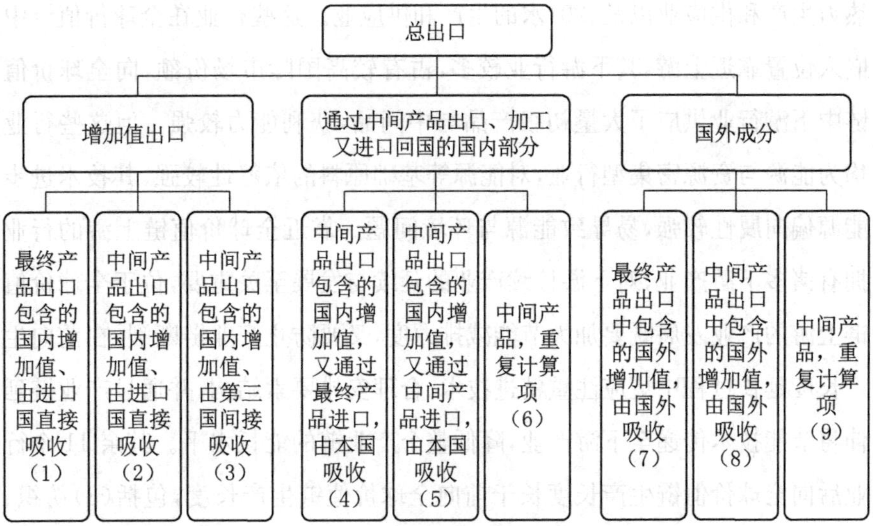

图 4.10　Koopman 等(2010)总出口分解方法

Koopman 等(2010)将全球价值链嵌入位置指数设定为：

$$\text{Pos\_Koopman}_{ic}=\ln\left(1+\frac{IV_{ic}}{E_{ic}}\right)-\ln\left(1+\frac{FV_{ic}}{E_{ic}}\right) \tag{4.28}$$

其中,IV_{ic}表示 c 国 i 部门出口增加值中被进口国生产加工后再出口至第三国的增加值,FV_{ic}表示 c 国 i 部门出口中隐含的国外增加值部分,E_{ic}表示 c 国 i 部门出口贸易额。$\frac{IV_{ic}}{E_{ic}}$也被称为全球价值链前向参与率指数,其值越大,表明 c 国 i 部门在全球价值链中主要依赖向其他国家出口原材料或中间投入品;$\frac{FV_{ic}}{E_{ic}}$被称为全球价值链后向参与率指数,其值越大,表明 c 国 i 部门在全球价值链中主要依靠进口国外原材料及中间投入品进行生产;Pos_Koopman$_{ic}$值越大,表明 c 国 i 部门在全球价值链中所处位置越靠近上游,主要向其他国家输送原材料和中间品,在国际分工中越处于有利地位,其值越小越接近于下游位置。$\frac{IV_{ic}}{E_{ic}}+\frac{FV_{ic}}{E_{ic}}$的值为全球价值链参与率指数,综合反映该部门前向参与度与后向参与度。然而,Koopman 等(2010)的方法更多反映的是一国参与全球价值链的程度,或前向参与度与后向参与度的对比,全球价值链参与程度大小并不能体现该部门全球价值链参与质量与高低端程度,也不能完全反映某一部门在全球价值链中具体位置。并且,该方法不符合价值链“微笑曲线”理论,其默认全球价值链上游位置比下游位置高端,评价指标过于单一。事实上,全球价值链靠近上端与下端位置其附加值越大,即研发与售后环节盈利空间更大,对技术研发能力与管理能力要求更高,因此,并不是全球价值链位置越靠近上游越高端,Koopman 等(2010)的方法不够准确。

(二) APL 方法

根据 Dietzenbacher 等(2005)和 Romero(2007)对平均生产阶段数的定义,平均生产长度是指一种产品从部门 i 到部门 j 所经历的平均生产阶段数。该指标只从物理属性上测出某部门全球价值链位置,无法反映出该部门的价值增值能力。Pos_APL 计算公式为:

$$\text{Pos\_}APL_{(i\to j)} = \begin{cases} 1\times a_{ij}/b_{ij}+2\times[A^2]_{ij}/b_{ij}+3\times[A^3]_{ij}/b_{ij}+\cdots,\ i\neq j \\ 1\times a_{ij}/(b_{ij}-1)+2\times[A^2]_{ij}/(b_{ij}-1)+3\times[A^3]_{ij}/(b_{ij}-1)+\cdots,\ i=j \end{cases} \tag{4.29a}$$

用矩阵形式表示为：

$$\text{Pos\_APL}=\frac{G(G-I)}{G-I}=\frac{L(L-I)}{L-I} \tag{4.29b}$$

（三）TPL 方法

$$\text{Pos\_TPL}=\frac{LL}{L} \tag{4.30}$$

本章将 Wang 等（2017）方法、Koopman 等（2010）方法、APL 方法和 TPL 方法测算的全球价值链嵌入位置结果汇总至图 4.11。

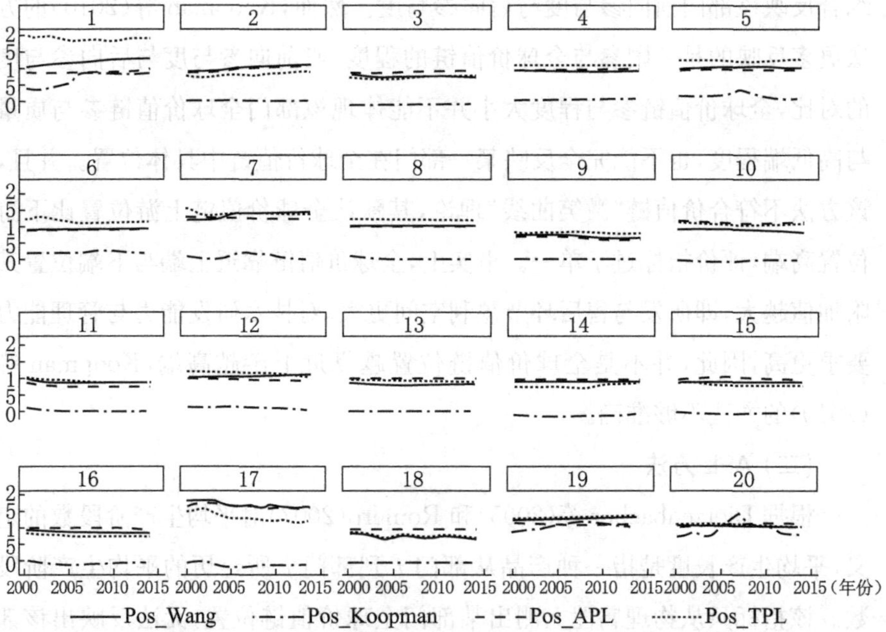

图 4.11　2000—2014 年不同方法测算中国工业各行业全球价值链嵌入位置

依据上文四种方法的测算原理,Pos_TPL 更能反映部门全球价值链嵌入的物理位置,Pos_Koopman 方法更侧重于表现部门全球价值链嵌入的经济规模,而 Pos_Wang 和 Pos_APL 结合增加值与生产阶段数设定的全球价值链嵌入位置能够将物理位置与经济位置相结合,更加客观地反映出部门在全球价值链中的增值能力与重要性。由图 4.11 可以看出,Wang 等(2017)方法、APL 方法和 TPL 方法测算结果较为接近,而 Koopman 等(2010)方法与其余三种方法测算结果相差较大。对比 Pos_TPL 和 Pos_Koopman 曲线发现,20 个行业 Pos_Koopman 曲线均处于 Pos_TPL 下方。除(19)电力、燃气、热力生产和供应业和(20)水的生产和供应业外,18 个行业的 Koopman 等(2010)方法测算全球价值链嵌入位置曲线均处于最下位置。全球价值链流程较长,产品从研发到最终消费或回收需要经历研发设计—产品开发—生产制造—营销—售后服务—回收利用等各个环节,中国在全球价值链中主要输出粮食、油料作物、能源与原材料等初级产品,虽然中国参与国际分工的部门在全球价值链的物理位置较高,大致处于生产制造环节的前部,但在整个价值链中获利能力较低,因此中国工业各部门的经济位置较低,出口品附加值较低。有 10 个行业的 Pos_Wang 处于全球价值链经济位置 Pos_Koopman 和物理位置 Pos_TPL 之间,包括(1)采矿业,(4)木材加工和木、竹、藤、棕、草制品业,(5)造纸及纸制品业,(6)印刷和记录媒介复制业,(8)化工及化工产品制造业,(9)医药制造业,(10)橡胶和塑料制品业,(11)非金属矿物制品业,(12)基本金属制造业,(19)电力、燃气、热力生产和供应业。这 10 个行业在全球价值链中物理位置较高,而经济位置较低,Pos_Wang 更能综合反映全球价值链中的物理位置和经济位置,反映部门在国际分工中产业竞争力。有 10 个行业的 Pos_Wang 在物理位置 Pos_TPL 之上,包括(2)食品、饮料、烟草制品制造业,(3)纺织、服装、皮革制品制造业,(7)石油加工、炼焦和核燃料加工业,(13)金属制品业,(14)计算机、电子、光学产品制造业,(15)电气设备制造业,(16)机械设备制造业,(17)交通运输设备制造业,(18)家具制造业与其他制造业,(20)水的生产和供应业。其中,(7)石油加工、炼焦和核燃料加工业2000—2009年Pos_Wang在Pos_TPL之下,而2009年以后Pos_Wang上升为Pos_TPL以上。这些部门均为中国优势产业,产业配套体系较为完善,与全球价值链融合较好,在参与全球价值链过程中,能够结合行业在国内外生产链中所处位置,遵循产业发展规律,发挥全球价值链的竞争效应与市场需求效应,在与价值链中上下游国家和部门频繁互动和匹配的过程中,促进了部门内部资源的合理配置。因此,这些行业从全球价值链中的物理—经济综合位置考察其全球竞争力较强,全球价值链物理—经济嵌入位置较高,而单独从物理位置或经济位置角度考察的全球价值链嵌入位置较低。

为探究中国工业在不同经济市场中由于地理位置及市场需求规模与种类差异而引起的价值链嵌入位置的异质性,本章将全球市场划分为北美市场、亚洲市场、“一带一路”沿线国家市场,从世界投入产出表44个国家中筛选出各大市场所包含的国家,使用上文全球价值链嵌入位置测算方法进行计算,考察中国工业部门在各市场中的地位。其中,北美市场包括加拿大和美国,亚洲市场包括塞浦路斯、印度尼西亚、印度、日本、韩国、俄罗斯和土耳其,亚太地区包括澳大利亚、印度尼西亚、日本和韩国,“一带一路”沿线国家包括塞浦路斯、希腊、印度尼西亚、印度、俄罗斯和土耳其。图4.12为中国工业在各市场中价值链嵌入位置。其中,P为中国工业在全球市场中价值链嵌入位置,na_P为中国工业在北美市场中价值链嵌入位置,a_P为中国工业在亚洲市场中价值链嵌入位置,obor_P为中国工业在“一带一路”市场中价值链嵌入位置。

由图4.12可以看出,2000—2014年中国工业在世界市场、北美市场、亚洲市场和“一带一路”沿线国家市场价值链嵌入位置走势基本一致,有一半行业在4个市场中价值链嵌入位置指数基本相等,包括(5)造纸及纸制品业、(8)化工及化工产品制造业、(10)橡胶和塑料制品业、(11)非金属矿物制

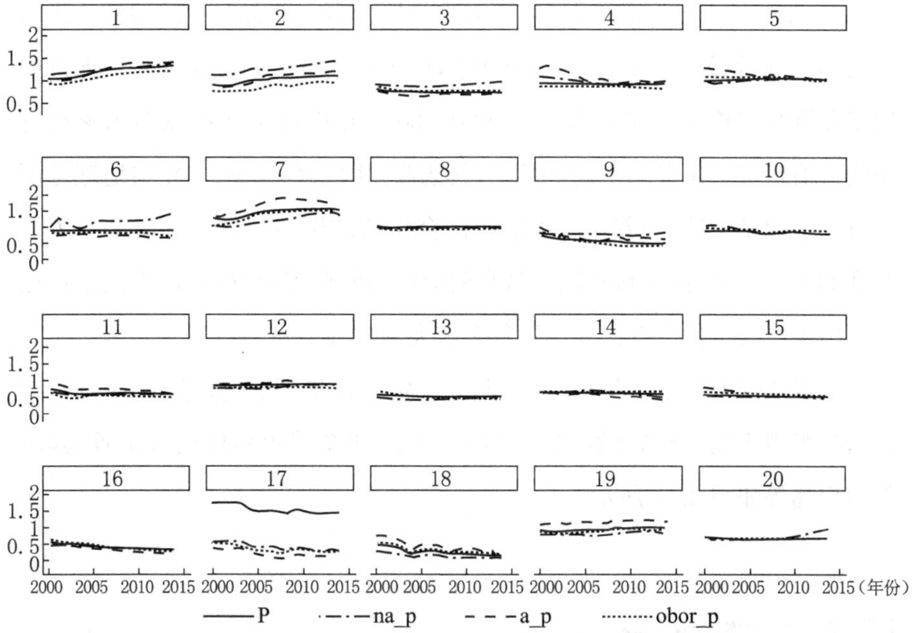

图 4.12 中国工业行业在各市场价值链中嵌入位置变化趋势

品业、(12)基本金属制造业、(13)金属制品业、(14)计算机、电子、光学产品制造业、(15)电气设备制造业、(16)机械设备制造业以及(20)水的生产和供应业。有 4 个行业在北美市场中价值链位置最高,包括(2)食品、饮料、烟草制品制造业、(3)纺织、服装、皮革制品制造业、(6)印刷和记录媒介复制业和(9)医药制造业。有 6 个行业在"一带一路"沿线国家市场中价值链位置最高,包括(1)采矿业、(4)木材加工和木、竹、藤、棕、草制品业、(7)石油加工、炼焦和核燃料加工业、(11)非金属矿物制品业、(18)家具制造业与其他制造业以及(19)电力、燃气、热力生产和供应业。从中可以看出,"一带一路"沿线国家多为发展中国家,经济发展水平不高,产业承接力较弱,技术含量较高的贸易品与其国内生产的适宜性与匹配性较弱,因此主要从中国进口化石燃料和原材料等初级产品。受运输成本所限,中国的化石燃料、木材和非金属矿物等原料主要输送至距离较近的"一带一路"沿线国家,因此相关行业在“一带一路”沿线国家市场价值链中位置较高。随着“一带一路”合作与建设的推进，相关国家产业承接力加强，中国与其投资和贸易往来会促进中国工业继续向价值链高端迈进。2000—2014 年中国工业在亚洲国家市场中的价值链嵌入位置均不高，中国与其他亚洲国家在历史、文化与地理方面具有一定的相似性，随着亚洲国家经济合作的加深和相关汇率制度与关税制度的优化调整，以及科技进步带来的运输与储存等成本降低，中国工业在亚洲国家市场中价值链嵌入位置具有较大的提升空间。

本章依据上文分类将 20 个行业分为资源密集型、低技术型、中技术型和高技术型 4 类，分别测算出其 2000—2014 年全球价值链嵌入位置，其历年演变趋势如图 4.13 所示。

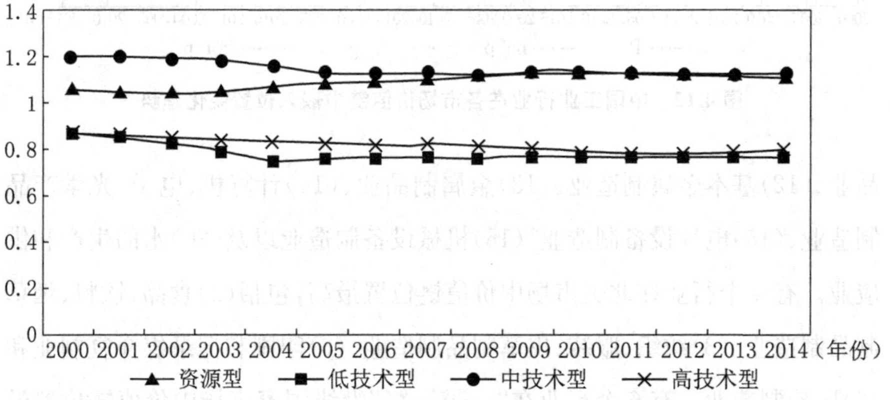

图 4.13 中国工业 2000—2014 年全球价值链嵌入位置变化趋势

由图 4.13 可知，中国工业在全球价值链中的优势产业仍以资源型行业与中技术型行业为主，而能源强度较小的低技术与高技术型行业不具优势。2010 年以前，中国中技术型行业在世界市场中更具优势，其全球价值链嵌入位置在 2000—2010 年一直占据最高地位，后来由于受到东南亚橡胶和化工产业竞争的影响，中国中技术型行业在全球价值链中的地位下降。中国资源型行业在改革开放后一直沿全球价值链攀升，2010 年后超越中技术型行业，在全球价值链中处于优势地位。由前文可知，资源型行业与中技术型行业的技术进步耗能属性较高，其比重较大不利于中国工业技术向节能方向发展。资源型行业全球价值链嵌入位置在2000—2011年一直呈上升趋势，2010年以后成为全球价值链嵌入位置最高的行业类别，2011年以后有微弱下降。资源型行业产品附加值低，且其产品大多以能源与原材料为主，受产品属性影响，资源型产品的性能、形态和技术含量等特性难以产生较大幅度的提升，行业发展过程中整体上对技术水平要求不高，以能源偏向型的耗能技术为主。另外，资源型行业对地理位置要求较高，一般而言其生产地选址都会倾向于资源储量大或物资运输便捷的地点，对于地理位置选择的灵活性不足，而某一固定地域的自然环境承载力有限，难以通过产业融合与产业集聚实现生产效率提升。由于中国一些传统能源城市面临资源枯竭的挑战，中国应将经济重心放在高技术型行业，促使高技术型行业在全球价值链中嵌入位置的提升，逐渐降低对资源的依赖性。

第三节　本章小结

本章对中国工业及其20个子行业能源偏向型技术进步与全球价值链嵌入位置进行了测算与比较分析。在Hicks(1932)和Acemoglu(2002)对技术进步方向的定义下，将能源要素纳入生产函数，设计包含资本、劳动和能源三要素的生产函数模型，使用四方程标准化供给面系统估计方法测算行业技术进步能源偏向性。结果发现以下3点。(1)整体来看，中国工业技术进步能源偏向性逐渐减弱，中国工业技术进步大体朝着能源节约与资本使用方向发展。第一，国际能源价格上涨、资本要素价格长期偏低而资本密集型产品价格偏高，诱使技术研发偏向基本方向。第二，从发达国家引进的先进技术多为资本偏向型，通过技术溢出影响中国工业技术进步方向。第三,随着全球价值链嵌入广度与深度的加大,国际市场对出口产品的较高环保要求与世界市场激烈的产品竞争均促使技术向节能方向发展。(2)从子行业角度来看,中国工业 20 个子行业中,有 15 个行业技术进步方向具有向资本要素偏向的趋势,仅有采矿业、医药制造业、交通运输设备制造业、家具制造业与其他制造业以及水的生产和供应业 5 个子行业,由于原材料获取或生产加工所使用技术种类与技术水平所限,技术进步向耗能方向偏转。(3)将工业行业按技术类型进行分类后的结果显示,中技术型与资源型行业的技术进步能源偏向性较强,中技术型行业技术进步相对最偏向耗能方向,低技术行业技术进步节能属性最强。低技术型行业与高技术行业由于生产投入要素分别集中于劳动与资本,技术进步的能源偏向属性较弱。资源型行业由于产品大多为化石能源和原材料等初级产品,产品质量与性能难以提升,相应的生产开采技术更新缓慢,技术耗能属性较强。而中技术行业中化工、印刷与橡胶等行业由于生产工序要求,生产中耗费大量能源,促使技术进步向耗能方向偏转,且引起一系列环境问题。

随着中国工业嵌入全球价值链广度与深度不断加大,探究中国工业各子行业在全球价值链中位置与增值能力至关重要,本章使用世界投入—产出表计算中国工业行业全球价值链嵌入位置。测算结果显示以下 6 点。(1)中国加入 WTO 以后广泛参与全球价值生产,成为全球价值链的枢纽,工业 20 个子行业中有 13 个行业的全球价值链增加值超过传统贸易增加值,中间品贸易成为主要贸易方式。但是,绝大多数行业参与全球价值生产的方式为浅度跨境分工,在简单全球价值链生产中位置高于复杂全球价值链,所参与的全球价值生产活动链条较短,生产工艺较为简单,附加值较低,生产结构复杂度与生产迂回程度仍有较大提升空间。(2)在全球价值链中嵌入位置提升的行业均为资源与能源密集型行业,在国际分工中具有比较优势的仍然是能源消耗量较大、环境污染后果较严重、技术要求较低的资源与能源产品。这些行业技术门槛较低,在国际分工中主要承担附加值较低的原料供应功能,虽实现了全球价值链嵌入位置的攀升,但易引起一系列生态环境问题,面临巨大的转型升级压力。(3)从价值链生产长度角度分析,绝大多数行业全球价值链生产长度均有所延长,表明中国工业参与全球价值链精细化与复杂化加深,生产跨度拓宽,可生产产品种类增多。但前向生产长度大于后向生产长度的 9 个行业均为能源与资源密集型行业,获利能力较弱,且易引致环境与能源问题,对技术水平要求比较高的行业后向生产长度大于前向生产长度,在全球价值链中处于相对下游位置。(4)虽然中国工业在全球价值链的物理位置较高,大致处于生产制造环节的前部,但在整个价值链中获利能力与增值能力较低,因此绝大多数行业经济位置偏低。半数行业在全球价值链中的物理—经济位置超过物理位置,能够结合行业在国内外生产链中所处位置,遵循产业发展规律,发挥全球价值链的竞争效应与市场需求效应,在与价值链中上下游国家和部门频繁互动和匹配的过程中合理配置部门内部资源,因此其物理—经济位置高于纯物理与纯经济位置。(5)从全球价值链嵌入市场来看,半数行业在世界市场、北美市场、亚洲市场与"一带一路"市场中价值链嵌入位置无较大差异,食品、纺织、印刷与医药相关行业在北美市场中所处价值链位置较高。由于主要"一带一路"沿线国家技术承接与转换能力较弱,中国在"一带一路"沿线国家市场中占据优势的主要为技术含量不高的矿产资源相关行业。虽然亚洲其他国家与中国具有相似的经济与文化水平,但中国工业子行业在亚洲市场中价值链位置均不高,具有很大提升空间。(6)从技术类型角度来看,中国工业子行业中资源型行业与中技术型行业在全球价值链中位置较高,而能源强度较小的低技术与高技术型行业不具优势。资源型行业与中技术型行业对自然资源依赖度较高,地理位置可选范围较小,环境污染程度较大,随着资源枯竭威胁与自然承载力所限,难以获得长期发展。因此,中国产业结构转型应将经济重心放在高技术型行业,促使高技术型行业在全球价值链中嵌入位置的提升。

第五章
实证分析:基本回归与异质性分析

改革开放以来,中国经济取得突飞猛进的成绩,2010 年中国经济总量超越日本,成为全球第二大经济体。中国经济增长得益于同步推进、快速发展、相辅相成的城镇化与工业化。然而,城镇化建设推动了能源需求大幅上升,一方面,人均住房面积增大拉动建筑能源与生活能源需求,促进热力、煤气和水供应增长,每一个居民由农村户口向城镇户口的转移将会引起其生活能源消费提高 3 倍,2000—2011 年城镇化率每提高一个百分点,将会增加东部地区 26.5 万吨标准煤的能源消费,中部地区和西部地区这一数字分别为 32.4 和 34.1(樊静丽等,2015)。另一方面,城镇化促进了中小企业集聚,为中小企业发展提供了更广阔的市场与发展机遇,同时促进了传统农业向现代农业的转变,从而引起能源消耗的大幅增长。中国的工业化进程不仅满足国内需求,也为世界市场输送大量工业品与生活品。在工业化生产过程中,中国产生了大量能源需求,国内能源供给已远不能满足中国工业化发展。2017 年中国进口石油 4.2 亿吨,超越美国跃升成为世界第一石油进口国,2018 年进口天然气 1 200 亿立方米,超越日本跃升成为世界第一天然气进口国,中国能源消费量居世界首位,成为世界第一能源生产与消费国。

虽然中国能源装备技术取得一定程度发展,但单位 GDP 能耗仍然偏高,2015 年中国单位 GDP 能源消耗量分别是日本、美国和印度尼西亚的 7

倍、3.5 倍和 1.7 倍,能源使用效率仍有较大提升空间。国家统计局网站数据显示,中国能源消费弹性系数在 2015 年到 2019 年表现为连年增长,从 2015 年的 0.14 增长至 2018 年的 0.50,其中,电力消费弹力系数由 2015 年的 0.42 上升为 2018 年的 1.29。这反映出中国能源效率不足,已形成下降趋势,需要政府厉行能源节约政策,在保持一定经济增速的同时,大幅提升能源效率,争取能源消费的零增长甚至负增长,切实扭转能源效率下降趋势。

提升能源效率与废气废水处理水平需要依赖技术进步,技术进步方向演变对于能源使用与能源效率变化至关重要,能源使用型技术进步与能源节约型技术进步对于能源使用效率的作用方向相反。根据 Hicks(1932)的观点,能源要素与其他要素间要素替代弹性是影响技术进步方向的重要因素,当能源要素与非能源要素间呈替代关系,即能源与资本要素间替代弹性大于 1 时,能源要素相对价格提升会诱使企业在生产中投入更多资本要素,并选择能源节约型技术进步;反之,当能源要素与非能源要素间呈互补关系,即能源与资本要素间替代弹性小于 1 时,能源要素相对价格提升致使企业生产成本提高,倒逼企业加大研发力度以提升能源使用效率,能源边际生产率的提升诱使企业在生产中加大能源使用比例,进而使得生产企业技术进步向能源使用方向偏转。进一步地,生产企业所选择的能源节约型技术进步或能源使用型技术进步又会影响企业生产要素投入比例,对能源消费、能源效率与生态环境产生影响。因此,研究技术进步能源偏向性对于降低能源强度并解决环境污染问题具有重要意义。

随着 20 世纪 90 年代全球垂直专业化生产方式的迅速崛起,中国积极融入全球价值链生产中,将中国丰裕的劳动力资源与国内外资本相匹配,在国际分工中承担起大量加工贸易任务,在全球贸易中所占比重由 2%上升为目前的 10%左右。然而,全球价值链嵌入位置提升不总会导致技术进步偏向节约能源方向。一般而言,在全球价值链靠近上游与靠近下游位置,所涉及生产环节为研发设计或品牌维护与售后服务，生产企业增值能力与盈利能力较强，所涉及技术更倾向较为清洁的能源节约型技术进步，而在全球价值链的中间位置，多涉及加工组装生产环节，需要投入大量能源和劳动力等生产要素，促进能源使用型技术进步。在沿全球价值链攀升过程中，全球价值链嵌入位置演变可能会对中国工业技术进步能源偏向性产生影响。随着中国工业在全球价值链中位置的提升，由于所涉及生产内容和生产工艺发生变化，且在国际市场中工业生产所面临的产品数量与质量要求和标准发生变化，倒逼国内企业通过自主创新或直接购买发达国家专利技术，间接通过 FDI 的示范效应、竞争效应与产业关联效应及国际贸易的技术溢出效应等实现技术升级，采用更高效节能的技术，从而使中国工业技术进步方向发生偏转。中国在嵌入全球价值链中承担上游国家转接至国内的生产环节链条可能会将发达国家污染较重的生产环节转移至国内，改变国内技术进步方向。

中国工业嵌入全球价值链并且在全球价值链中嵌入位置的演变将会如何改变技术进步方向，对能源偏向型技术进步发展将产生怎样的影响，是一个亟待研究的问题。关于国际贸易对技术进步方向的研究大量涌现，但尚未有研究从全球价值链视角研究国际垂直分工对中国工业能源偏向型技术进步影响，也未探究全球价值链嵌入方式异质性和行业技术水平异质性将会如何改变中国工业技术进步能源偏向性，以及内部与外部条件对中国工业技术进步能源偏向性的影响。为此，本章探究了全球价值链嵌入位置演变对中国工业能源偏向性的影响，并细化考察了简单嵌入方式与复杂嵌入方式的作用差异，再进行异质性分析，实证分析了全球价值链不同嵌入方向、嵌入市场和行业技术水平异质性下技术进步方向的变化差异，并考察了不同环境规制强度、生产方式和政策导向条件下的作用效果。

第一节　全球价值链嵌入位置对能源偏向型技术进步的影响

自中国工业广泛参加全球价值生产以来,中国成为全球价值生产中第一中间品供应国,正在由“制造大国”向“制造强国”转变。中国工业技术进步方向不仅取决于自身要素禀赋与自主研发水平等国内因素,也会受到全球价值链的影响。中国在嵌入全球价值链过程中会与上下游国家合作共赢,通过上下游产业关联促进中国工业技术提升,与国外同级国家相互竞争,中国工业技术进步方向也随之改变。中国工业沿全球价值链攀升过程中,其嵌入位置变化如何影响技术进步能源偏向属性?在技术进步能源偏向性动态演化过程中,全球价值链嵌入位置在能源偏向型技术进步的不同分位与不同阶段造成怎样的差异性影响?在全球价值链中简单嵌入与复杂嵌入方式对技术进步方向作用结果有什么不同?这些问题需要细化的实证分析进行研究。

一、基本回归

中国工业沿全球价值链攀升过程中,全球价值链嵌入位置变动会对行业技术进步方向造成影响。为直观看出全球价值链嵌入位置与中国工业技术进步能源偏向性的关系,以使计量模型设定更加准确,使用 Stata15 软件绘制出二者散点图与拟合曲线,如图 5.1 所示。

由图 5.1 可知,中国工业全球价值链嵌入位置与技术进步能源偏向性指数呈现出倒 U 型曲线,当行业在全球价值链低端位置时,其技术进步方向更偏向资本要素,随着全球价值链嵌入位置的攀升,技术进步方向越来越偏向能源,超过某一临界值以后,技术进步方向开始转变,越来越偏向资本

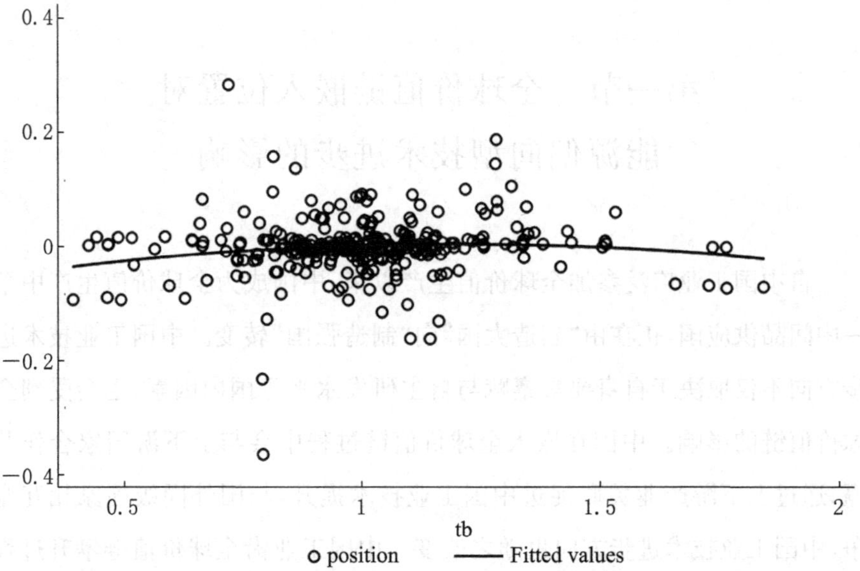

图 5.1　中国工业全球价值链嵌入位置与技术进步能源偏向性指数散点图

方向。全球价值链嵌入位置与技术进步能源偏向性的曲线关系与施正荣的“微笑曲线”类似,“微笑曲线”认为在价值链的“研发设计—生产制造—品牌营销”流程中,越靠近价值链的前端与末端,其生产环节所创造的增加值越高,而处于链条中部的生产环节所创造的增加值较低,所获利润也较少。值得一提的是,从图 5.1 看出,中国工业在全球价值链中嵌入位置大体上处于向能源要素方向拉动技术进步的阶段,位于二次曲线右端部分点较少。这表明虽然近年来中国工业国际竞争力越来越强,在国际分工中地位越来越高,沿全球价值链向高端位置不断攀升,但中国工业大部分行业仍处于二次曲线的左端,生产环节对能源要素需求量较大,技术进步方向更倾向能源,引起能源消耗量增多,且易造成环境问题。中国工业各行业应继续提升产品技术含量与国际竞争力,实现技术进步,以跨越全球价值链嵌入位置门槛值,向附加值更高、盈利能力更强和技术更清洁节能的位置攀升。

为检验全球价值链嵌入位置对能源偏向型技术进步的作用关系，建立如下计量回归模型：

$$tb = \alpha_0 + \alpha_1 \times position\alpha_1 + \alpha_2 \times position^2 + \alpha_i \times X + \varepsilon \quad (5.1)$$

其中，tb 为各行业技术进步能源偏向性指数，由上文计算方法所得；$position$ 为上文计算所得各行业全球价值链嵌入位置指数，$position^2$ 为其平方项；X 为控制变量，包括能源投入 e、研发水平 rd、行业发展水平 id 和外商直接投资 fdi。能源投入 e 由各行业历年能源消费总量表征，单位为万吨标准煤，数据来源于《中国能源统计年鉴》；研发水平 rd 由工业行业 R&D 人员数表征，单位为人，数据来源于《中国科技统计年鉴》；行业发展水平 id 由工业行业增加值表征，单位为亿元人民币，数据来源于《中国工业经济统计年鉴》；外商直接投资 fdi 由各行业实际利用外商直接投资金额表征，单位由当年汇率将万美元换算为亿元人民币，数据来源于《中国工业经济统计年鉴》。选取中国工业 20 个子行业 2000—2014 年数据为样本进行回归分析。由于样本在多数条件下都不满足最小二乘法全部假设条件，因此仅使用 OLS 回归方法可能无法满足回归结果的无偏性或一致性，FGLS 方法将各截面残差项代入各自协方差矩阵中估算系数值，使用 FGLS 方法可以消除可能存在的异方差、序列相关与同期相关问题。此外，选取样本时间数大于截面数，使用 OLS 与 FGLS 方法进行回归得到的标准差无法反映全部截面的误差情况，需要使用面板校正标准误即 PCSE 方法对 OLS 方法误差结果进行修正，以更完全反映全部截面误差。极大似然估计法 MLE 具有较好的一致性和渐进有效性，本章也使用 MLE 方法进行回归。因此，为更准确检验全球价值链嵌入位置对能源偏向型技术进步的作用，本章使用多种计量回归方法，包括 OLS 方法、FGLS 方法、PCSE 方法和 MLE 方法进行实证回归。回归结果如表 5.1 所示：

表 5.1 全球价值链嵌入位置对能源偏向型技术进步影响

解释变量	模型 1 RE	模型 2 FGLS	模型 3 PCSE	模型 4 MLE
position	0.601 1***	0.275 6***	0.200 4	0.595 3***
	(0.188 1)	(0.002 5)	(0.212 3)	(0.186 9)
$position^2$	−0.214 1***	−0.078 6***	−0.051 8	−0.211 6***
	(0.077 4)	(0.001 2)	(0.103 5)	(0.077 0)
e	−0.415 4	1.134 4***	0.081 9	−0.387 1
	(0.988 4)	(0.024 3)	(0.560 5)	(0.977 0)
rd	3.506 1	1.882 3***	2.346 9	3.354 3
	(6.340 1)	(0.104 3)	(2.507 3)	(6.263 5)
id	−0.385 9	−1.067 8***	−0.596 1***	−0.395
	(0.301 1)	(0.006 1)	(0.161 4)	(0.300 5)
fdi	1.083 2*	0.292 2***	0.155 3	1.062 0*
	(0.556 3)	(0.005 0)	(0.107 6)	(0.557 2)
Constant	−0.429 9***	−0.234 0***	−0.188 4*	−0.426 3***
	(0.109 7)	(0.001 4)	(0.113 1)	(0.109 1)
Wald chi2	27.73	129 050.21	30.51	
R-squared	0.215 5		0.008 1	
LR chi2				27.08
Log likelihood				429.011 4
样本数	300	300	300	300
行业数	20	20	20	20

注:括号中数据为标准误,***、**、*分别表示在1%、5%、10%的显著性水平下显著。

由表 5.1 可知,与图 5.1 中曲线拟合图相一致,全球价值链嵌入位置的二次项 $position^2$ 系数在全部模型中均为负,且在模型 1、模型 2 与模型 4 中系数在 1%水平下显著,表明中国工业全球价值链嵌入位置与技术进步能源偏向性指数呈现出倒 U 型曲线关系,当全球价值链嵌入位置小于某一范围,即当行业在全球价值链相对低端位置时,其沿全球价值链向高端位置攀升过程中,会引起技术进步方向偏向能源要素,这可能导致生产过程中对能源需求较高,从而拉动能源消费。在现阶段中国废水废气处理水平相对有限的情形下,较高的能耗强度可能会造成严重的环境后果。通过对表5.1各模型中 $position^2$ 和 *position* 系数的计算,发现只有(17)交通运输设备制造业和2010—2014年行业(7)石油加工、炼焦和核燃料加工业的全球价值链嵌入位置指数处于二次曲线拐点的右侧,绝大多数行业都未突破二次曲线临界值,处于能耗型技术进步发展阶段。长期以来中国工业发展的高增长都建立在高能耗与高污染的粗放型生产方式条件下,依靠能源等要素的大量投入实现出口中间品国际份额与国际地位的上升,产品的高能源含量促使中国工业迅速发展,沿全球价值链向高端位置不断迈进。但现阶段在中国及世界范围内都面临资源约束趋紧、生态环境受损、环境恢复成本上升与生产废弃物治理技术相对落后的形势,这种价值链攀升方式将会长期影响中国生态环境优化、产业转型升级与经济稳定增长。中国工业各行业急需实现产业升级,降低产品生产中对能源要素依赖性,提高产品科技含量,降低产品能源含量,使用技术创新方式实现中国工业沿全球价值链向高端位置攀升,促进多数行业快速跨越全球价值链嵌入位置拐点,达到价值链"微笑曲线"右侧的同时进入全球价值链与技术进步能源偏向性曲线的右侧。这样既可以实现生产环节价值增值能力与盈利能力的提升,又可促使产业技术进步方向转向更加节能与清洁方向,进入长期盈利与绿色清洁生产的良性循环。

能源投入 *e* 在模型2中显著为正,表明要素投入会改变中国工业技术进步方向,中国工业技术进步方向与要素投入相一致,当能源要素的生产投入份额较大,会引起技术研发向耗能方向转变,以便使生产所使用的技术与生产要素相匹配,而技术进步向能源方向偏转又会反过来影响要素投入结构,使得生产中能源要素投入比例增大。研发水平 *rd* 在模型2中显著为正,反映出中国现阶段自主创新能力仍具有较大提升空间,自主创新方向更多向高能耗产品市场妥协,这是由于现阶段中国工业生产技术水平薄弱,工业利润的实现仍存在大量依赖能源等资源投入获利的情况。由于生产中对原有耗能技术的依赖性较强，由耗能技术向节能技术转变的成本太高，在短期内企业盈利能力无法支撑技术更新换代与生产设备置换的成本，再加之中小企业环境保护意识较为薄弱，造成企业技术研发更倾向于短期获利较多的能耗型技术进步，而绿色清洁和节能技术的创新水平不足，节能技术的科技成果转化率较低。行业发展水平 id 在模型 2 与模型 3 中显著为负，与经济事实相符，中国工业化进程起步较晚，在生产中大多使用能耗较大且污染程度较高的耗能型技术，随着公众环境诉求增强、企业环保意识加深以及环境规制约束的趋紧，企业面临技术更新换代压力，需要有大量资金与人力资源用于节能技术研发，以实现企业的长远利益，当行业发展水平较高时，企业具有较强的获利能力，可以将多余资金用于研发或购买清洁技术、招募科研人员和更新生产机器设备，使企业顺利完成技术的更新换代，有充足的资本弥补科研成本与固定资产成本，尽快使用能耗更低的节能型技术进步，在更清洁的生产方式中实现长期经济效益，进入绿色技术升级与经济长期稳定发展的良性循环。外商直接投资 fdi 在模型 1、模型 2 与模型 4 中显著为正，外商直接投资额越大，越促进中国工业技术进步方向转向耗能，从侧面反映出发达国家可能存在将能耗型生产工序通过外商直接投资的形式转移至中国的现象。在世界范围内广泛存在着发达国家向发展中国家进行污染转移的现象，经济发展水平较高的发达国家较早完成国内工业化进程，在发展中国家直接设厂，将生产中对能源需求较大的生产工序放在发展中国家完成。由于发展中国家技术水平较低，技术吸收能力也较弱，技术进步多为对技术水平较低的能耗型技术进步，相当于承担了发达国家转移出的污染生产环节。发展中国家在国际分工中利用本国能源等资源优势进行生产，促进了本国能耗型技术的进步发展，但也造成了较严重的环境问题。

全球价值链的嵌入位置与一国自身的技术进步方向可能存在内生性问题。一国在全球价值链中的嵌入位置会影响一国技术进步向节能或耗能方向转变，而技术进步方向又会决定该国贸易的比较优势，从而决定其中间品贸易商品的类别和数量,进而影响该国在全球价值链中的嵌入位置。因此,全球价值链嵌入位置可能与技术进步方向存在双向因果关系。为此,使用中国工业行业使用 Koopman 等(2010)方法测算的全球价值链嵌入位置 *Pos_Koopman* 与滞后一期全球价值链嵌入位置 *L_Position* 作为工具变量,使用 2SLS 方法与 GMM 方法分别进行工具变量回归以解决内生性问题。

首先,对工具变量进行外生性检验。借鉴张三峰和魏下海(2019)对工具变量外生性检验方法,先使用全球价值链嵌入位置对技术进步方向进行回归,再分别使用两个工具变量对技术进步方向进行回归,最后同时将全球价值链嵌入位置与工具变量加入回归模型,回归结果见表 5.2。

表 5.2　工具变量外生性检验

	模型 1 *tb*	模型 2 *position*	模型 3 *tb*	模型 5 *position*	模型 6 *tb*
position	0.087 6***		0.069 4***		−0.070 7***
	(0.013 0)		(0.001 2)		(0.006 4)
Pos_Koopman		0.271 0***	0.047 4		
		(0.013 5)	(0.039 5)		
L_position				1.008 9***	0.110 1
				(0.006 9)	(0.152 0)
其他变量	控制	控制	控制	控制	控制
Wald	265.61	1 299.16	205 689.26	30 104.24	67 312.69
样本数	300	300	300	300	300
N	20	20	20	20	20

注:括号中数据为标准误,***、**、* 分别表示在 1%、5%、10%的显著性水平下显著。

表 5.2 对于工具变量的外生性检验结果显示,当分别使用全球价值链嵌入位置 *position* 与两个工具变量 *Pos_Koopman* 和 *L_position* 进行回归时,三者作用系数均显著,而将全球价值链嵌入位置分别与两个工具变量同

时进行回归时,全球价值链嵌入位置 *position* 系数显著而两个工具变量回归系数不显著。说明两个工具变量均不直接影响中国工业技术进步能源偏向性,而仅通过作用于全球价值链嵌入位置 *position* 对技术进步方向产生影响,工具变量均通过外生性检验。

使用 2SLS 方法与 GMM 方法的工具变量回归结果如表 5.3 所示:

表 5.3　工具变量方法回归结果

工具变量	*Pos_Koopman*		*L_position*	
解释变量	模型 1 2SLS	模型 2 GMM	模型 3 2SLS	模型 4 GMM
position	0.880 7***	1.802 3**	0.428 3***	0.954 4*
	(0.284 2)	(0.835 9)	(0.161 9)	(0.504 8)
$position^2$	−0.327 4***	−0.471 2**	−0.141 3**	−0.350 9*
	(0.117 1)	(0.219 6)	(0.066 9)	(0.191 8)
e	−0.019 3	−0.625 0	0.852 3	−0.925 8
	(0.778 4)	(2.252 8)	(0.618 2)	(1.844 1)
rd	5.559 3	−10.184 6	2.853 3	8.873 3
	(5.341 4)	(15.664 3)	(4.980 5)	(8.428 4)
id	−0.953 6***	0.440 3	−1.041 2***	−0.271 9
	(0.294 5)	(0.647 7)	(0.280 9)	(0.699 5)
fdi	0.520 8	2.480 0**	0.350 8	1.548 6**
	(0.471 1)	(1.208 8)	(0.446 9)	(0.650 1)
Constant	−0.576 3***		−0.320 5***	
	(0.161 0)		(0.092 0)	
Wald	68.70		70.49	
R-squared	0.121 7		0.182 4	
F				5.28
不可识别检验		4.99		20.24
弱工具变量检验		9.50		99.80
样本数	300	300	300	300
行业数	20	20	20	20

注:括号中数据为标准误,***、**、* 分别表示在 1%、5%、10%的显著性水平下显著。

表 5.3 回归结果与表 5.1 类似,且两种工具变量均通过了不可识别检验和弱工具变量检验。在消除内生性影响之后,全球价值链嵌入位置与中国工业技术进步能源偏向性仍显著表现出倒 U 型曲线关系。

二、分位数回归

由图 4.1 可知,中国工业能源偏向型技术进步发展在不同历史阶段呈现出不同的要素偏向特征,技术进步能源偏向性呈现出逐渐偏向资本要素的过程,技术进步能源偏向性指数在不断降低。在不同历史阶段,中国工业发展面临的要素禀赋形式、产品市场需求与技术引进政策均有所差异,造成中国工业技术进步能源偏向性在不同阶段展现出不同趋势,且技术进步方向的形成原因不同。分位数回归是一种将被解释变量分为若干个分位,基于被解释变量的条件分布,在不同分位上对解释变量系数进行拟合的回归方法。分位数回归稳健性较强,可以有效排除数据异常观测值对回归结果的负面影响,并且可以在一定程度上放松最小二乘法对随机误差项的严格要求,弥补最小二乘法缺陷。分位数回归有助于分析中国工业不同技术进步方向条件下,影响能源偏向型技术进步发展的因素,便于分析全球价值链嵌入位置变化对技术进步方向的作用方向与作用大小差异。因此,使用分位数回归,将被解释变量即中国工业技术进步能源偏向性指数分为 6 个分位,全面考察在不同分位下,全球价值链嵌入位置对技术进步能源偏向性的作用,并考察其他影响因素对中国工业技术进步方向的影响,分位数回归结果见表 5.4。

表 5.4 结果显示,全球价值链嵌入方向在中国工业技术进步能源偏向性指数的不同分位下,其作用效果具有较大差异。在 10—30 的低分位条件下,全球价值链嵌入位置 *position* 作用系数不显著,表明当中国工业技术进步能源偏向性指数的数值较小,即其技术进步偏向资本程度较大而偏向能源程度较小时,中国工业在全球价值链中嵌入位置变化不再对技术进步方

表 5.4 全球价值链嵌入位置对中国工业技术进步能源偏向性分位数回归结果

模型	模型 1	模型 2	模型 3	模型 4	模型 5	模型 6
方法	QR	QR	QR	QR	QR	QR
分位	10	30	40	60	70	90
position	0.005 8	0.006 6	0.050 4**	0.156 0***	0.143 0***	0.124 0***
	(0.026 8)	(0.024 3)	(0.020 3)	(0.022 9)	(0.015 3)	(0.023 9)
e	2.575 0***	1.489 0*	1.348 0**	0.101 0	0.044 6	−0.805 0
	(0.866 0)	(0.785 0)	(0.658 0)	(0.740 0)	(0.496 0)	(0.772 0)
rd	−0.712 0	5.869 0	−1.618 0	−9.938 0	−4.595 0	−5.435 0
	(7.791 0)	(7.062 0)	(5.917 0)	(6.657 0)	(4.464 0)	(6.948 0)
id	−1.105 0**	−1.203 0***	−0.933 0***	−0.741 0*	−0.879 0***	−0.500 0
	(0.446 0)	(0.404 0)	(0.339 0)	(0.381 0)	(0.256 0)	(0.398 0)
fdi	2.532 0***	0.756 0	0.013 9	−0.028 8	−0.201 0	−0.698 0
	(0.706 0)	(0.640 0)	(0.536 0)	(0.603 0)	(0.404 0)	(0.629 0)
Constant	−0.155 0***	−0.084 7***	−0.100 0***	−0.155 0***	−0.129 0***	−0.079 2***
	(0.027 2)	(0.024 6)	(0.020 7)	(0.023 2)	(0.015 6)	(0.024 2)
R2	0.168 0	0.073 1	0.066 2	0.129 1	0.188 2	0.198 9
样本数	300	300	300	300	300	300
行业数	20	20	20	20	20	20

注:括号中数据为标准误,***、**、*分别表示在1%、5%、10%的显著性水平下显著。

向产生影响。究其原因,当中国工业技术进步能源偏向性指数较低时,表明中国工业技术进步水平已达到相当高的程度,工业生产所使用技术大体上为清洁和节能的绿色生产技术,此时中国工业出口品技术含量与资本含量较高,廉价劳动力与能源含量较低,在国际分工中占据优势的产品不再是能源与劳动密集型产品,而是科技与资本密集型产品,属于国际技术市场中的技术领先国。此时中国与大多数国家的技术流动方向主要呈现出中国向其他国家输出技术的方向,中国工业将难以从与全球价值链中其他国家的生产合作和技术交流中实现技术进步,技术进步实现方式主要依赖自主创新,将易于利用科技优势在国际市场中获利，而不是简单依靠能源与劳动力的大量投入攫取利润。在 40—60 分位下，全球价值链嵌入位置 *position* 作用系数显著为正，其中 40 分位系数在 5%水平下显著，60 分位系数在 1%水平下显著，且从 40 分位向 60 分位过渡中，*position* 作用系数绝对值在增大，由 40 分位的 0.050 4 上升为 60 分位的 0.156 0。这表明当中国工业技术进步能源偏向性指数位于中等阶段时，全球价值链嵌入位置对中国技术进步方向的影响最大，中国工业在全球价值链嵌入位置的攀升向能源使用方向拉动技术进步方向。这一阶段中国在沿全球价值链攀升过程中，与上下游技术先进国进行生产合作与中间品贸易，物化于中间贸易品中的技术进步也会随着贸易往来进入中国，中国通过对进口中间品进行逆工程化的拆分与重组，学习和掌握物化于中间品中的技术进步，提升中国技术进步水平。而由于丰裕的能源要素与较为低廉的劳动力成本，中国在全球价值链中承担的大多为劳动密集型生产工序，从全球价值链中学习吸收的也主要是适应中国要素禀赋与生产需求的能源使用偏向型技术。鉴于此，当中国技术进步能源偏向性指数处于中等分位时，全球价值链对中国技术进步方向作用强度较大。在 70—90 分位下，全球价值链嵌入位置 *position* 作用系数在 1%水平下显著为正，数值小于 40—60 分位。这表明当中国工业技术进步能源偏向属性较高时，全球价值链嵌入位置提升仍会促使中国技术进步偏向使用能源，但其对技术进步的拉动效果弱于技术进步能源偏向属性处于中等的阶段。此时中国工业在国际分工中仍然承担能源密集型生产任务，依靠出口能源密集型中间产品攫取世界市场份额，提升全球价值链嵌入位置，但国内生产方式仍以能耗型生产为主，为适应国内生产方式与技术需求，在世界市场中获取技术也以能耗型技术进步为主。因此，当中国工业技术进步能源偏向属性处于中分位时，全球价值链嵌入位置变动对技术进步方向的拉动效果最强。其余解释变量回归系数与表 5.1 相差不大。

第二节 嵌入方式的异质性分析

一、嵌入复杂度异质性:简单嵌入与复杂嵌入

全球价值链嵌入复杂度的差异可能会对中国工业技术进步能源偏性产生相异的结果。全球价值链可以分为简单嵌入与复杂嵌入两种,简单全球价值链嵌入是指中间品在出口至某一国家之后,直接在该国家内作为生产最终品的原料或者作为最终品被消耗,并不再出口至第三国;而复杂全球价值链嵌入是指中间品在出口至某一国家之后,该国将其作为进一步生产加工的原料,并且将生产加工之后的产品再出口至第三国的生产方式。全球价值链简单嵌入方式所涉及的生产链条较短,技术复杂度不高,生产方式以大量投入生产要素为主,因此相对来说,在生产中使用的技术更倾向于能源使用型生产技术,即使依靠参与简单全球价值链的方式实现在全球价值链中位置的攀升,也主要依靠的是大量投入生产要素方式占取在世界市场中的地位,产品质量与产品技术含量提升幅度不大。而复杂全球价值链嵌入方式的生产链较长,由于同一生产链中,参与生产的国家与部门较多,相对而言对于出口中间品的技术含量与产品质量要求更高,具有更严格的环境保护要求,因此一般而言复杂全球价值链参与更多则更有助于促进节能技术的发展。设定如下计量模型验证简单全球价值链嵌入方式与复杂全球价值链嵌入方式对中国工业技术进步方向的影响:

$$tb=\alpha_0+\alpha_1\times ps+\alpha_i\times X+\varepsilon \tag{5.2}$$

$$tb=\alpha_0+\alpha_1\times pc+\alpha_i\times X+\varepsilon \tag{5.3}$$

其中,ps 为简单全球价值链嵌入位置指数,pc 为复杂全球价值链嵌入位置指数,其余参数和控制变量与上文相同。使用多种计量回归方法,包括

OLS方法、FGLS方法、PCSE方法和MLE方法进行实证回归。回归结果分别如表5.5与表5.6所示:

表5.5　简单全球价值链嵌入位置对中国工业技术进步能源偏向性影响

解释变量	模型1 RE	模型2 FGLS	模型3 PCSE	模型4 MLE
ps	0.187 4***	0.144 9***	0.095 5**	0.186 1***
	(0.046 0)	(0.000 5)	(0.045 0)	(0.045 3)
e	−0.872 9	0.488 9***	0.100 1	−0.842 1
	(0.997 0)	(0.028 5)	(0.564 1)	(0.988 0)
rd	6.545 2	6.256 7***	2.538 5	6.416 3
	(6.354 6)	(0.166 6)	(2.554 8)	(6.267 7)
id	−0.398 0	−1.042 2***	−0.598 3***	−0.406 9
	(0.298 0)	(0.009 8)	(0.150 2)	(0.297 4)
fdi	0.900 2*	0.498 1***	0.160 5	0.888 0*
	(0.542 6)	(0.007 5)	(0.107 4)	(0.536 4)
Constant	−0.235 4***	−0.185 1***	−0.136 0***	0.053 6***
	(0.045 5)	(0.000 4)	(0.045 1)	(0.044 9)
Wald chi2	31.01	448 488.70	33.01	
R-squared	0.275 6		0.008 8	
LR chi2				29.85
Log likelihood				430.302 9
样本数	300	300	300	300
行业数	20	20	20	20

注:括号中数据为标准误,***、**、*分别表示在1%、5%、10%的显著性水平下显著。

表5.5中简单全球价值链嵌入位置系数*ps*在模型1—4中均在1%水平下显著为正。表5.6中复杂全球价值链嵌入位置系数*pc*在模型1—4中为正,且在模型1、模型2与模型4中显著。这表明无论是简单全球价值链还是复杂全球价值链,中国工业沿价值链位置向高端位置攀升的过程,均拉动技术进步偏向能源使用方向。但表5.5中*ps*系数在数值上均大于表5.6中*pc*的系数,表明相对于复杂全球价值链位置变化,简单全球价值链嵌入

表 5.6　复杂全球价值链嵌入位置对中国工业技术进步能源偏向性影响

解释变量	模型 1 RE	模型 2 FGLS	模型 3 PCSE	模型 4 MLE
pc	0.098 7*	0.128 2***	0.020 1	0.101 9*
	(0.058 2)	(0.001 1)	(0.027 0)	(0.057 4)
e	0.274 2	1.522 0***	0.488 2	0.338 6
	(0.984 0)	(0.029 0)	(0.584 0)	(0.972 4)
rd	5.511 2	7.208 1***	2.363 1	5.442 5
	(6.899 7)	(0.139 9)	(2.622 2)	(6.739 0)
id	−0.555 3*	−1.213 7***	−0.644 6***	−0.578 8*
	(0.315 3)	(0.010 4)	(0.159 4)	(0.317 3)
fdi	1.280 2**	0.603 7***	0.152 4	1.247 0**
	(0.559 9)	(0.019 8)	(0.112 2)	(0.556 7)
Constant	−0.156 0***	−0.173 9***	−0.063 3**	0.054 6***
	(0.058 6)	(0.001 1)	(0.025 1)	(0.057 5)
Wald chi2	16.66	60 621.02	25.96	
R-squared	0.177 2		0.008 9	
LR chi2				16.64
Log likelihood				423.788 9
样本数	300	300	300	300
行业数	20	20	20	20

注:括号中数据为标准误,*** 、** 、* 分别表示在1%、5%、10%的显著性水平下显著。

位置变化对能耗型技术进步发展的促进作用更大。这是因为简单全球价值生产对技术水平要求较低,生产链条较短,可供选择的生产工序种类较少,需要在生产中大量投入生产要素,而中国具有劳动与能源要素禀赋丰裕特点,在简单全球价值生产中从事大量初级生产制造环节。中国工业在简单全球价值链中位置提升大多是依靠能源密集产品市场份额的增大来实现的,虽然实现了攀升,但技术进步并不向节能方向转变,反而由于对能源要素依赖性的加深而更加偏向能源使用方向。表 5.6 中复杂全球价值链嵌入位置 *pc* 系数为正,表明虽然复杂价值链生产环节较多,对技术水平与产品质量要求较高,且中国工业在价值生产中对于将要从事的生产环节选择范围更广，但中国在复杂全球价值链中所承担的生产环节仍旧对能源依赖性较大，发达国家仍占据相对清洁节能且对生产技术水平要求较高的生产环节。虽然现阶段中国在某些个别领域技术已达到世界顶尖水平，但对于大多数工业行业来说，无论是参与简单全球价值生产，还是复杂全球价值生产，均需要投入大量能源要素，生产中所使用技术大体呈现出能源使用偏向特征。值得一提的是，表 5.6 中行业发展水平 *id* 的系数绝对值大于表 5.5 中系数绝对值，表明在复杂全球价值生产中，行业发展水平更有利于促进企业技术升级，使用节能型技术进步，企业在国际分工中所获利润对于技术转型升级的促进作用更加明显。这是因为能够从事复杂价值生产的企业其技术水平与产品附加值高于一般企业，技术研发水平与技术吸收能力更强，将多余资金用于科学技术研发后会收获更多科技成果，且若需要购买和引进先进技术，其技术吸收能力较强，会更快实现引进技术与本企业生产设备与操作人员的匹配。其余解释变量与前文相差不大。

在将中国工业嵌入全球价值链分为简单嵌入方式与复杂嵌入方式之后，为更细化研究同一生产链中，国内生产在全球价值链中位置与国外生产在全球价值链中位置变动对中国技术进步方向的影响，设计如下计量回归模型进行实证分析：

$$tb=\alpha_0+\alpha_1\times psi+\alpha_2\times psd+\alpha_i\times X+\varepsilon \tag{5.4}$$

$$tb=\alpha_0+\alpha_1\times pci+\alpha_2\times pcd+\alpha_i\times X+\varepsilon \tag{5.5}$$

其中，*psi* 是指中国工业各行业使用简单嵌入全球价值链方式过程中，第一次跨境前即国内生产部分的全球价值链嵌入位置，使用简单全球价值链中第一次跨境前的前向生产长度与后向生产长度的比值表示，可以反映出中国工业在简单全球价值生产中的地位；*psd* 是指中国工业各行业使用简单嵌入全球价值链方式过程中，第一次跨境后即国外生产部分的全球价值链嵌入位置，使用简单全球价值链中第一次跨境后的前向生产长度与后向生产长度的比值表示，可反映出国外生产部门在简单全球价值生产中的地位；*pci* 是指中国工业各行业通过复杂嵌入方式嵌入全球价值链过程中，第一次跨境前即国内生产部分的全球价值链嵌入位置，使用复杂全球价值链中第一次跨境前的前向生产长度与后向生产长度的比值表示；*pcd* 是指中国工业各行业使用复杂嵌入全球价值链方式过程中，第一次跨境后即国外生产部分的全球价值链嵌入位置，使用简单全球价值链中第一次跨境后的前向生产长度与后向生产长度的比值表示。实证回归结果如表 5.7 与表 5.8 所示：

表 5.7　简单全球价值链下国内部分与国外部分嵌入位置对技术进步方向的影响

解释变量	模型 1 RE	模型 2 FGLS	模型 3 PCSE	模型 4 MLE
psi	0.173 8**	0.120 9***	0.079 0**	0.170 1**
	(0.068 0)	(0.001 3)	(0.030 9)	(0.066 4)
psd	0.063 0***	0.051 7***	0.032 9	0.062 5***
	(0.022 1)	(0.000 6)	(0.020 1)	(0.021 3)
e	−0.843 6	0.477 6***	0.162 5	−0.792
	(1.013 7)	(0.033 5)	(0.563 9)	(0.992 3)
rd	5.695 3	5.140 8***	2.344 4	5.395 1
	(6.580 8)	(0.162 7)	(2.582 3)	(6.459 1)
id	−0.329 2	−1.007 5***	−0.586 8***	−0.347 8
	(0.322 9)	(0.011 9)	(0.151 8)	(0.321 5)
fdi	0.638 8	0.306 1***	0.146 6	0.620 8
	(0.644 2)	(0.011 3)	(0.104 9)	(0.631 2)
Constant	−0.257 7***	−0.196 0***	−0.143 2***	0.053 7***
	(0.054 6)	(0.001 6)	(0.046 1)	(0.053 1)
Wald chi2	29.21	50 600.24	33.79	
R-squared	0.269 1		0.007 4	
LR chi2				28.55
Log likelihood				429.742 5
样本数	300	300	300	300
行业数	20	20	20	20

注：括号中数据为标准误，*** 、** 、* 分别表示在 1%、5%、10%的显著性水平下显著。

表 5.8　复杂全球价值链下国内部分与国外部分嵌入位置对技术进步方向的影响

解释变量	模型 1 RE	模型 2 FGLS	模型 3 PCSE	模型 4 MLE
pci	−0.080 7*	−0.014 7***	−0.024 4	−0.077 6*
	(0.044 8)	(0.000 6)	(0.020 0)	(0.045 1)
pcd	0.129 3***	0.108 8***	0.058 0**	0.129 2***
	(0.033 3)	(0.001 1)	(0.026 1)	(0.032 3)
e	−0.813 5	0.872 8***	0.202 7	−0.741 4
	(0.991 3)	(0.024 7)	(0.580 2)	(0.995 0)
rd	7.314 9	9.860 1***	3.303 6	7.384 6
	(6.753 0)	(0.101 5)	(2.607 3)	(6.602 3)
id	−0.275 1	−1.072 7***	−0.569 5***	−0.299 2
	(0.312 3)	(0.008 7)	(0.161 7)	(0.317 8)
fdi	0.787 1	0.612 2***	0.155 8	0.783 9
	(0.556 4)	(0.012 1)	(0.108 2)	(0.544 0)
Constant	−0.119 0**	−0.152 4***	−0.083 9***	0.052 9***
	(0.060 4)	(0.001 5)	(0.029 8)	(0.059 5)
Wald chi2	35.92	42 913.25	36.17	
R-squared	0.202 7		0.009 9	
LR chi2				34.77
Log likelihood				432.853 2
样本数	300	300	300	300
行业数	20	20	20	20

注:括号中数据为标准误,*** 、** 、* 分别表示在1%、5%、10%的显著性水平下显著。

表 5.7 中简单全球价值链中国内生产部分嵌入位置 *psi* 与国外生产部分嵌入位置 *psd* 系数均为正数,表明当中国工业采用简单嵌入方式参与全球价值链,即中国出口的中间品只经历一次跨境即被吸收的情形下,其国内生产部分与国外生产部分在全球价值链中嵌入位置变化均会引起技术进步偏向能源使用方向。表 5.8 中复杂全球价值链国内生产部分嵌入位置 *pci* 系数在各模型中均为负数,国外生产部分嵌入位置 *pcd* 系数在各模型中均

为正数,表明当中国工业采用简单嵌入方式参与全球价值链,即中国出口的中间品经历多次跨境才被吸收的情形下,国内生产部分在全球价值链中嵌入位置提升会引起技术进步偏向节约能源方向,而国外生产部分在全球价值链中嵌入位置提升则会引起技术进步偏向能源使用方向。在简单全球价值链生产方式下,生产技术水平不高,国内生产中大量投入能源要素,生产过程较为简单,在保证要素投入的前提下进行简单的加工制造即可完成出口中间品,出口产品多为能源含量较高的初级产品,此种产品在全球市场中份额加大与位置上升并不会将生产技术引向节能方向,反而会加深生产技术的能源偏向属性。在简单全球价值生产链条中,国外生产部分的位置上升可能会增大下游国家对中国出口中间品能源含量的要求,给国内上游企业施加压力,迫使国内生产投入更多能源要素,技术进步偏向能源使用方向。在复杂全球价值生产方式下,生产链条较长,国内企业选择生产工序的可选范围更大,不必拘泥于承担能源投入较多的生产工序,当国内生产部分在全球价值链中位置得到提升之后,可以将多余利润投入于节能技术的研发与引进中,国内企业在国际分工市场中的位置与话语权增大,可以逐步放弃能源消耗较多且环境污染较为严重的生产工序,将能耗型生产任务外包或转移至其他国家,将所获利润致力于研发节能型技术进步,进入技术升级与经济增长的良性循环。因此,国内生产部分在全球价值链中嵌入位置提升会引起技术进步偏向节约能源方向;而国外生产部分在全球价值链中嵌入位置提升则会相对降低国内生产企业的话语权,国内企业只能承担能耗较大的生产任务,引起技术进步偏向能源使用方向。其余解释变量系数与上文相差不大。

全球价值链嵌入位置会对某行业能源偏向型技术进步发展产生影响,行业嵌入全球价值链中嵌入方式、嵌入市场及其行业本身技术水平的异质性均可能引起技术进步方向产生不同变化规律,全球价值链嵌入位置攀升过程中行业的能源偏向型技术的发展方向和增进幅度具有异质性。因此,应对全球价值链嵌入位置的影响效果作出更精细的分析,本部分将全球价值链嵌入方向分为前向嵌入与后向嵌入,将全球价值链嵌入市场分为世界市场、北美市场、亚洲市场和“一带一路”沿线国家市场,将中国工业行业依照技术水平分为资源型行业、低技术型行业、中技术型行业和高技术型行业,分别考察全球价值链异质性嵌入方式、嵌入市场与异质性行业技术水平条件下,全球价值链嵌入位置变化对能源偏向型技术进步的影响差异。

二、嵌入方向异质性:前向嵌入与后向嵌入

全球价值链嵌入方向存在前向嵌入与后向嵌入之分,前向生产长度与后向生产长度共同决定了一国某部门在全球价值链中的嵌入位置。一国某部门在全球价值链中前向生产长度越长,后向生产长度越短,则其在全球价值链中嵌入位置越靠近价值链的高端位置。更具体地,由上文所述,全球价值链生产长度可以分解为仅跨境一次的简单全球价值链生产长度与跨境一次以上的复杂全球价值链生产长度,后者又可以分解为出口至某一国进行加工生产后又返回至本国的生产长度与出口至某一国进行加工生产后又出口至第三国的生产长度。不同全球价值链的嵌入方向对于行业能源偏向型技术进步的作用效果可能并不一致。基于此,将全球价值链生产长度进行分解,将前向全球价值链生产长度分解为仅跨境一次的前向价值链生产长度 plv_gvc_s,与跨境被进口国加工后又返回至本国的前向价值链生产长度 plv_gvc_d,与跨境被进口国加工后又出口至第三国的前向价值链生产长度 plv_gvc_f,同样地,将后向全球价值链生产长度也分解为 ply_gvc_s、ply_gvc_d 和 ply_gvc_f 三部分。表 5.9 与表 5.10 分别考察前向全球价值链分解与后向全球价值链分解下,不同全球价值链嵌入方向对中国工业技术进步方向的作用。

表 5.9 前向全球价值链嵌入对中国工业能源偏向型技术进步影响

解释变量	模型 1 RE	模型 2 FGLS	模型 3 PCSE	模型 4 MLE
plv_gvc_s	0.098 3***	0.041 6***	0.050 9**	0.113 6***
	(0.027 8)	(0.000 4)	(0.023 8)	(0.036 6)
plv_gvc_d	−0.006 6	−0.009 3***	−0.003 6	−0.005 5
	(0.013 0)	(0.000 3)	(0.014 0)	(0.013 7)
plv_gvc_f	−0.067 6**	−0.010 9***	−0.044 1	−0.083 5**
	(0.030 5)	(0.000 4)	(0.027 6)	(0.039 2)
e	−0.323 6	1.437 7***	0.248 8	−0.486 7
	(1.019 1)	(0.017 0)	(0.559 9)	(1.066 3)
rd	−1.085 7	0.113 5	4.099 7	0.020 6
	(6.527 7)	(0.097 1)	(3.179 9)	(6.827 9)
id	−0.225 6	−1.166 6***	−0.601 4***	−0.147 4
	(0.329 5)	(0.005 8)	(0.205 5)	(0.346 7)
fdi	0.664	0.080 0***	0.098 1	0.748 7
	(0.580 7)	(0.004 5)	(0.092 3)	(0.596 5)
Constant	−0.051 4	−0.090 5***	−0.046 6	0.052 6***
	(0.043 7)	(0.000 6)	(0.059 8)	(0.051 4)
Wald chi2	15.76	128 241.06	24.22	
R-squared	0.148 0		0.001 4	
LR chi2				15.55
Log likelihood				423.246 8
样本数	300	300	300	300
行业数	20	20	20	20

注:括号中数据为标准误,***、**、*分别表示在1%、5%、10%的显著性水平下显著。

由表 5.9 可以看出,对于前向全球价值链嵌入方式,前向简单全球价值链生产长度 *plv_gvc_s* 系数估计值在全部回归模型中均显著为正,而前向复杂全球价值链生产长度中出口中间品跨境被加工生产后又流回至国内的生产长度 *plv_gvc_d* 系数估计值在全部回归模型中为负,前向复杂全球价值生产长度中出口中间品跨境被加工生产后又出口至第三国的生产长度 *plv_gvc_f* 系数估计值在全部回归模型中为负。由前文可知,中国工业各

表 5.10　后向全球价值链嵌入对中国工业能源偏向型技术进步影响

解释变量	模型 1 RE	模型 2 FGLS	模型 3 PCSE	模型 4 MLE
ply_gvc_s	−0.044 8	−0.062 8***	−0.043 2**	−0.047 4
	(0.031 3)	(0.001 0)	(0.021 1)	(0.030 5)
ply_gvc_d	0.001 6	0.022 2***	0.018 8	0.003 5
	(0.017 6)	(0.000 5)	(0.011 5)	(0.017 5)
ply_gvc_f	0.029 9**	0.025 3***	0.014 1	0.030 1**
	(0.014 9)	(0.000 3)	(0.009 9)	(0.014 3)
e	−0.139 1	1.515 7***	0.110 1	−0.027 9
	(1.047 7)	(0.028 1)	(0.617 6)	(1.028 7)
rd	1.312 2	4.711 8***	1.079 1	1.328 4
	(6.890 5)	(0.227 8)	(2.676 2)	(6.680 6)
id	−0.190 0	−1.107 8***	−0.638 4***	−0.239 4
	(0.354 1)	(0.017 6)	(0.186 6)	(0.360 0)
fdi	1.037 6*	0.691 8***	0.134 1	1.011 9*
	(0.574 1)	(0.012 9)	(0.108 5)	(0.556 5)
Constant	−0.039 7	−0.078 0***	−0.067 7	0.054 4***
	(0.044 5)	(0.000 9)	(0.066 2)	(0.042 1)
Wald chi2	13.79	145 268.20	20.98	
R-squared	0.046 3		0.001 5	
LR chi2				13.75
Log likelihood				422.344 7
样本数	300	300	300	300
行业数	20	20	20	20

注:括号中数据为标准误,***、**、* 分别表示在 1%、5%、10%的显著性水平下显著。

行业在全球价值链中嵌入位置大体上处于整个生产链条的中高端位置,低端行业较为广泛,前向联系范围更广泛,联系程度更深。前向简单全球价值生产长度 *plv_gvc_s* 促进中国工业技术进步转向能源使用方向。这是因为简单全球价值生产的生产链条较短,所涉及生产任务与生产工序种类较少,中国工业在简单全球价值链中前向生产联系越强,则表明其在价值链中越靠近初级产品一侧,所生产产品受下游部门需求约束的制约较强,下游行业对产品质量与产品种类要求较为严格,造成该行业对原始能源投入的依赖性更强,相对而言对加工生产技术水平的要求较低,因此,前向简单全球价值生产长度越长,则在工业生产中所需能源投入越多,拉动技术进步向能源使用方向偏转。前向复杂全球价值生产长度 plv_gvc_d 与 plv_gvc_f 促进中国工业技术进步转向能源节约方向。这是由于复杂全球价值链的生产链条较长,所涉及生产工序与生产任务种类繁多,前向复杂生产长度变长,表明中国工业部门向价值链上游位置移动,面临产品竞争压力增大,仅依靠大量投入能源要素的生产方式在复杂价值链中难以向上游位置攀登,在强烈的市场竞争压力下,企业需要灵活调整生产方式,根据企业自身优势选择最适宜的生产工序,实现企业生产效率最大化,并及时更新生产技术,在下游行业对中间品的环保标准日益提升的条件下,积极调整生产技术向节能方向转变。值得注意的是,在全球价值链中位置越靠近上游,则其下游行业产品需求对其产品生产的约束力越大,同样,该行业产品供给对下游行业的制约程度也越高。随着居民环保意识的提升和公众环保诉求的加大,消费者对最终品的节能属性要求变高,若上游行业不能根据市场需求调整生产策略,及时更新节能型技术进步,将会造成产业结构失衡,使得传统能耗型产品积压而新型节能型产品供给短缺,对下游行业及整个价值生产链条造成负面影响。中间品跨境后又出口至第三国的生产长度 plv_gvc_f 估计系数的绝对值大于跨境后又返回国内的生产长度 plv_gvc_d,表明相对于国内下游行业来说,国外下游行业对产品能源含量的要求更为严格,更加促进中国工业技术向节能方向偏转。

表 5.10 中基于后向联系的全球价值生产长度分解结果则相反,ply_gvc_s 系数估计值在全部回归模型中均为负数,而 ply_gvc_d 和 ply_gvc_f 系数估计值均为正数。这表明中国工业在简单全球价值链中越靠近下游位置,则技术进步方向越偏向节能,而在复杂全球价值链中越靠近下游位置,技术进步方向越偏向耗能。在简单全球价值生产中,基于后向联系的生产

长度越长,表明中国工业越处于简单全球价值链的下游,其生产的中间品被进口国吸收后,仅进行简单的组装和加工即可在进口国被消费和吸收。根据全球价值链的微笑曲线,越靠近下游位置,生产活动的技术含量与价值增值能力越高,其产品越靠近最终品消费者。随着现阶段世界范围内环保意识的广泛提升,对最终品生产过程中的能耗具有严格要求,中国工业越靠近简单全球价值链的下游,越易于根据最终消费者需求及时调整生产技术,选择使用节能型技术,促进节能型技术进步发展。而在复杂全球价值链中,生产任务繁多,国际分工关系较为复杂,在复杂价值生产中经过多次中间品进出口流程后,可能存在其他国家进口中国的中间品后,选择从事相对清洁节能且对技术水平要求较高的生产工序,而将能耗较大的生产工序又转移至中国,中国仍承担大量能耗型生产工序,迫使技术进步方向转向能源使用,促进耗能型技术进步发展。

三、嵌入市场异质性:北美、亚洲与"一带一路"市场

在世界市场中,各国根据相似的历史、文化与地理条件,相近或互补的物质基础与技术水平,形成分散的市场。不同市场中参与国家联系在一起,生产要素在各市场中高度流动,分工较为紧密,各市场中成员国依据彼此要素禀赋和比较优势互相开设工厂并进行生产合作,各国生产要素流通、产业合作与产品消费紧密相连,存在广泛的技术溢出现象。当今各大市场中成员国均具有绿色节能生产的趋势,注重商品生产和营销的高效化、节能化、清洁化与绿色化,开展节能生产与节能消费,致力于提升节能型技术进步,力求达到各个生产环节的节能环保标准,实现生产节能、包装节能、销售节能、运输节能、消费节能和售后节能。不同市场往往具有不同的自然条件、技术水平与经济生产方式,中国工业在参与不同市场过程中,技术进步会向不同方向转变,且其变化大小也具有较大差异。北美市场对于节能技术的创新与应用重视程度较高,其中,美国将绿色节能生产提高至国家战略高度

水平，与绿色节能生产领域相关的专利以年均8.1%的速度增长，这充分说明了在现阶段世界范围内提倡降低能耗与清洁生产大环境下，美国节能技术处于世界领先水平。2011年美国国情咨文中明确提出要保障能源投入较低与能源效率较高的新型工业保持在世界领先位置，并将大量科研基金投入节能技术的研发。此外，美国在全球范围内最早明确绿色节能技术专利加速审查机制，随后加拿大等国家也建立起相应机制。节能生产是经济可持续发展的必经之路，也是未来抢占国际市场与争夺话语权的关键。对于亚洲国家，日本和韩国节能型技术进步水平较高，其他亚洲国家具有发展节能技术进步的优势，包括充足的技术研发资金、对于新技术的高效应用与对于技术研发成本的良好控制。亚洲市场国家的市场需求仍有较大扩展空间，可以积极进行经济增长模式转变，将出口导向型转换为内需增长型，促进国内节能产品需求增长。“一带一路”沿线国家节能技术发展水平差异较大，对于俄罗斯、阿尔巴尼亚、希腊与波兰等国，其生产方式较为节能，能源利用率较高，而对于尼泊尔和印度等国技术进步更倾向耗能较大的能源使用型技术进步。本章将世界市场按照地理区位与经济联系密切程度分为北美市场、亚洲市场、“一带一路”沿线国家市场，研究中国工业在不同市场中嵌入位置对能源偏向型技术进步的作用差异，考察中国工业在北美市场价值链中嵌入位置 p_na、亚洲市场价值链中嵌入位置 p_a 与“一带一路”沿线国家价值链中嵌入位置 p_obor 演变对技术进步方向的影响，并分别考察简单嵌入与复杂嵌入下影响效果的差异。回归结果见表5.11至表5.16。

由表5.11与表5.12结果看出，中国工业在北美市场价值链中嵌入位置 p_na 系数在各模型中为负，但均不显著。这表明中国工业在北美市场价值链中嵌入位置变化降低了技术进步能源偏向性，使得技术进步方向偏向节约能源，但这种作用效果并不显著。一方面，虽然北美市场对于节能技术的研发与应用较为成熟，是绿色节能技术的领先者，但中国工业起步较晚，技术进步水平较为薄弱，国内生产要素禀赋、生产设备匹配与技术操作人员技

表 5.11　中国工业在北美市场中价值链嵌入位置对能源偏向型技术进步影响

解释变量	模型 1 RE	模型 2 FGLS	模型 3 PCSE	模型 4 MLE
p_na	−0.245 8	−0.464 9	−0.032 8	−0.246
	(0.945 6)	(0.418 0)	(0.086 4)	(0.936 8)
e	0.519 1	1.333 4***	0.418 2	0.518 0
	(0.985 3)	(0.265 1)	(0.583 3)	(1.012 8)
rd	1.395 1	−0.023 9	2.161 8	1.397 8
	(6.528 0)	(1.990 4)	(2.747 3)	(6.498 4)
id	−0.414 3	−0.837 4***	−0.609 1***	−0.414 1
	(0.309 9)	(0.132 6)	(0.161 6)	(0.314 7)
fdi	1.223 0**	0.087 2	0.140 2	1.223 5**
	(0.563 0)	(0.167 7)	(0.112 0)	(0.569 9)
Constant	−0.058 0***	−0.055 8***	−0.043 4***	−0.058 0***
	(0.016 9)	(0.005 1)	(0.008 4)	(0.016 8)
Wald chi2	13.72	64 903.46	22.69	
R-squared	0.045 2		0.001 7	
LR chi2				13.68
Log likelihood				422.308 5
样本数	300	300	300	300
行业数	20	20	20	20

注:括号中数据为标准误,*** 、** 、* 分别表示在1%、5%、10%的显著性水平下显著。

表 5.12　中国工业在北美市场中不同价值链嵌入方式对能源偏向型技术进步影响

解释变量	模型 1 RE	模型 2 FGLS	模型 3 PCSE	模型 4 MLE
ps_na	5.503 9	5.993 3***	0.386 1	5.544 1
	(4.139 6)	(0.257 4)	(1.861 7)	(4.074 4)
pc_na	−5.774 5	−5.916 9***	−0.409 4	−5.809 9
	(4.055 3)	(0.249 5)	(1.832 3)	(3.991 8)
e	0.287 9	2.152 2***	0.400 3	0.352 2
	(1.001 8)	(0.031 0)	(0.577 0)	(1.013 1)
rd	0.528 1	1.465 0***	2.149 5	0.396 4
	(6.588 1)	(0.128 6)	(2.734 5)	(6.472 1)

续 表

解释变量	模型 1 RE	模型 2 FGLS	模型 3 PCSE	模型 4 MLE
id	−0.353 4	−1.187 5***	−0.605 9***	−0.369 8
	(0.312 1)	(0.007 2)	(0.159 8)	(0.315 4)
fdi	1.129 4**	0.424 1***	0.140 1	1.104 5*
	(0.569 9)	(0.009 4)	(0.111 7)	(0.568 7)
Constant	−0.054 2***	−0.045 9***	−0.043 3***	−0.054 0***
	(0.017 3)	(0.000 2)	(0.008 4)	(0.016 8)
Wald chi2	15.80	48 309.98	23.33	
R-squared	0.065 5		0.001 8	
LR chi2				15.78
Log likelihood				423.357 5
样本数	300	300	300	300
行业数	20	20	20	20

注：括号中数据为标准误，***、**、*分别表示在1%、5%、10%的显著性水平下显著。

能等生产条件不够先进，因此中国对先进的节能技术吸收能力较弱，参与北美市场价值链生产并不能达成良好的技术溢出效果。另一方面，美国等技术先进国对于技术专利保护较严，在生产合作过程中有意避免水平较高的节能技术向中国溢出，因此北美市场价值链嵌入位置指数系数不显著。表 5.12 中 ps_na 系数为正，pc_na 系数为负，但基本不显著。这表明中国工业参与北美市场价值生产过程中，通过嵌入复杂价值链的方式进行国际分工合作更有助于中国节能技术发展，而嵌入简单价值链则提高了耗能型技术进步发展，两种嵌入方式作用效果均不明显。中国工业仍需大力提升技术水平，缩小与发达国家技术差距，以提升本国技术吸收能力，减少发达国家先进技术流入障碍。

表 5.13 结果显示，p_a 系数在各回归模型中显著为正，表明中国工业在亚洲市场价值链中嵌入位置变化促使中国工业技术进步偏向能源使用方向。虽然日本与韩国在环境保护与节能生产方面相对领先，但大多数亚洲

表 5.13　中国工业在亚洲市场中价值链嵌入位置对能源偏向型技术进步影响

解释变量	模型 1 RE	模型 2 FGLS	模型 3 PCSE	模型 4 MLE
p_a	0.173 1***	0.178 0***	0.067 9*	0.174 2***
	(0.043 6)	(0.000 8)	(0.038 6)	(0.042 4)
e	−0.545	0.380 4***	0.351 5	−0.497 7
	(0.967 9)	(0.025 2)	(0.588 2)	(0.945 3)
rd	5.525 2	5.362 5***	2.689 6	5.317 8
	(6.290 0)	(0.153 9)	(2.556 7)	(6.146 0)
id	−0.397 2	−0.931 9***	−0.613 6***	−0.414 6
	(0.297 9)	(0.009 9)	(0.156 0)	(0.296 8)
fdi	0.827 3	0.313 7***	0.190 5*	0.790 4
	(0.543 1)	(0.009 1)	(0.111 0)	(0.538 9)
Constant	−0.215 6***	−0.209 6***	−0.107 8***	−0.216 0***
	(0.041 7)	(0.000 8)	(0.036 5)	(0.040 5)
Wald chi2	30.22	76 468.37	33.26	
R-squared	0.342 9		0.008 7	
LR chi2				29.03
Log likelihood				429.983 7
样本数	300	300	300	300
行业数	20	20	20	20

注：括号中数据为标准误，***、**、*分别表示在1%、5%、10%的显著性水平下显著。

国家在近三十年内经济飞速发展过程中，对环境保护与能源节约较为忽视，产生污染问题。俄罗斯的亚洲地区、中国东北地区与朝鲜北部等地区均是能源储量较为丰裕的地区，长期以来经济增长方式都以消耗能源为主。由于中国工业生产长期依赖大量能源投入实现经济增长，技术进步路径形成对能源消耗的依赖，具有路径依赖效应，短期内技术转化成本过高，且大部分亚洲国家节能技术发展水平较为滞后，对产品节能标准与要求普遍较低，因此中国嵌入亚洲国家价值链促进了耗能型技术进步发展。表 5.14 中，中

表 5.14 中国工业在亚洲市场中不同价值链嵌入方式对能源偏向型技术进步影响

解释变量	模型 1 RE	模型 2 FGLS	模型 3 PCSE	模型 4 MLE
ps_a	0.162 3***	0.184 2***	0.086 9***	0.162 2***
	(0.046 3)	(0.000 8)	(0.027 9)	(0.045 9)
pc_a	−0.044 8	−0.029 8***	−0.006 1	−0.044 9
	(0.048 9)	(0.001 2)	(0.044 2)	(0.048 5)
e	−0.539 7	0.440 5***	0.100 1	−0.542 1
	(0.946 4)	(0.035 9)	(0.488 4)	(0.943 7)
rd	6.573 3	4.007 1***	1.521 7	6.587 2
	(6.339 5)	(0.173 2)	(2.490 4)	(6.306 4)
id	−0.426 3	−0.954 1***	−0.684 8***	−0.425 5
	(0.296 1)	(0.013 3)	(0.183 6)	(0.295 6)
fdi	0.729 6	0.283 0***	0.203 8*	0.731 5
	(0.536 2)	(0.016 7)	(0.120 5)	(0.537 9)
Constant	−0.247 7***	−0.184 8***	−0.101 6**	0.053 4***
	(0.048 7)	(0.001 4)	(0.044 3)	(0.048 2)
Wald chi2	34.75	116 285.06	35.63	
R-squared	0.329 2		0.011 3	
LR chi2				32.62
Log likelihood				431.779 0
样本数	300	300	300	300
行业数	20	20	20	20

注:括号中数据为标准误,***、**、*分别表示在1%、5%、10%的显著性水平下显著。

国工业在亚洲国家简单价值链中嵌入位置 *ps_a* 系数在各模型中显著为正,而在复杂价值链中嵌入位置 *pc_a* 系数为负,但在多数模型中不显著。这表明中国参与亚洲市场价值链的方式以简单嵌入为主,亚洲市场简单价值链嵌入位置变化使得中国工业技术进步方向偏向耗能。究其原因,亚洲国家技术发展水平普遍落后于欧美,简单价值链生产仅跨境一次,生产链条较短,对技术水平要求不高,中国参与亚洲市场简单价值链的方式仍以大量投入能源为主，因此，在亚洲国家简单价值链中嵌入位置 ps_a 促进了中国工业耗能技术发展，而在复杂价值链中嵌入位置对中国工业技术进步方向影响不明显。

与亚洲市场类似，表 5.15 结果显示，中国工业在“一带一路”沿线国家市场价值链嵌入位置指数 p_obor 系数在各回归模型中显著为正；表 5.16 结果显示，中国工业在“一带一路”沿线国家市场简单价值链的嵌入位置系数显著为正，而复杂价值链嵌入位置系数在多数回归模型中不显著。究其原因，“一带一路”沿线国家包括大量发展中国家，这些国家的技术发展水平较低，且国内基础设施建设薄弱，中国与“一带一路”沿线国家的生产合作方式以中国在其他国家进行直接投资或建立基础设施的方式为主。发展中国家实现经济增长的基础是具备完善的基础设施，第一，“一带一路”沿线国家需要建立帮助劳动力与货物自由流动并降低生产运输成本的公路、铁路和港口等交通设施；第二，“一带一路”沿线国家需要建立促进信息迅速传播的电网、互联网与电话通信设施，以实现信息的迅速传播，便于上下游产业交流与融合；第三，“一带一路”沿线国家需要建立与硬件设施相配套的软件设施，如制定合理的关税政策，建立与别国组合而成的自贸区，优化贸易政策与生产合作协议等，以便“一带一路”国家之间形成良好的沟通协作关系，根据各自的比较优势实现互利共赢。中国对“一带一路”国家提供资金与技术投资，并依据当地生产要素禀赋情况提供当地稀缺的生产原料，帮助其建立硬件设施，这一过程中需要消耗大量中国能源要素，增加了生产端能源要素投入份额，拉动中国工业技术进步方向偏向耗能。受技术水平所限，中国与其他“一带一路”沿线国家生产合作方式多以简单价值链嵌入为主，且其生产合作方式决定了中国工业技术进步会向耗能方向偏转。“一带一路”沿线国家基础设施仍在建设过程中，中国与“一带一路”沿线国家复杂价值生产关联较少，不具有明显作用。

表 5.15 中国工业在“一带一路”市场中价值链嵌入位置对能源偏向型技术进步影响

解释变量	模型 1 RE	模型 2 FGLS	模型 3 PCSE	模型 4 MLE
p_obor	0.143 2***	0.117 5***	0.055 7**	0.142 6***
	(0.032 5)	(0.001 2)	(0.025 6)	(0.031 6)
e	−0.611 8	0.816 3***	0.545 3	−0.543 9
	(0.973 7)	(0.040 3)	(0.583 8)	(0.958 9)
rd	9.650 2	10.606 6***	3.090 9	9.628 1
	(6.527 7)	(0.236 6)	(2.778 0)	(6.374 9)
id	−0.428 4	−1.060 0***	−0.651 5***	−0.447 4
	(0.297 4)	(0.013 9)	(0.159 6)	(0.296 8)
fdi	0.839 5	0.579 2***	0.186 8	0.829 4
	(0.546 5)	(0.021 8)	(0.123 0)	(0.533 5)
Constant	−0.198 9***	−0.167 8***	−0.100 7***	−0.198 3***
	(0.034 7)	(0.001 4)	(0.027 3)	(0.033 7)
Wald chi2	34.01	28 855.65	40.38	
R-squared	0.262 2		0.014 4	
LR chi2				32.92
Log likelihood				431.928 7
样本数	300	300	300	300
行业数	20	20	20	20

注：括号中数据为标准误，***、**、* 分别表示在1%、5%、10%的显著性水平下显著。

表 5.16 中国工业在“一带一路”市场中不同价值链嵌入方式对能源偏向型技术进步影响

解释变量	模型 1 RE	模型 2 FGLS	模型 3 PCSE	模型 4 MLE
ps_obor	0.125 9***	0.126 7***	0.062 6*	0.126 2***
	(0.039 0)	(0.001 3)	(0.037 3)	(0.038 1)
pc_obor	0.031 6	−0.018 5***	−0.014 4	0.03
	(0.041 3)	(0.001 0)	(0.029 8)	(0.040 7)
e	−0.570 3	0.837 9***	0.552 5	−0.511 4
	(0.979 5)	(0.039 0)	(0.588 1)	(0.961 4)
rd	11.128 3	9.918 2***	3.088 7	11.024 6*
	(6.814 9)	(0.259 0)	(2.764 3)	(6.654 4)

续 表

解释变量	模型 1 RE	模型 2 FGLS	模型 3 PCSE	模型 4 MLE
id	−0.502 6	−1.051 3***	−0.643 5***	−0.515 7*
	(0.312 4)	(0.013 7)	(0.159 2)	(0.308 4)
fdi	0.858 1	0.556 1***	0.178 3	0.848
	(0.548 6)	(0.022 3)	(0.117 9)	(0.535 2)
Constant	−0.214 9***	−0.156 6***	−0.092 6***	−0.213 3***
	(0.041 1)	(0.001 7)	(0.023 1)	(0.040 2)
Wald chi2	34.56	31 268.71	42.51	
R-squared	0.246 8		0.013 9	
LR chi2				33.54
Log likelihood				432.239 0
样本数	300	300	300	300
行业数	20	20	20	20

注:括号中数据为标准误,***、**、*分别表示在1%、5%、10%的显著性水平下显著。

四、嵌入行业异质性:资源型、低技术、中技术与高技术型行业

由于生产工序与生产任务的种类差异,在全球价值链的不同位置,对于资金投入、劳动力技能、生产技术水平具有不同要求,所涉及生产任务与生产工序也具有较大差异。不同技术水平的行业在全球价值链中所处位置不同,其嵌入位置演变的起点各异,位置变化范围具有较大差异,在沿全球价值链攀升过程中,市场对产品质量与能源含量具有不同要求,造成企业生产中所使用技术的节能属性差异。因此,本章将中国 20 个工业行业分为资源型行业、低技术型行业、中技术型行业与高技术型行业,考察不同技术类型与技术水平行业在全球价值链中嵌入位置演变对行业能源偏向型技术进步影响。回归结果见表 5.17 至表 5.20 所示。

表 5.17 资源型行业全球价值链嵌入位置对能源偏向型技术进步影响

解释变量	模型 1 RE	模型 2 FGLS	模型 3 PCSE	模型 4 MLE
position	0.377 2***	0.139 3***	0.274 9***	0.344 2***
	(0.087 7)	(0.005 0)	(0.084 2)	(0.090 2)
e	1.431 1	4.097 7***	1.778 7*	1.7
	(1.714 5)	(0.113 6)	(0.908 0)	(1.655 1)
rd	−71.958 5***	−51.807 4***	−5.979 7	−67.682 3***
	(19.867 0)	(1.892 8)	(7.164 8)	(19.237 4)
id	−0.732 5*	−1.052 3***	−1.236 0***	−0.735 6*
	(0.398 4)	(0.040 3)	(0.260 3)	(0.377 1)
fdi	0.621 4	−0.158 3***	0.070 5	0.650 4
	(0.879 9)	(0.035 1)	(0.097 1)	(0.859 4)
Constant	−0.412 8***	−0.176 6***	−0.330 2***	0.049 0***
	(0.094 2)	(0.005 1)	(0.092 3)	(0.093 9)
Wald chi2	48.15	10 399.75	34.13	
R-squared	0.466 2		0.183 4	
LR chi2				42.59
Log likelihood				202.665 0
样本数	135	135	135	135
行业数	9	9	9	9

注:括号中数据为标准误,*** 、** 、* 分别表示在1%、5%、10%的显著性水平下显著。

表 5.18 低技术型行业全球价值链嵌入位置对能源偏向型技术进步影响

解释变量	模型 1 RE	模型 2 FGLS	模型 3 PCSE	模型 4 MLE
position	−0.238 9*	−0.025 4	−0.007 5	−0.220 6***
	(0.130 8)	(0.065 2)	(0.050 0)	(0.064 3)
e	12.969 0*	6.755 5	−0.164 5	−9.406 8*
	(7.823 7)	(5.205 6)	(3.190 7)	(5.382 9)
rd	−124.542 1***	−46.632 9*	−30.517 7***	−90.437 6***
	(33.981 9)	(27.021 0)	(9.290 2)	(18.870 5)
id	−2.003 7	−2.762 3***	−2.457 9***	−0.532 3
	(1.252 0)	(0.725 6)	(0.456 1)	(0.650 2)

续　表

解释变量	模型 1 RE	模型 2 FGLS	模型 3 PCSE	模型 4 MLE
fdi	4.061 1**	2.848 8***	3.388 2***	5.157 8***
	(1.870 9)	(0.973 9)	(1.183 2)	(1.214 8)
Constant	0.145 6	−0.013 4	−0.021 1	0.020 5***
	(0.101 9)	(0.049 5)	(0.043 3)	(0.058 7)
Wald chi2	111.01	221.48	367.59	
R-squared	0.835 3		0.592 3	
LR chi2				96.84
Log likelihood				104.889 8
样本数	45	45	45	45
行业数	3	3	3	3

注:括号中数据为标准误,*** 、** 、* 分别表示在1%、5%、10%的显著性水平下显著。

表 5.19　中技术型行业全球价值链嵌入位置对能源偏向型技术进步影响

解释变量	模型 1 RE	模型 2 FGLS	模型 3 PCSE	模型 4 MLE
position	−0.144 9***	−0.088 2***	−0.014 4	−0.167 5**
	(0.046 0)	(0.019 4)	(0.084 7)	(0.082 6)
e	−2.395 9**	−2.548 7***	−3.939 2***	−7.778 0***
	(0.977 8)	(0.579 1)	(1.509 7)	(2.350 2)
rd	62.984 2***	50.837 1***	14.728	41.744 4**
	(22.541 4)	(9.588 1)	(9.508 2)	(20.768 3)
id	−0.401 9	0.22	2.150 6***	2.346 6**
	(1.136 4)	(0.674 3)	(0.830 8)	(1.175 1)
fdi	1.289 3	2.095 2***	2.005 2*	3.312 0**
	(1.174 0)	(0.736 0)	(1.149 6)	(1.302 5)
Constant	0.059 5	−0.021	−0.076 6	0.076 8
	(0.043 1)	(0.025 0)	(0.101 3)	(0.091 4)

续 表

解释变量	模型 1 RE	模型 2 FGLS	模型 3 PCSE	模型 4 MLE
Wald chi2	19.92	84.36	12.59	
R-squared	0.376 9		0.208 8	
LR chi2				28.35
Log likelihood				94.530 7
样本数	60	60	60	60
行业数	4	4	4	4

注：括号中数据为标准误，*** 、** 、* 分别表示在1%、5%、10%的显著性水平下显著。

表 5.20　高技术型行业全球价值链嵌入位置对能源偏向型技术进步影响

解释变量	模型 1 RE	模型 2 FGLS	模型 3 PCSE	模型 4 MLE
position	−0.028 7	0.064 4	−0.030 6	−0.028 7
	(0.078 3)	(0.047 6)	(0.105 1)	(0.074 2)
e	−5.003 9	−9.294 6***	−2.024 3	−5.003 9
	(5.494 6)	(1.402 8)	(2.578 3)	(5.212 7)
rd	10.108 5	2.989 9	−0.009 7	10.108 5
	(7.947 8)	(2.968 8)	(1.468 8)	(7.539 9)
id	−0.248 5	0.330 2	0.067 2	−0.248 5
	(0.624 6)	(0.230 5)	(0.192 1)	(0.592 5)
fdi	1.034 2**	0.855 8***	0.688 6**	1.034 2**
	(0.466 8)	(0.110 7)	(0.319 6)	(0.442 8)
Constant	−0.074 6	−0.137 3***	−0.055 4	−0.074 6
	(0.055 0)	(0.038 1)	(0.093 9)	(0.052 2)
Wald chi2	19.78	370.50	16.11	
R-squared	0.929 6		0.240 5	
LR chi2				9.77
Log likelihood				123.908 7
样本数	60	60	60	60
行业数	4	4	4	4

注：括号中数据为标准误，*** 、** 、* 分别表示在1%、5%、10%的显著性水平下显著。

由表 5.17 至表 5.20 结果可知，资源型行业全球价值链嵌入位置系数在各个回归模型中均显著为正，表明资源型行业在全球价值链中位置攀升引起技术进步偏向耗能方向；低技术型行业、中技术型行业与高技术型行业在全球价值链嵌入位置系数在各个回归模型中均为负，表明这三种类型行业在全球价值链中位置攀升引起技术进步偏向节能方向。究其原因，资源型行业一般处于全球价值链的中低端位置，位于“微笑曲线”的左侧，当资源型行业在全球价值链中嵌入位置上升时，更加靠近初始产品即原材料投入一侧，则在生产过程中需要投入更多能源要素，与生产所匹配的技术其复杂型降低，能源利用效率不高，技术进步方向偏向耗能。低技术行业，大致处于全球价值链的底端位置，其在全球价值链中位置提升，相当于由“微笑曲线”的底端迈进左端，生产增值能力与盈利能力均有所提高，市场需求中对产品节能属性与技术含量要求较高，技术进步方向逐渐偏向节能。对于中技术行业与高技术行业来说，其沿全球价值链向高端位置攀升意味着企业生产向价值链更高端位置迈进，更靠近产品价值生产的研发与设计环节，价值增值能力更强，且对生产技术水平与从业人员科学素养要求更高，行业生产更多依赖于资源要素与知识要素和信息要素等新型生产要素，对于能源要素的依赖性较低，因此，中技术型与高技术型行业全球价值链嵌入位置提升有助于中国工业技术进步向节能方向发展。

第三节　嵌入条件的异质性分析

中国工业在全球价值链中嵌入位置变化会对技术进步能源偏向程度产生影响，这种影响可能受到一些内外部条件的制约，技术进步在不同条件下表现出相异的能源偏向属性。企业对内涵或外延式生产方式的选择、外部环境规制强度的大小和中央与地方的政策导向均会影响中国工业技术进步方向的变动方向和变动幅度。基于此，本节通过实证回归方法考察在不同内部和外部条件下,中国工业沿全球价值链向高端位置攀升过程中,行业技术进步能源偏向性的变化规律。

一、异质性生产方式:内涵型与外延型

中国工业生产方式可以大体分为内涵型生产方式与外延型生产方式两种,不同生产方式下,技术进步方向会呈现出不同的演变规律。在外延型生产方式下,企业扩大再生产的方式为在原有技术水平与生产效率情形下,仅依靠生产要素与生产规模的扩大来实现生产规模的扩张,这种生产方式不注重能源使用效率的提升,在扩大生产过程中会大量投入能源要素,引起技术进步方向偏向耗能;而在内涵型生产方式下,生产企业更加注重能源等生产要素使用效率的提升,对节能型技术研发投入较大,且对于节能技术研发成果的转换率较强,能够顺利将新型节能技术应用于扩大再生产过程中,促进技术进步方向偏向节能。将固定资产投资中用于改建和技术改造的投资额作为内涵型生产方式指标,用于扩建的投资额作为外延型生产方式指标,按投资额比重将中国20个工业行业分为10个内涵型生产方式为主的行业与10个外延型生产方式为主的行业,数据来源于《中国固定资产投资统计年鉴》。其中,内涵型生产方式为主的行业包括(3)纺织、服装、皮革制品制造业,(5)造纸及纸制品业,(10)橡胶和塑料制品业,(13)金属制品业,(14)计算机、电子、光学产品制造业,(15)电气设备制造业,(16)机械设备制造业,(18)家具制造业与其他制造业,(19)电力、燃气、热力生产和供应业和(20)水的生产和供应业;外延型生产方式为主的行业包括(1)采矿业,(2)食品、饮料、烟草制品制造业,(4)木材加工和木、竹、藤、棕、草制品业,(6)印刷和记录媒介复制业,(7)石油加工、炼焦和核燃料加工业,(8)化工及化工产品制造业,(9)医药制造业,(11)非金属矿物制品业,(12)基本金属制造业,(17)交通运输设备制造业。内涵型与外延型生产方式条件下,全球价值链嵌入位置变化对能源偏向型技术进步影响的实证回归结果如表5.21与表5.22所示。

表 5.21 内涵型生产方式下全球价值链嵌入位置对能源偏向型技术进步影响

解释变量	模型 1 RE	模型 2 FGLS	模型 3 PCSE	模型 4 MLE
position	−0.074 2	−0.046 4***	0.013 9	−0.145 7
	(0.056 0)	(0.006 8)	(0.065 0)	(0.103 3)
e	−2.675 5	−0.498 2	−3.839 7**	−9.838 0**
	(3.369 2)	(0.504 8)	(1.689 8)	(4.954 4)
rd	20.065 2***	14.051 4***	3.094	18.829 2***
	(5.784 6)	(1.309 6)	(2.094 3)	(6.467 9)
id	−2.166 9***	−1.681 6***	−1.169 5***	−2.023 6***
	(0.485 7)	(0.117 4)	(0.227 4)	(0.476 3)
fdi	0.419 5	0.833 5***	0.271 2	−0.350 3
	(0.465 8)	(0.046 5)	(0.335 1)	(0.624 7)
Constant	0.013 1	−0.028 0***	−0.056 5	0.108 4
	(0.050 4)	(0.005 7)	(0.063 6)	(0.002 2)
Wald chi2	87.40	858.97	108.32	
R-squared	0.504 6		0.075 9	
LR chi2				70.30
Log likelihood				212.036 7
样本数	150	150	150	150
行业数	10	10	10	10

注:括号中数据为标准误,***、**、* 分别表示在1%、5%、10%的显著性水平下显著。

表 5.22 外延型生产方式下全球价值链嵌入位置对能源偏向型技术进步影响

解释变量	模型 1 RE	模型 2 FGLS	模型 3 PCSE	模型 4 MLE
position	0.066 6	0.098 8***	0.119 3*	0.066 6
	(0.057 9)	(0.001 2)	(0.070 9)	(0.056 7)
e	−1.186	1.503 4***	0.453 4	−1.185 1
	(1.344 7)	(0.039 0)	(0.640 1)	(1.465 3)
rd	14.882 5	−6.976 9***	9.924 3	14.874 7
	(14.673 3)	(0.474 3)	(7.739 8)	(15.299 7)
id	0.076 1	−0.798 2***	−0.568 5**	0.075 9
	(0.443 5)	(0.023 5)	(0.270 3)	(0.456 4)

续 表

解释变量	模型 1 RE	模型 2 FGLS	模型 3 PCSE	模型 4 MLE
fdi	1.312 6	0.503 3***	0.205 9	1.312 3
	(1.075 5)	(0.025 4)	(0.155 1)	(1.069 7)
Constant	−0.143 7**	−0.155 7***	−0.185 2**	−0.143 7**
	(0.061 5)	(0.001 0)	(0.077 0)	(0.004 1)
Wald chi2	5.87	29 976.73	9.22	
R-squared	0.065 9		0.063 4	
LR chi2				5.96
Log likelihood				178.642 6
样本数	150	150	150	150
行业数	10	10	10	10

注:括号中数据为标准误,***、**、*分别表示在1%、5%、10%的显著性水平下显著。

由表5.21与表5.22结果可知,在内涵型生产方式下,全球价值链嵌入位置 *position* 系数为负,而在外延型生产方式下,其估计系数值为正,表明企业选择内涵型生产方式有助于技术进步方向偏向节能,而在外延型生产方式下,技术进步方向会向耗能方向转变。在内涵型生产方式下,生产企业积极寻求技术突破,在参与全球价值链过程中,通过多种途径实现自身节能技术提升,通过中间品进口学习中间品中蕴含的物化型技术进步,通过与国外先进企业的上下产业链交流合作与融合将先进节能技术吸收到国内,能够及时掌握国外技术含量更高、能耗更小的清洁节能生产技术,促进技术进步方向偏向节能。而在外延型生产方式下,企业在全球价值链中经常主动或被动选择能耗型生产任务,利用能源要素的大量投入来实现价值生产,在全球价值链中位置攀升也是依靠大量投入能源要素实现产品附加值的提高,在全球价值链中参与程度越深,技术进步方向越偏向耗能。在过去生产技术水平较低,居民节能与环保意识较为薄弱的阶段,工业生产大多以外延型生产方式为主,当时国内生产技术水平较低,且与发达国家先进生产技术水平差距过大，导致节能型生产技术引进困难，即使引进后与国内生产条件与生产装备也不易匹配，生产规模扩大过程中消耗了大量能源，引起较为严重的能源消费与环境问题。现阶段中国工业技术进步速度越来越快，各行业都在积极进行生产方式的转型，存在由外延型生产方式向内涵式生产方式转变的趋势，中国工业将加快技能技术更新，实现更节能更清洁的绿色生产方式。

二、异质性环境规制强度：低强度、中强度与高强度

大量文献研究发现环境规制强度并不总能提升企业创新水平与技术升级(张成等，2011；沈能，2012；李平和慕绣如，2013；王杰和刘斌，2014)，环境规制强度必须设置在合理范围内，才会对企业绿色技术创新产生促进作用。环境规制强度过低，企业进行粗放型污染型生产不会受到严厉的处罚，因此企业没有足够动机转换生产方式，能源消耗和环境污染问题难以得到有效解决；环境规制强度过强，企业生产成本增加幅度过大，超过企业进行技术升级的成本，企业反而可能在原有技术水平下扩大生产以求获得原有情形下利润，对企业选择节能技术产生阻碍作用。本章使用中国工业各行业工业废气废水治理设施本年运行费用表征环境规制水平，根据环境规制强度大小，将中国 20 个工业行业分为环境规制较弱的 7 个行业，包括(4)木材加工和木、竹、藤、棕、草制品业，(6)印刷和记录媒介复制业，(7)石油加工、炼焦和核燃料加工业，(9)医药制造业，(15)电气设备制造业，(18)家具制造业与其他制造业以及(20)水的生产和供应业；环境规制中等强度的 7 个行业，包括(1)采矿业，(5)造纸及纸制品业，(10)橡胶和塑料制品业，(13)金属制品业，(14)计算机、电子、光学产品制造业，(16)机械设备制造业以及(17)交通运输设备制造业；环境规制高强度的 6 个行业，包括(2)食品、饮料、烟草制品制造业，(3)纺织、服装、皮革制品制造业，(8)化工及化工产品制造业，(11)非金属矿物制品业，(12)基本金属制造业以及(19)电力、燃气、热力生产和供应业。环境规制强度数据来源于《中国环境统计年鉴》。实证回归结果如表 5.23 至表 5.25 所示。

表 5.23　低环境规制强度下全球价值链嵌入位置对中国工业能源偏向型技术进步影响

解释变量	模型 1 RE	模型 2 FGLS	模型 3 PCSE	模型 4 MLE
position	0.120 5	0.110 7***	0.057 5	0.140 8*
	(0.080 3)	(0.002 0)	(0.036 4)	(0.082 2)
e	−0.464 2	4.556 8***	3.037 1***	−0.588 7
	(2.519 5)	(0.179 2)	(1.139 8)	(2.424 8)
rd	8.924 2	6.287 4***	0.886 4	8.851 3
	(20.868 7)	(1.477 4)	(4.562 4)	(19.989 5)
id	1.578 5	−1.021 5***	0.251	1.688 8
	(1.320 2)	(0.093 2)	(0.385 4)	(1.272 6)
fdi	6.493 1***	−0.349 8***	0.443 1	6.849 0***
	(1.556 4)	(0.091 7)	(0.896 5)	(1.569 8)
Constant	0.022 7	−0.147 8***	−0.104 8***	0.031 0***
	(0.082 2)	(0.002 0)	(0.031 9)	(0.002 2)
Wald chi2	13.21	809.09	75.55	
R-squared	0.614 9		0.258 1	
LR chi2				12.71
Log likelihood				215.232 9
样本数	105	105	105	105
行业数	7	7	7	7

注:括号中数据为标准误,*** 、** 、* 分别表示在1%、5%、10%的显著性水平下显著。

表 5.24　中环境规制强度下全球价值链嵌入位置对中国工业能源偏向型技术进步影响

解释变量	模型 1 RE	模型 2 FGLS	模型 3 PCSE	模型 4 MLE
position	0.060 8***	0.056 1***	0.075 6	0.060 8***
	(0.018 3)	(0.007 9)	(0.074 4)	(0.017 8)
e	−10.642 9***	−9.697 1***	−3.670 7*	−10.642 9***
	(2.101 1)	(0.469 8)	(2.162 3)	(2.040 1)
rd	−26.657 7***	−23.545 9***	−3.219 1	−26.657 7***
	(6.367 3)	(1.392 7)	(3.541 9)	(6.182 6)
id	2.872 7***	2.565 2***	1.478 4***	2.872 7***
	(0.500 9)	(0.129 4)	(0.410 7)	(0.486 3)

续　表

解释变量	模型 1 RE	模型 2 FGLS	模型 3 PCSE	模型 4 MLE
fdi	1.481 1***	1.445 4***	1.361 5***	1.481 1***
	(0.547 9)	(0.101 6)	(0.484 2)	(0.532 0)
Constant	−0.142 1***	−0.136 9***	−0.184 5**	−0.142 1***
	(0.020 3)	(0.007 5)	(0.079 3)	(0.003 5)
Wald chi2	32.10	6 147.57	94.11	
R-squared	0.701 2		0.145 9	
LR chi2				19.89
Log likelihood				124.675 8
样本数	105	105	105	105
行业数	7	7	7	7

注:括号中数据为标准误,***、**、*分别表示在1%、5%、10%的显著性水平下显著。

表 5.25　高环境规制强度下全球价值链嵌入位置对中国工业能源偏向型技术进步影响

解释变量	模型 1 RE	模型 2 FGLS	模型 3 PCSE	模型 4 MLE
position	0.105 8**	0.114 6***	0.213 2**	0.303 8
	(0.045 8)	(0.010 4)	(0.085 8)	(0.288 5)
e	3.429 2***	3.298 4***	2.414 0**	4.673 9**
	(0.887 9)	(0.215 7)	(0.986 2)	(2.064 4)
rd	−44.158 9***	−40.111 4***	0.548 4	−41.385 6**
	(14.992 2)	(3.293 3)	(6.017 4)	(20.929 6)
id	−2.084 8***	−2.055 5***	−2.516 2***	−2.516 2***
	(0.336 3)	(0.050 7)	(0.309 7)	(0.739 5)
fdi	−0.387	−0.349 2	0.102 3	0.927
	(0.793 3)	(0.233 4)	(0.130 0)	(0.880 4)
Constant	−0.081 7	−0.092 9***	−0.215 6**	−0.297 6
	(0.050 5)	(0.011 3)	(0.093 8)	(0.004 8)

续 表

解释变量	模型 1 RE	模型 2 FGLS	模型 3 PCSE	模型 4 MLE
Wald chi2	39.88	1 372.26	45.90	
R-squared	0.680 0		0.169 9	
LR chi2				65.44
Log likelihood				170.036 5
样本数	90	90	90	90
行业数	6	6	6	6

注:括号中数据为标准误,*** 、** 、* 分别表示在1%、5%、10%的显著性水平下显著。

由表 5.23 至表 5.25 回归结果可知,全球价值链嵌入位置 *position* 在低环境规制强度、中环境规划强度与高环境规制强度下估计系数值均为正值,表明当前中国工业参与全球价值链,并沿全球价值链向高端位置攀升过程中,技术进步方向大体上仍偏向耗能方向。值得一提的是,全球价值链嵌入位置估计系数在三种环境规制强度下的绝对值大小从小到大依次为中环境规制强度、高环境规制强度与低环境规制强度。这表明在不同环境规制强度下,中国工业技术进步方向演变规律具有较大差异。环境规制强度只有在合理范围内才会促进生产企业研发或者引进节能技术。当环境规制强度过于低时,生产者环境保护意识大体上较为薄弱,企业不会因生产对环境的负外部性而受到严厉的处罚,节能生产的约束力不足,没有足够动力更新生产技术,更换机器设备并培养与节能型机器相匹配的劳动力,因此,企业会在原有耗能型生产技术下进行生产,促进技术进步方向继续偏向耗能。另外,在低环境规制强度下,行业自主研发水平 *rd* 回归系数除模型 5 外均为正值,表明弱环境规制强度下,企业放弃耗能型技术研发转而进行节能型技术研发的成本远大于环境规制处罚造成的成本,企业仍旧遵循耗能型生产技术,在原有技术路径上进行研发,技术研发方向仍旧遵循注重耗能型技术研发,节能型技术研发动力不足。表 5.24 中当环境规制水平处于中等强度时,全球价值链嵌入位置 *position* 系数绝对值最小,表明相对而言,中等强度的环境规制对节能型技术进步发展具有良好的促进作用。值得注意的是,在中等强度环境规制下,行业自主研发水平 *rd* 系数在所有模型中均为负值,且在大多数回归模型中显著,表明合理的环境规制政策有助于企业进行节能型技术的研发,企业放弃耗能型技术转而研发节能型技术的成本小于企业进行耗能型生产被处罚的成本,企业有充足动力进行技术升级与设备改造,当成功获取节能型技术之后,企业将拥有获取长期经济利益的能力,在全球价值链中向高端位置迈进,进入节能生产与持续盈利的良性循环。表 5.25 中全球价值链嵌入位置 *position* 系数绝对值大于表 5.24 中的数值,表明环境规制过强并不有利于技术进步向节能方向偏转,环境规制处于中等水平下,技术进步耗能属性最弱。表 5.25 中行业自主研发 *rd* 系数值为负,且其绝对值大于表 5.24 中的数值,表明在高环境规制强度下,企业遵循原有耗能型生产方式成本过大,企业基于长远发展考虑积极进行节能型技术研发,但是现阶段环境规制引起生产成本增长幅度过大,在企业成功转换生产技术之前,只能在原有耗能型生产方式下扩大生产规模以弥补成本损失,造成能源投入的加大,技术进步短期内向耗能方向偏转。

三、异质性政策导向:中央政策导向与地方政策导向

为促进各工业行业健康快速发展,政府会对各行业进行投资,建立行业发展所必需的基础设施,辅助行业经济生产与产品流通。基础设施投资建设项目依照隶属关系可以分为中央政策导向型与地方政策导向型两种,中央政策与地方政策事权范围与责任义务具有较大差异。一般而言,地方政策会以中央政策为指导,依照中央政府意愿落实政策,但受技术型与财政性约束影响,地方政策在执行过程中可能无法完全按照中央政策进行全方位的落实,在不违背中央政府政策前提下,地方政府在一定范围内会根据本地生产要素禀赋与生产条件制定经济发展政策,因地制宜,造成地方经济发展

方式存在较大差异。因此,中央政策导向与地方政策导向下,全球价值链嵌入位置对技术进步方向的作用可能并不一致。为探讨中央政策主导与地方政策主导下技术进步变动规律的差异,按照中央政府固定资产投资比重与地方政府固定资产投资比重,将中国20个工业行业分为中央政策导向较强的10个行业与地方政策导向较强的10个行业,政策导向数据来源于《中国固定资产投资统计年鉴》。中央政策导向为主的行业包括(3)纺织、服装、皮革制品制造业,(4)木材加工和木、竹、藤、棕、草制品业,(5)造纸及纸制品业,(6)印刷和记录媒介复制业,(9)医药制造业,(10)橡胶和塑料制品业,(11)非金属矿物制品业,(13)金属制品业,(15)电气设备制造业以及(18)家具制造业与其他制造业;地方政策导向为主的行业包括(1)采矿业,(2)食品、饮料、烟草制品制造业,(7)石油加工、炼焦和核燃料加工业,(8)化工及化工产品制造业,(12)基本金属制造业,(14)计算机、电子、光学产品制造业,(16)机械设备制造业,(17)交通运输设备制造业,(19)电力、燃气、热力生产和供应业以及(20)水的生产和供应业。中央和地方政策导向为主条件下,全球价值链嵌入位置变化对技术进步能源偏向性影响回归结果如表5.26与表5.27所示。

表5.26　中央政策导向下全球价值链嵌入位置对中国工业能源偏向型技术进步影响

解释变量	模型1 RE	模型2 FGLS	模型3 PCSE	模型4 MLE
position	−0.183 5*	−0.094 7***	−0.041 3	−0.192 0**
	(0.095 0)	(0.000 9)	(0.058 8)	(0.097 7)
e	10.398 8**	3.897 6***	4.323 2	10.655 3**
	(5.289 5)	(0.140 0)	(2.677 8)	(5.343 9)
rd	74.809 9***	28.001 7***	12.562 9	76.294 9***
	(14.616 8)	(0.757 3)	(7.665 1)	(14.848 1)
id	−5.807 8***	−3.399 9***	−4.035 3***	−5.863 6***
	(0.629 7)	(0.044 4)	(0.520 5)	(0.630 4)

续　表

解释变量	模型 1 RE	模型 2 FGLS	模型 3 PCSE	模型 4 MLE
fdi	1.146 9	0.963 6***	−0.165	1.201 2
	(1.026 9)	(0.035 1)	(0.499 6)	(1.029 8)
Constant	0.091 8	0.025 0***	0.004 2	0.098
	(0.085 1)	(0.000 8)	(0.048 3)	(0.002 7)
Wald chi2	136.24	40 047.37	101.33	
R-squared	0.517 9		0.230 6	
LR chi2				94.27
Log likelihood				235.904 9
样本数	150	150	150	150
行业数	10	10	10	10

注:括号中数据为标准误,***、**、*分别表示在1%、5%、10%的显著性水平下显著。

表 5.27　地方政策导向下全球价值链嵌入位置对中国工业能源偏向型技术进步影响

解释变量	模型 1 RE	模型 2 FGLS	模型 3 PCSE	模型 4 MLE
position	0.062 4	0.068 0***	0.076 9	0.063 2
	(0.043 0)	(0.001 4)	(0.077 8)	(0.049 1)
e	−5.181 6***	−0.004 9	−1.453 8*	−6.505 6***
	(0.897 8)	(0.029 8)	(0.844 9)	(0.962 8)
rd	−19.275 7***	−12.294 0***	−0.316 7	−19.524 3***
	(6.012 6)	(0.354 9)	(2.915 5)	(5.973 2)
id	1.519 6***	−0.302 2***	0.495 5*	1.822 0***
	(0.273 9)	(0.012 5)	(0.287 4)	(0.272 3)
fdi	−0.050 1	0.067 3***	0.101 7	0.068 6
	(0.524 8)	(0.012 5)	(0.112 5)	(0.528 9)
Constant	−0.061 4	−0.084 6***	−0.110 7	−0.056 9
	(0.053 1)	(0.001 5)	(0.079 3)	(0.002 2)

续 表

解释变量	模型 1 RE	模型 2 FGLS	模型 3 PCSE	模型 4 MLE
Wald chi2	41.06	3 871.55	5.20	
R-squared	0.310 8		0.070 1	
LR chi2				46.05
Log likelihood				263.789 5
样本数	150	150	150	150
行业数	10	10	10	10

注：括号中数据为标准误，*** 、** 、* 分别表示在 1%、5%、10%的显著性水平下显著。

由表 5.26 与表 5.27 结果可知，中央政策导向下，全球价值链嵌入位置 *position* 系数在全部回归模型中为负，而在地方政策导向下，其值在全部回归模型中为正。这表明中央政策导向更有助于行业节能型技术进步，而地方政策导向促进行业耗能型技术进步。中央在制定政策时，会更加考虑能源效率与环境保护问题，着眼于经济的长足稳定发展；而地方在制定政策时，往往局限于短期经济利益，对行业可持续发展关注较少。面对中国人口众多，但能源等资源约束趋紧，节能与清洁技术水平不高，环境容量有限，生态环境治理成本高昂的局面，近年来中央政府高度重视能源节约与环境保护问题，中央政策支持的建设项目受到的环保节能督查更为严格，在项目建设过程中对能耗较大或环境污染较高的企业惩罚力度更大，促进了生态文明理念的普及，倒逼各行业加快转变经济发展方式。在中央政策支持下，各行业参与全球价值生产过程中，会更加注重生产任务的节能性与环保性，积极向全球价值链高端位置攀升，促进技术偏向节能。在地方政策支持下，各行业参与全球价值链生产并不会产生较好的节能效果。与中央官员相比，地方官员的环保意识相对偏弱，出于晋升需求并迫于地方经济发展压力，地方官员在工作过程中更多考虑当地短期经济效益，在生产过程中依旧遵循传统能源消耗较大的生产方式，对于节能技术研发投入较少。尤其对于能源资源较为丰裕的地区，地方政策很难在短期内完全实现生产方式转变与生产技术升级，因此，地方政策导向下的生产与建设项目对工程实施的节能性与环保性监管较为宽松，在生产中仍依靠大量投入能源要素实现经济增长，导致技术进步方向偏向耗能。

第四节　全球价值链嵌入的经济位置

一、样本与测算方法

为再次验证全球价值链嵌入位置对能源偏向型技术进步的影响，本节改变样本，对中国整体能源偏向型技术进步和全球价值链嵌入情况进行测算，并初步检验其作用机制。本节使用能够反映全球价值链经济嵌入位置的、使用最为普遍的 Koopman 等(2010)贸易附加值分解方法，测量中国整体全球价值链嵌入经济位置。与第四章相同，设定中国全球价值链经济前向参与率指数为$GVC_{forward}=\frac{IV}{E}$，经济后向参与率指数为$GVC_{backward}=\frac{FV}{E}$，经济参与率指数为$GVC_{participation}=\frac{IV}{E}+\frac{FV}{E}$，全球价值链嵌入经济位置指数为 $Pos\_Koopman=\ln\left(1+\frac{IV}{E}\right)-\ln\left(1+\frac{FV}{E}\right)$。其中，$IV$ 指中国总出口中国内增加值部分，包括在国内加工后又出口至第三国的中间产品，FV 指中国总出口中国外增加值部分，包括隐含于出口最终品与中间品中的外国增加值部分，E 指总出口。若一国处于全球价值链经济上游位置，那么该国中间品出口重要性大于进口重要性，在全球价值链中主要出口原材料或中间品供他国生产，$Pos\_Koopman$ 指数为正；反之，若一国处于全球价值链经济下游位置，则 $Pos\_Koopman$ 指数为负。使用 UIBE_GVC 数据库相应指标计算中国 2000—2014 年参与全球价值链上述指标结果如表 5.28 所示。

表 5.28 中国 2000—2014 年全球价值链经济嵌入指标

年份	前向	后向	参与度	位置
2000	0.297 6	0.114 2	0.411 9	0.108 6
2001	0.296 1	0.107 5	0.403 7	0.113 9
2002	0.303 2	0.113 9	0.417 0	0.110 9
2003	0.298 1	0.132 6	0.430 7	0.088 8
2004	0.320 7	0.149 3	0.469 9	0.083 7
2005	0.365 4	0.151 1	0.516 4	0.098 8
2006	0.447 0	0.148 3	0.595 3	0.131 7
2007	0.529 8	0.148 3	0.678 1	0.158 5
2008	0.440 3	0.141 8	0.582 1	0.135 8
2009	0.372 6	0.121 4	0.494 0	0.128 2
2010	0.337 7	0.135 8	0.473 5	0.099 7
2011	0.322 6	0.137 7	0.460 2	0.089 5
2012	0.269 7	0.128 8	0.398 6	0.068 5
2013	0.275 6	0.124 9	0.400 5	0.072 6
2014	0.277 6	0.112 3	0.389 9	0.084 4
均值	0.343 6	0.131 2	0.474 8	0.104 9

资料来源:根据 UIBE_GVC 数据库相关指标计算。

由表 5.28 可以看出,总体而言,中国全球价值链经济前向参与度大于后向参与度,中国在全球价值链中大致处于上游位置,全球价值链经济位置指数在 2000—2014 年均为正。中国全球价值链经济前向参与度具有明显阶段性变化,2000—2007 年一直在增大,在 2007 年达到峰值 0.53, 2008 年后有减小趋势。究其原因,2001 年中国加入 WTO 以后,利用国内丰裕的原材料与资源优势向国际市场大量输出中间品,中国经济与世界经济一同进入繁荣阶段。2008 年爆发的全球金融危机使得全球大范围国家经济低迷,生产与需求大幅减少,其他国家对中国出口中间品的需求锐减,导致中国全球价值链经济前向参与度持续下降。相对于发达国家而言,中国经济国家管控程度较强,并未完全开放资本与金融市场,受经济危机影响较小,中国对进口中间品市场需求大且较为稳定,因此经济后向参与度总体波动幅度不大,在2008—2009年呈现短暂下降。2011年后,《关于促进加工贸易转型升级的指导意见》出台,国内加工贸易技术含量和附加值增大,对国外进口增加值形成很强的替代性,因此2011—2014年全球价值链经济后向参与度一直下降。将前向与后向参与度结合来看,中国全球价值链参与度受前向参与度影响较大,总体以2007年为分界线,形成先增大后减小的变动趋势。中国全球价值链经济嵌入位置变化大致可以分为四个阶段:2000—2004年下降,2005—2007年上升,2008—2012年下降,2012—2014年又上升。在中国加入WTO初期,中国与发达国家技术差距较大,出口中间品蕴含的附加值与技术含量较低,全球价值链位置下降。随着中国全球价值链参与度加深,规模经济与技术溢出提高了中国出口技术水平,使中国全球价值链经济位置提升,但受全球金融危机影响,2008—2012年其嵌入位置指数又下降,在2012年后得以复苏。

二、影响与机制检验

全球价值链经济嵌入位置差异可能对能源偏向型技术进步产生异质性作用,为检验全球价值链经济嵌入位置对技术进步方向的影响并探究其作用机制,本章将计量模型设定如下:

$$tb=\alpha_0+\alpha_1 Pos\_Koopman+\alpha_i X+\varepsilon \tag{5.6}$$

$$tb=\alpha_0+\alpha_1 Pos\_Koopman+\alpha_2 M+\alpha_3 Pos\_Koopman\cdot M+\alpha_i X+\varepsilon \tag{5.7}$$

其中,tb为中国技术进步能源偏向性指数,由上文计算方法算得;$Pos_Koopman$为中国价值链经济嵌入位置;M为中国全球价值链经济嵌入位置对能源偏向型技术进步的作用机制,包括市场规模效应和技术进步效应,前者用国内生产总值表示,后者用全要素生产率表示;X为控制变量,包括经济规模y、能源投入e、研发水平rd、外商投资水平fdi和市场化水

平 *mark*，分别使用国内生产总值、能源消费金额、R&D 从业人员数、外商直接投资额与市场化指数表示。数据来源于《中国能源统计年鉴》《中国人口和就业统计年鉴》与《中国统计年鉴》等。本章选取 2001—2015 年数据，为避免时间序列数据可能存在的自相关，使用 OLS 方法和 Praise-Winsten AR(1)方法进行回归。回归结果见表 5.29。

表 5.29 模型 1—2 显示，全球价值链嵌入经济位置提升促使中国技术进步向能源节约方向发展。近年来，中国在智能手机、太阳能光伏产业等高技术附加值行业迅猛发展，技术研发自主性增强，降低了对能源要素依赖性，逐渐实现对能源“脱钩”，技术进步偏向非能源方向。模型 3—4 中经济规模 y 系数为负，经济规模 y 越大，企业有更多利润与资本考虑长远发展，注重研发应用节能技术，技术进步越偏向节能方向。但 y 与全球价值链嵌入经济位置交互项系数 $y \cdot Pos\_Koopman$ 系数为正，究其原因，中国在全球价值链中仍出口大量高能耗与低附加值中间品，能源密集产品更具比较优势，全球价值链经济位置攀升引起的市场规模效应使得技术进步偏向能源使用方向。模型 5—6 中全要素生产率 tfp 系数为正，而与全球价值链嵌入经济位置交互项 $tfp \cdot Pos\_Koopman$ 系数为负，表明在中国当前技术进步方向逐渐偏向于能源使用趋势下，全球价值链嵌入位置的提升有助于中国技术转型升级，中国在全球价值链中通过主动与被动方式获取发达国家先进能源节约技术，促进技术进步偏向非能源要素，具有技术进步效应。因此，全球价值链经济嵌入位置提升对节能技术发展具有负向的市场规模效应与正向的技术进步效应。能源投入 e 越多，技术进步越偏向使用能源。节能技术相对于能源偏向技术的研发难度更高，对研发机构与人员的要求也更高，因此研发水平 rd 越高，技术越偏向节能。外商直接投资 fdi 与市场化程度 *mark* 使技术进步偏向能源使用，可能由于发达国家通过跨国公司等外商直接投资方式将能源使用工序转移至中国，在现有技术水平下，能源使用型技术市场利润更高，因此市场化程度加大促进了能源偏向型技术发展。

表 5.29　全球价值链经济嵌入位置对能源偏向型技术进步影响及作用机制

模型方法	模型 1 OLS	模型 2 PW	模型 3 OLS	模型 4 PW	模型 5 OLS	模型 6 PW
Pos_Koopman	−0.119 3**	−0.123 4**	−0.390 0**	−0.393 5***	−0.075 8*	−0.081 8***
	(0.041 1)	(0.038 4)	(0.119 8)	(0.073 1)	(0.032 0)	(0.017 8)
y · *Pos_Koopman*			3.243 8*	3.120 6***		
			(1.380 9)	(0.823 3)		
tfp					3.855 8	4.136 6**
					(2.238 6)	(1.263 7)
tfp · *Pos_Koopman*					−1.206 5*	−1.258 2***
					(0.544 6)	(0.291 9)
y	−0.595 5***	−0.595 9***	−1.632 1***	−1.601 5***	−0.506 7**	−0.474 2***
	(0.145 8)	(0.081 9)	(0.456 4)	(0.277 5)	(0.143 8)	(0.071 1)
e	0.176 5	0.169 7*	0.147 9	0.127 8*	0.146 7	0.101 1*
	(0.109 4)	(0.086 6)	(0.088 3)	(0.062 1)	(0.085 3)	(0.049 2)
rd	−1.010 1**	−1.014 4**	−1.134 6**	−1.198 2**	−0.954 4**	−0.906 8*
	(0.429 9)	(0.334 3)	(0.347 8)	(0.417 4)	(0.317 1)	(0.385 8)
fdi	0.389 2**	0.406 3**	0.354 6**	0.401 1***	0.360 4**	0.425 1***
	(0.157 5)	(0.156 0)	(0.126 8)	(0.098 1)	(0.115 0)	(0.079 0)
mark	0.317 0***	0.319 5***	0.282 4***	0.297 6***	0.244 0***	0.257 4***
	(0.054 1)	(0.042 5)	(0.045 7)	(0.030 8)	(0.050 5)	(0.038 0)
Constant	−0.155 4***	−0.156 7***	−0.037 3	−0.046	−0.130 5***	−0.143 2***
	(0.026 9)	(0.018 7)	(0.054 7)	(0.033 9)	(0.023 3)	(0.013 4)
Adj R-squared	0.912 7		0.944 2	0.969 7	0.957 1	0.984 1
F	25.40	43.56	34.86	64.91	40.07	109.5
Root MSE	0.004 3	0.004 3	0.003 4	0.002 8	0.003 0	0.002 2
Observations	15	15	15	15	15	15

注:括号内为标准差,***、**、*分别表示在1%、5%和10%的显著性水平下显著。

三、主要启示

研究结果表明,第一,总体而言中国的全球价值链经济位置大致处于上游位置,全球价值链经济位置指数具有明显阶段性特征,在加入 WTO 初期,中国与发达国家技术差距较大,出口中间品蕴含的附加值与技术含量较低,全球价值链经济嵌入位置下降,随着参与全球价值链深度加深,中国出口技术水平与全球价值链经济嵌入位置得到提升,但受全球金融危机影响,2008—2012 年经济嵌入位置指数又下降,在 2012 年后得以复苏。第二,全球价值链经济嵌入位置提升有利于中国技术进步偏向能源节约方向,促进节能技术发展。中国嵌入全球价值链过程中面临中间品国际卖家与买家的双向要求,与价值链中其他国家形成竞争协作双重关系,贸易与生产伙伴国先进节能技术通过产业链溢出至国内相关行业,同质竞争国又赋予国内机构节能技术研发压力,促进中国节能技术发展。第三,在现阶段中国出口中间品能源含量较高条件下,全球价值链经济嵌入位置提升引起的市场规模效应使技术进步方向偏向能源使用,而技术进步效应有利于中国主动获取或吸收技术先进国家沿价值链溢出的能源节约型技术进步。

主要启示有三点。第一,加强与世界各国生产合作,增强全球价值链经济嵌入深度与广度。全球价值链经济嵌入位置提升有助于中国技术进步转向能源节约方向,实现技术升级与产业结构优化,逐步完成经济增长与能源消耗的“脱钩”。尤其在当前智能革命浪潮下,应利用中国人工智能迅猛的发展势头及锋而试,在新一轮全球产业分工中占据有利形势,向价值链更高端位置攀升,营造出良好的国际技术溢出环境,形成技术升级与价值链攀升的良性循环。第二,营造有利于技术获取及消化吸收的政策环境与市场环境。全球价值链是重要的技术溢出渠道,国际任务分工中的任一环节都可能发生技术溢出及技术进步方向的传递。政府应制定激励企业消化吸收所引进技术的财税政策,促进企业根据自身生产条件与预算约束进行技术的适宜性改良，加速科技成果转化；并建立良好的融资机制，积极引进外商投资与鼓励国际研发合作从而丰富技术溢出渠道；同时注重建立公平竞争的市场环境，引导企业立足于长远发展将相当的生产利润投入于技术升级与生产结构优化，而不是追逐短期利益进行简单的规模扩张。第三，重视研发资本培育与提高研发人员积极性。一般而言，非能源偏向型技术进步对研发水平的要求高于能源偏向型技术进步，一国研发水平越高，则技术研发方向越偏向非能源要素，表 5.29 中 *rd* 回归系数显著为负也证明了这一点。由于科研活动的灵活性和独立性，提高中国科技创新水平应尤其重视科研人员的创新积极性。当前中国科研环境并不完善，存在一些诸如科研经费投入不足、科研绩效评价体系僵化与科研人员工资扭曲等问题。应对科研人员在创新产出中的边际贡献给予充分肯定，加大科研经费投入，尤其注重为能源密集型行业配备足够科研资金与人员，帮助其技术转型，并提高科研绩效评定的灵活性与多样性，激发创新潜力。

第五节　本章小结

在中国及世界范围内能源紧缺形势下，中国能源效率不足，大量增长的能源使用和消费不仅增大了资源枯竭压力，还会引起一系列环境问题，如何在保持一定经济增速的同时，大幅提升能源效率，争取能源消费的零增长甚至负增长，是新常态下中国工业生产所面临的重要议题。技术进步是实现能源效率的提升与经济长期增长的关键，生产企业对技术进步方向的选择至关重要，节能型技术进步可以在提升能源效率的同时实现产量增长，而耗能型技术进步发展却以增加能源要素投入为代价。中国自 20 世纪 90 年代起积极融入全球价值生产中，越来越处于全球价值链在亚洲市场中的核心位置，在全球价值链中位置演变会对中国能源偏向型技术进步产生影响。

中国工业全球价值链嵌入位置与技术进步能源偏向性指数呈现出倒U型曲线关系，当行业在全球价值链相对低端位置时，其沿全球价值链向高端位置攀升的过程，会引起技术进步方向偏向耗能方向，只有当行业在全球价值链中嵌入位置进入拐点右侧，其位置攀升才会促进节能型技术进步发展。中国工业行业中，只有(17)交通运输设备制造业和(7)石油加工、炼焦和核燃料加工业的全球价值链嵌入位置指数处于二次曲线拐点的右侧，绝大多数行业都未突破二次曲线临界值，处于能耗型技术进步发展阶段。在技术进步能源偏向性指数的不同分位上，全球价值链嵌入位置作用效果具有较大差异，当技术进步能源偏向性较低时，表明中国工业技术进步水平已达到相当高的程度，工业生产所使用的技术大体上为清洁和节能的绿色生产技术，属于技术领先国，在国际分工中占据优势的产品多为科技与资本密集型产品，参与全球价值链不再影响中国技术进步方向；当能源偏向性指数位于中分位时，全球价值链嵌入位置对中国技术进步方向的作用最大，此时中国工业在国际分工中依靠出口能源密集型中间产品攫取世界市场份额，提升全球价值链嵌入位置使技术进步方向偏向耗能；当能源偏向性指数位于高分位时，全球价值链嵌入位置演变对耗能型技术进步促进作用弱于中分位。中国工业参与简单全球价值链生产与复杂全球价值链生产，均承担大量对能源依赖性较大的生产环节，相对清洁节能且对生产技术水平要求较高的生产环节仍然被发达国家所占据，简单全球价值链嵌入相对复杂嵌入来说，对能耗型技术进步的促进作用更大。

中国工业各行业嵌入全球价值链的嵌入方式、嵌入市场及其行业本身技术水平的异质性均会引起技术进步方向产生不同变化规律。对于前向全球价值链嵌入方式，简单嵌入促进耗能技术进步发展，而复杂嵌入促进节能技术发展，后向全球价值链嵌入方式具有相反结果。虽然中国工业在北美市场价值链中嵌入位置变化有助于节能技术发展，但由于大多数行业与美国技术差距较大，且美国对于技术专利保护较为严格，北美市场中价值链嵌入对中国技术进步方向作用不明显。对于亚洲市场与“一带一路”沿线市场，中国主要通过简单嵌入方式进行国际分工合作，主要使用能耗型技术进步，对“一带一路”沿线国家的基础设施建设投资也消耗了大量能源，促进了能耗型技术发展。资源型行业在全球价值链中位置攀升引起技术进步偏向耗能方向，而低技术型行业、中技术型行业与高技术型行业均引起技术进步偏向节能方向。资源型行业一般处于全球价值链的中上游位置，位于“微笑曲线”的左侧，其在全球价值链中嵌入位置上升将更加靠近初始产品即原材料投入一侧，导致技术进步方向偏向耗能。对于低技术、中技术与高技术行业来说，其沿全球价值链向高端位置攀升意味着企业生产更多依赖于资源要素与知识要素和信息要素等新型生产要素，有助于中国工业技术进步向节能方向发展。

企业对内涵或外延式生产方式的选择、外部环境规制强度的大小和中央与地方的政策导向均会影响中国工业技术进步方向的变动规律。在内涵型生产方式下，生产企业积极寻求技术突破，在参与全球价值生产过程中，通过多种途径实现自身节能技术提升；而在外延型生产方式下，企业在全球价值链中经常主动或被动选择耗能型生产任务，利用能源要素的大量投入来实现价值生产，在全球价值链中位置攀升也是依靠大量投入能源要素实现产品附加值的提高，技术进步方向偏向耗能。环境规制强度只有在合理范围内才会促进生产企业研发或者引进节能技术，当环境规制强度过于低时，对企业节能生产的约束力不足，企业没有足够动力更新生产技术、更换机器设备并培养与节能型机器相匹配的劳动力；高环境规制强度下，环境规制引起生产成本增长幅度过大，在企业成功转换生产技术之前，只能在原有耗能型生产方式下扩大生产规模以弥补成本损失；中等强度的环境规制对节能型技术进步发展促进作用最优。与中央官员相比，地方官员的环保意识相对偏弱，在工作过程中更多考虑当地短期经济效益，在生产过程中依旧遵循传统能源消耗较大的生产方式，对于节能技术研发投入较少。因此，中央政策导向促进节能技术进步，而执行中的地方政策可能促进耗能技术进步。

第六章
作用机制检验

前文分析可知，中国工业沿全球价值链向上游位置攀升并不总能促进节能技术发展，全球价值链嵌入位置与技术进步能源偏向性呈现出倒U型曲线关系，即与节能型技术进步呈现出类似“微笑曲线”的关系，当某部门处于全球价值链低端位置时，全球价值链嵌入位置的提升抑制了节能技术发展，使得技术进步偏向耗能方向，而当全球价值链嵌入位置跨越拐点，进入“微笑曲线”右侧部分，则全球价值链嵌入位置的提升促进了节能技术发展，使得技术进步偏向节能方向。全球价值链嵌入位置演变的作用机制是什么？为何在不同全球价值链嵌入位置上，其对技术进步方向的作用相反？对于异质性行业，全球价值链嵌入的作用机制是否发挥异质性效果？在不同内部与外部条件下，全球价值链嵌入位置对技术进步方向的各种作用机制有何差异？细化与深化研究全球价值链嵌入位置演变对能源偏向型技术进步的影响需要回答上述问题。

全球价值链嵌入位置演变对能源偏向型技术进步可能存在多种作用机制，在参与全球价值生产过程中，技术溢出效应、市场竞争效应、路径依赖效应与污染转移效应都会使得中国工业技术进步方向在不同程度上偏向耗能或节能，各种作用机制的强度与作用方向差异决定了中国工业技术进步能源偏向性在不同条件下呈现出不同特征。参与全球价值链会通过技术溢出效应改变中国工业技术进步能源偏向性。在全球价值生产中除中间品的流入流出外，各国有更多机会进行技术交流，学习他国先进的节能型技术进步，促进技术进步偏向节能方向。参与全球价值链会通过市场竞争效应改变中国工业技术进步能源偏向性。行业参与全球价值链相当于进入更广阔的商品与服务市场，在沿全球价值链向上游攀升过程中，与该行业竞争的产品质量越加优良，市场对产品质量、生产技术效率与产品能耗程度要求越加严格，迫使全球价值链参与企业投入能源利用率更高的节能技术，促进技术进步偏向节能方向。参与全球价值链会通过路径依赖效应改变中国工业技术进步能源偏向性，中国长期依靠大量投入能源与劳动要素的方式参与国际分工，并在原本技术进步路径上继续自我强化与路径锁定，在全球价值生产中承担能耗型生产任务，促进技术进步偏向耗能方向。从“制造大国”到“制造强国”的转变需要突破技术进步的路径依赖，发展节能技术进步。参与全球价值链会通过污染转移效应改变中国工业技术进步能源偏向性。后发国家在国际分工中，迫于经济发展的巨大压力与本国高端科技薄弱的现状，在全球价值生产中会主动或被动选择需要大量投入能源等资源的生产任务，先发国家根据本国丰裕资本与先进技术，在国际分工中从事价值增值较大且盈利性强的生产任务，而将污染性和能耗性生产工序交至后发国家进行，实现污染生产从先发国家向后发国家的转移，导致后发国家技术进步偏向耗能方向。

中国工业各行业技术进步能源偏向特征是技术溢出效应、市场竞争效应、路径依赖效应与污染转移效应四种作用机制的最终结果，各种作用机制对技术进步能源偏向属性的拉动方向不同，四种作用机制相互抗衡，相互制约，共同决定中国工业技术进步方向。全球价值链嵌入位置对技术进步方向的作用效果在不同嵌入方式与嵌入方向下有差异，在不同企业生产方式与不同政策导向下，各作用机制的作用强度也有较大差别，导致行业在不同条件下技术进步变动方向与变化大小不一。为细化与深化研究全球价值链嵌入位置对技术进步能源偏向性作用机理，本章分别考察不同条件下四种影响机制的作用规律。

第一节 技术溢出效应

除本国要素禀赋结构与自主研发方向以外,参与全球价值链也会对一国技术进步能源偏向性产生影响。全球价值生产是重要的技术溢出方式,随着全球价值链条中上下游国家联系加强,技术进步的能源偏向属性也会沿全球价值链进行传递。参与全球价值链过程中,各国基于成本—利润考量,进口价格更低、质量更好和技术含量更高的国外中间品来投入生产,物化于进口中间品中的技术进步及其能源偏向属性会产生技术溢出效应。技术溢出效应对技术进步能源偏向性的影响体现在两个方面。第一,体现为“干中学”效应。国内企业使用进口中间品作为投入品进行生产,向中间品中注入本国增加值,再将产成品销往国外,形成完整的生产链条。随着一国沿全球价值链向高端位置攀升,其在全球价值链中位置发生变化,所承担的国际分工任务内容相应改变,因此所进口的中间品其种类、技术含量、使用条件也有所不同。在对进口中间品进行加工过程中,国内加工人员不断积累与更新生产技术,提高生产技能,形成“干中学”效应,技术进步及其能源偏向属性也会发生变化,国内技术进步能源偏向性发生改变。第二,对进口中间品进行“逆工程化”生产也可以实现技术溢出。国内企业进口的中间品不止可以直接参与国内加工流转和价值增值,还可以被拆分、测绘和重造,将中间品的生产过程进行还原,通过“逆工程化”的方式掌握进口中间品的生产技术,从而改变国内技术进步方向。值得一提的是,全球价值链位置攀升引起的技术溢出效应不止发生在本企业内,还会对关联企业与竞争企业的技术进步方向产生影响。上下游企业与同行业竞争企业可以通过专家服务、人员培训、技术信息传播与技术工人流动进行技术交流与学习,掌握进口企业的新技术,从而产生行业内与行业间的技术溢出效应,改变本行业与上下关联行业技术进步能源偏向性。

全球价值链嵌入的技术溢出效应在不同嵌入方式与嵌入方向下有差异，在不同企业生产方式与不同政策导向下，其作用强度也有较大差别。为细化与深化研究全球价值链嵌入位置演变过程中技术溢出效应的作用规律，本章设定计量模型进行研究。

一、技术溢出效应的实证检验

为检验全球价值链嵌入位置对中国工业能源偏向型技术进步的作用机制，本章使用中介效应模型对技术溢出效应进行检验。中介效应模型优化了传统计量模型对自变量 X 与因变量 Y 的直接“因果链”的作用方式，加入了中介变量这种间接作用方式来对自变量与因变量的关系进行说明。一般使用如下方程表示中介效应模型中自变量、中介变量与因变量间作用关系：

$$Y=cX+e_1 \tag{6.1}$$

$$M=aX+e_2 \tag{6.2}$$

$$Y=c'X+bM+e_3 \tag{6.3}$$

中介效应的前提是自变量 X 与因变量 Y 具有显著的相关关系，通常对于中介效应的检验步骤如下。(1)检验方程(6.1)中自变量 X 系数 c 的显著性，如果 c 不显著，表明 X 与 Y 之间不具有因果关系，检验终止；若 c 显著，继续进行第二步。(2)检验方程(6.2)中自变量 X 系数 a 与方程(6.3)内中介变量 M 系数 b 的显著性，若均显著，继续进行第三步；若二者之间有一个系数不显著，则需进行 Bootstrap 法对间接效应进行检验，若检验结果显著，继续进行第三步。(3)当 ab 与 c 同号时，检验方程(6.3)中自变量 X 系数 c' 的显著性，如果 c' 显著，则表明自变量 X 对因变量 Y 既存在直接效应，也存在间接效应，称为存在部分中介效应，如果 c' 不显著，则表明自变量 X 对因变量 Y 只存在间接效应，称为完全中介效应；当 ab 与 c 异号时，则表明自变

量 X 对因变量 Y 存在遮掩效应。

将全球价值链嵌入位置与技术进步能源偏向性的中介效应模型设定为：

$$tb=\alpha_0+\alpha_1\times position+\alpha_i\times X+\varepsilon \tag{6.4}$$

$$tech=\beta_0+\beta_1\times position+\beta_i\times X+\mu \tag{6.5}$$

$$tb=\gamma_0+\gamma_1\times position+\gamma_2\times tech+\gamma_i\times X+e \tag{6.6}$$

其中，变量 *tech* 为技术溢出，表示全球价值链嵌入位置对中国工业技术进步能源偏向性的技术溢出效应，即中国工业在参加全球价值链或沿全球价值链向高端位置攀升过程中，价值链中上下游国家先进技术通过全球价值链传导至中国，引起中国生产技术的提升，使用涉及劳动、资本与能源三要素的全要素生产率来表征。计算技术溢出变量所涉及数据来源于《中国统计年鉴》《中国能源统计年鉴》与《中国工业经济统计年鉴》。技术溢出作为全球价值链嵌入位置对中国工业技术进步能源偏向性的中介效应结果见表 6.1：

表 6.1　全球价值链嵌入的技术溢出效应

解释变量	模型 1 *tb*		模型 2 *tech*		模型 3 *tb*	
position	0.088 2***	(0.000 4)	0.259 6***	(0.010 4)	0.083 6***	(0.000 7)
tech					−0.019 1***	(0.000 1)
e	1.471 2***	(0.025 9)	8.899 4***	(0.305 3)	1.624 3***	(0.040 9)
rd	0.715 4***	(0.071 5)	177.166 9***	(4.018 0)	4.143 0***	(0.106 1)
id	−1.099 5***	(0.006 3)	36.636 5***	(0.245 3)	−0.395 4***	(0.009 0)
fdi	0.212 7***	(0.004 1)	8.463 3***	(0.184 5)	0.371 7***	(0.011 3)
Constant	−0.129 4***	(0.000 4)	6.202 0***	(0.016 5)	−0.011 3***	(0.000 9)
R2	0.235 4		0.792 6		0.268 7	
Wald	20.04		642.77		33.68	
样本数	300		300		300	
行业数	20		20		20	

注：括号中数据为标准误，***、**、*分别表示在 1%、5%、10%的显著性水平下显著。

由表 6.1 可以看出,模型 1 中 *position* 系数显著为正,模型 2 中 *position* 对技术溢出 *tech* 作用系数显著为正,模型 3 中 *position* 与技术溢出 *tech* 作用系数均在 1%显著性水平下显著,*position* 系数为正,而技术溢出 *tech* 作用系数为负,技术溢出的遮掩效应成立,全球价值链嵌入位置提升可以通过促进技术溢出从而使中国工业技术进步偏向节能方向。上述中介效应系数与经济事实相符,表明中国工业在全球价值链中位置提升有助于技术先进国向中国工业的技术溢出,从而拉动中国工业技术进步偏向节能方向。在参与全球价值生产过程中,中间品贸易一直是重要的技术溢出渠道。中间品中蕴含着大量由技术领先国自主创新所建立的先进技术,全球价值链中上下游国家与部门在国际分工与中间品生产过程中将本国技术进步物化于所产出的中间品中,通过中间品贸易实现充分的技术交流与技术传递。值得一提的是,各国各部门在学习和模仿蕴含于中间品中先进节能技术的同时,还可以将所获得的先进技术通过国内商品流通或国内产业链融合的方式,将全球价值链传递进来的技术再向国内扩散,促进国内技术模仿与技术创新,从而提升国内生产的能源使用效率,缓解能源危机并改善环境问题。对于其他控制变量,能源投入 *e* 的加大在三个模型中均显著为正,能源投入促进技术进步向耗能方向转变,同时促进发达国家的节能技术溢出。现阶段自主研发投入 *rd* 仍偏向耗能方向,同时研发投入的加大有助于提升中国技术吸收能力,促进技术溢出。行业发展水平 *id* 的提升有助于节能技术发展,并且促进国外技术向国内溢出。外商直接投资 *fdi* 的提高有助于技术顺利溢出,但促进技术进步偏向耗能方向。

全球价值链位置演进可能通过多种方式实现先进节能技术从技术领先国向中国的溢出。第一,中国工业在全球价值链中位置演进可以促进中国生产效率的提升。通过进口发达国家科技含量较高且能耗较少的中间品与生产设备,中国技术效率得以提升,不仅可以学习蕴含于进口中间品中的节能技术,也可以将生产效率提升所获得的多余利润投入国内科技创新与技术研发项目,促进中国工业节能技术发展。第二,在参与全球价值生产过程中的“干中学”效应会促进技术溢出。一般而言,发达国家在全球价值生产中负责创新性更强的技术研发与设计生产工序,且发达国家的环保意识与节能意识较强,在产品设计与开发的过程中会考虑到后续生产中的耗能情况,在可承受限度内尽量使用节能技术。在全球价值生产中,发展中国家一般承接加工组装等附加值较低的生产工序,在对中间品进行加工和组装过程中,发展中国家相关从业人员可以学习蕴含于进口零件、生产设备等中间品中的物化型节能技术,促进国内节能技术提升。第三,全球价值生产会促进国内企业的技术模仿幅度。国内企业加入全球价值链中,接触大量进口节能型中间品与生产设备,逐渐与国际市场接轨。对于技术创新方式而言,模仿创新与自主创新相比,具有研发投入成本与试错成本低廉的优势,大大节约了国内研发成本。全球价值生产使中国企业得以接触更多质量更高、能耗更小的产品与技术,促进国内企业模仿性创新,使中国技术进步偏向节能方向。第四,虽然技术领先国一般具有较严格的技术专利保护政策,但是在全球价值生产过程中,上下产业链生产在不同的国别进行。为了实现最终产品与相关中间品的顺利完成,需要不同国家上下游部门进行充分交流,技术先进国需要向其上下游国家进行产品生产流程演示,并进行必要的人员培训工作,将产品生产要求、技术诀窍与设备使用方法通过培训与交流进行传播,以保证最终品质量与性能良好。在技术交流与人员培训过程中,发达国家先进的节能技术会传递至发展中国家,促使发展中国家技术进步偏向节能方向。

二、溢出效应的异质性分析

(一) 不同嵌入复杂度下全球价值链嵌入位置技术溢出效应的异质性检验

嵌入全球价值链的方式有嵌入简单全球价值链与嵌入复杂全球价值链之分,前文已有表述。一般而言,对于技术复杂度要求较高的产品,其生产链条较长，生产链条中的产品设计、制造生产、加工组装与售后营销的各个环节可能分散在不同国家的不同部门进行，其生产过程大多通过复杂全球价值链进行，如苹果手机的生产涉及全球31个国家，其产品设计、各种零部件供应、组装加工与售后服务均在不同国家完成。而一些科技含量不高，仅通过大量提供原材料即可完成的产品则生产链条较短，生产过程大多通过简单全球价值链进行，如美国建筑物的建造过程中会大量进口中国的粗钢。中国工业嵌入简单全球价值链与复杂全球价值链对技术溢出效应的作用不同，进而对行业技术进步能源偏向性产生不同的影响。简单全球价值生产所涉及的生产技术多为能耗较大、技术含量不高和过于依赖要素投入的技术，因此参与简单全球价值生产会抑制技术溢出，仅靠大量投入生产要素即可完成国际分工要求，促进国内多使用耗能型技术进步；而复杂全球价值链的生产链条较长，对产品生产技术的科技含量、节能性与环保性要求较高，因此通过复杂全球价值链传递的技术多为节能型技术进步，促进国内技术进步方向偏向节能。

为研究中国工业嵌入简单全球价值链与复杂全球价值链的情况下的技术溢出效应，本节使用中介效应模型进行考察，中介效应模型的回归结果如表6.2所示。其中，*ps* 指中国工业各行业在简单全球价值链中嵌入位置，*pc* 指中国工业各行业在复杂全球价值链中嵌入位置。

由表6.2结果可知，模型1中 *ps* 系数显著为正，模型2中 *ps* 对技术溢出 *tech* 作用系数显著为负，模型3中 *ps* 与技术溢出 *tech* 作用系数均在1%显著性水平下显著，*ps* 系数为正，而技术溢出 *tech* 作用系数为负，简单全球价值链抑制技术溢出的部分中介效应成立，即简单全球价值链嵌入位置提升可以通过抑制技术溢出来使中国工业技术进步偏向耗能方向。模型4中 *pc* 系数显著为正，模型5中 *pc* 对技术溢出 *tech* 作用系数显著为正，模型6中 *pc* 与技术溢出 *tech* 作用系数均在1%显著性水平下显著，*pc* 系数为正，而技术溢出 *tech* 作用系数为负，复杂全球价值链促进技术溢出的遮掩效应成立，即复杂全球价值链嵌入位置提升可以通过促进技术溢出从而使中国

表 6.2　全球价值链嵌入位置技术溢出效应的异质性检验：不同嵌入复杂度

解释变量	简单全球价值链嵌入			复杂全球价值链嵌入		
	模型 1 *tb*	模型 2 *tech*	模型 3 *tb*	模型 4 *tb*	模型 5 *tech*	模型 6 *tb*
ps	0.144 9***	−0.636 4***	0.134 5***			
	(0.000 5)	(0.019 9)	(0.001 3)			
pc				0.128 2***	0.562 9***	0.115 2***
				(0.001 1)	(0.035 8)	(0.001 7)
tech			−0.016 6***			−0.020 0***
			(0.000 2)			(0.000 2)
e	0.488 9***	14.556 8***	0.724 5***	1.522 0***	10.003 3***	1.715 8***
	(0.028 5)	(0.285 6)	(0.042 2)	(0.029 0)	(0.327 4)	(0.050 2)
rd	6.256 7***	154.737 5***	8.900 2***	7.208 1***	151.247 7***	10.079 7***
	(0.166 6)	(3.837 5)	(0.205 9)	(0.139 9)	(3.843 0)	(0.223 5)
id	−1.042 2***	36.228 9***	−0.438 3***	−1.213 7***	36.916 5***	−0.461 4***
	(0.009 8)	(0.211 4)	(0.010 2)	(0.010 4)	(0.215 1)	(0.016 3)
fdi	0.498 1***	7.496 6***	0.620 8***	0.603 7***	6.908 8***	0.736 8***
	(0.007 5)	(0.164 9)	(0.015 2)	(0.019 8)	(0.168 3)	(0.018 0)
Constant	−0.185 1***	6.564 3***	−0.076 3***	−0.173 9***	6.518 2***	−0.042 0***
	(0.000 4)	(0.026 7)	(0.001 6)	(0.001 1)	(0.032 4)	(0.002 2)
R2	0.275 6	0.800 1	0.297 4	0.177 2	0.793 0	0.187 9
Wald	31.01	622.00	42.22	16.66	648.81	30.21
样本数	300	300	300	300	300	300
行业数	20	20	20	20	20	20

注：括号中数据为标准误，***、**、*分别表示在1%、5%、10%的显著性水平下显著。

工业技术进步偏向节能方向。上述回归系数与经济事实相符，简单全球价值生产所涉及技术多为能耗型技术进步，中国工业通过参与简单全球价值链而实现国际份额的提升，说明在生产中依靠本国能源要素丰裕的资源禀赋，大量投入能源来实现中间品出口总量的提升，反而会促进国内粗放型生产方式，抑制国内技术创新，对传统能耗型技术形成依赖，抑制先进技术的溢出，导致技术进步向耗能方向转变。在复杂全球价值链生产中，其所涉及技术多为清洁型与节能型技术，先进的节能技术会通过多种途径传递到国内。复杂全球价值生产设计技术对与之匹配的劳动力技能要求较高，因此具有先进节能技术的上下游国家会通过产品演示与人员培训实现节能技术的溢出，且蕴含于进出口中间品中的物化型节能技术也可通过复杂全球价值链进行溢出。

（二）不同嵌入方向下全球价值链嵌入位置技术溢出效应的异质性检验

嵌入全球价值链的方向有全球价值链的前向嵌入与后向嵌入之分，全球价值链前向嵌入是指在中间品生产并出口到他国后，他国将中间品作为继续加工生产的投入部分从而形成一种产业关联。中间品生产任务越处于全球价值链的上游，其前向嵌入度越高。后向关联是指中间品生产过程中需要向他国进口投入品而形成的产业关联。中间品生产任务越处于全球价值链的下游，其后向嵌入度越高。全球价值链的不同嵌入方向可能产生完全不同的结果，一般而言，全球价值链越靠近上游位置，则其越接近要素初始投入生产工序，对于能源等生产要素的投入数量较大，而对生产要素的质量要求不高，因此，全球价值链的前向嵌入抑制了节能型技术进步的溢出。相反，全球价值链越靠近下游位置，所涉及的售后服务与品牌维护等工作需要较高的技术与管理水平，所涉及技术多为节能型技术进步，因此，全球价值链后向嵌入方向促进先进的节能技术的溢出。

为研究中国工业前向嵌入与后向嵌入全球价值链情况下的技术溢出效应，本节使用中介效应模型进行考察，中介效应模型的回归结果如表 6.3

表 6.3　全球价值链嵌入位置技术溢出效应的异质性检验:不同嵌入方向

解释变量	全球价值链前向嵌入			全球价值链后向嵌入		
	模型 1 *tb*	模型 2 *tech*	模型 3 *tb*	模型 4 *tb*	模型 5 *tech*	模型 6 *tb*
plv_gvc	0.012 8***	−0.038 5***	0.012 0***			
	(0.000 1)	(0.001 5)	(0.000 1)			
ply_gvc				0.004 9***	0.016 2***	0.005 3***
				(0.000 1)	(0.001 8)	(0.000 1)
tech			−0.020 3***			−0.020 0***
			(0.000 2)			(0.000 1)
e	2.070 2***	7.115 2***	2.209 1***	2.527 8***	6.904 8***	2.686 4***
	(0.024 9)	(0.295 6)	(0.046 3)	(0.022 7)	(0.281 2)	(0.025 7)
rd	0.885 8***	176.701 3***	4.506 7***	0.374 8***	169.192 3***	4.176 4***
	(0.104 3)	(3.941 8)	(0.170 0)	(0.063 4)	(3.671 0)	(0.135 8)
id	−1.249 3***	37.087 0***	−0.493 2***	−1.252 1***	36.879 8***	−0.420 1***
	(0.006 1)	(0.237 5)	(0.009 3)	(0.003 9)	(0.237 7)	(0.005 9)
fdi	0.371 3***	7.983 0***	0.537 0***	0.351 5***	7.761 8***	0.532 1***
	(0.006 8)	(0.183 8)	(0.010 1)	(0.008 4)	(0.175 8)	(0.011 0)
Constant	−0.109 0***	6.146 6***	0.015 4***	−0.072 4***	5.878 5***	0.059 5***
	(0.000 5)	(0.013 8)	(0.001 1)	(0.000 5)	(0.013 2)	(0.000 7)
R2	0.148 0	0.718 4	0.182 6	0.046 3	0.731 5	0.096 2
Wald	15.76	650.59	32.26	13.79	722.76	28.92
样本数	300	300	300	300	300	300
行业数	20	20	20	20	20	20

注:括号中数据为标准误,***、**、*分别表示在1%、5%、10%的显著性水平下显著。

所示。其中，plv_gvc 指中国工业各行业在全球价值链中前向嵌入的生产长度，表示全球价值链前向嵌入程度，ply_gvc 指中国工业各行业在全球价值链中后向嵌入的生产长度，表示全球价值链后向嵌入程度。

由表 6.3 结果可知，模型 1 中 plv_gvc 系数显著为正，模型 2 中 plv_gvc 对技术溢出 $tech$ 作用系数显著为负，模型 3 中 plv_gvc 与技术溢出 $tech$ 作用系数均在 1%显著性水平下显著，plv_gvc 系数为正，而技术溢出 $tech$ 作用系数为负，全球价值链前向嵌入抑制技术溢出的部分中介效应成立，即全球价值链前向嵌入抑制了先进技术溢出，使中国工业技术进步偏向耗能方向。模型 4 中 ply_gvc 系数显著为正，模型 5 中 ply_gvc 对技术溢出 $tech$ 作用系数显著为负，模型 6 中 ply_gvc 与技术溢出 $tech$ 作用系数均在 1%显著性水平下显著，ply_gvc 系数为正，而技术溢出 $tech$ 作用系数为负，全球价值链后向嵌入促进技术溢出的遮掩效应成立，即全球价值链后向嵌入可以通过促进技术溢出从而使中国工业技术进步偏向节能方向。中国工业在全球价值链中的前向嵌入使得国内承担了大量原材料与初级产品的生产工序，利用本国能源资源较为丰裕的要素禀赋优势，大量投入能源要素，仅进行一些简单的生产加工即可出口，造成对能源要素的过多依赖，助长了粗放型生产方式，加剧了中国能源与环境问题。全球价值链的后向嵌入涉及品牌维护与产品售后等工作，而在这些生产工序中，国内企业需要对优质品牌进行充分的了解，在与国外上游企业进行沟通与交流过程中，极大促进了先进节能技术向国内溢出，因此全球价值链后向嵌入具有正向的技术溢出效应，引起中国技术进步方向偏向节能。

三、技术溢出效应的条件分析

(一) 不同生产方式条件下全球价值链嵌入位置技术溢出效应的异质性检验

全球价值链位置演变的技术溢出效应在不同内部与外部条件下，所发挥的效应大小与方向可能产生差异。企业不同生产方式、环境规制政策强度与国内政策导向均会影响全球价值生产过程中技术溢出效果。为检验在不同内外部条件下，全球价值链嵌入位置演变的技术溢出效应，本章将企业生产方式分为内涵型生产方式与外延型生产方式，将环境规制强度分为低环境规制强度、中环境规制强度与高环境规制强度，将国内政策导向分为中央政策主导与地方政策主导，使用中介效应模型分别考察不同内部与外部条件下，全球价值链嵌入位置溢出效应的作用差异。

企业内涵型生产方式与外延型生产方式下，全球价值链嵌入位置的技术溢出效应作用差异的回归结果如表 6.4 所示。其中，*p_co* 表示内涵型生产方式，*p_epi* 表示外延型生产方式。

由表 6.4 回归结果可知，模型 1 中 *p_co* 系数显著为正，模型 2 中 *p_co* 对技术溢出 *tech* 作用系数显著为正，模型 3 中 *p_co* 与技术溢出 *tech* 作用系数均在 1%显著性水平下显著为负，即企业选择内涵型生产方式有助于全球价值链技术溢出的部分中介效应成立，使中国工业技术进步偏向节能方向。模型 4 中 *p_epi* 系数显著为正，模型 5 中 *p_epi* 对技术溢出 *tech* 作用系数显著为负，模型 6 中 *p_epi* 与技术溢出 *tech* 作用系数均在 1%显著性水平下显著，*p_epi* 系数为正，而技术溢出 *tech* 作用系数为负，外延型生产方式阻碍全球价值链技术溢出的部分中介效应成立，使中国工业技术进步偏向耗能方向。企业选择内涵型生产方式更有助于全球价值链的技术溢出效应，内涵型生产方式并不是简单地进行生产扩张，而是在提升生产效率和提高生产质量的前提下进行生产规模的扩大，因此，在内涵型生产方式下，企业不是用简单加大能源投入的方式进行再生产，而是通过不断提升能源使用效率、研发并使用节能型生产技术的方式不断提升产品质量，降低产品能耗，对先进节能技术的吸收意愿与吸收能力更强，有助于技术溢出的发挥。而在外延式生产方式下，企业依靠大量投入能源要素来扩大生产规模与产品产量，这种粗放型生产方式加大了对能源要素的依赖，阻碍了全球价值链的技术溢出。

表 6.4 全球价值链嵌入位置技术溢出效应的条件分析:不同生产方式

解释变量	内涵型生产方式			外延型生产方式		
	模型 1 *tb*	模型 2 *tech*	模型 3 *tb*	模型 4 *tb*	模型 5 *tech*	模型 6 *tb*
p_co	−0.328 7**	1.842 7***	−0.095 3***			
	(0.133 6)	(0.082 8)	(0.008 6)			
p_epi				0.098 8***	−0.237 0***	0.094 7***
				(0.001 2)	(0.019 8)	(0.001 8)
tech			−0.023 4***			−0.020 0***
			(0.001 5)			(0.000 3)
e	−15.687 8***	62.287 0***	1.165 9**	1.503 4***	−0.622 4	1.408 6***
	(4.506 9)	(5.666 6)	(0.561 3)	(0.039 0)	(0.479 7)	(0.066 7)
rd	0.155 9**	1.354 6***	0.187 9***	−0.069 8***	3.966 5***	0.009 2
	(0.073 8)	(0.107 4)	(0.013 2)	(0.004 7)	(0.148 5)	(0.007 6)
id	−1.875 3***	26.808 0***	−1.179 3***	−0.798 2***	31.286 1***	−0.172 7***
	(0.487 7)	(0.759 5)	(0.139 7)	(0.023 5)	(0.628 0)	(0.023 2)
fdi	−0.922 4	−2.165 7***	0.843 8***	0.503 3***	2.810 4***	0.549 1***
	(0.659 1)	(0.673 7)	(0.081 4)	(0.025 4)	(0.473 6)	(0.033 7)
Constant	0.296 0**	7.991 1***	0.161 3***	−0.155 7***	6.217 2***	−0.038 0***
	(0.124 6)	(0.052 5)	(0.012 8)	(0.001 0)	(0.025 4)	(0.002 1)
R2	0.504 6	0.953 3	0.521 7	0.065 9	0.876 5	0.105 2
Wald	87.40	543.01	92.21	5.87	306.75	14.25
样本数	150	150	150	150	150	150
行业数	10	10	10	10	10	10

注:括号中数据为标准误,***、**、*分别表示在1%、5%、10%的显著性水平下显著。

（二）不同环境规制强度下全球价值链嵌入位置技术溢出效应的异质性检验

环境规制不同强度对全球价值链的技术溢出效应具有差异性作用，环境规制强度并不总能促进节能技术的发展，也并不总能帮助企业从全球价值链中吸收先进节能技术。环境规制强度只有超过某一特定范围才会产生良好的效果，促进节能技术的吸收，帮助先进技术顺利流入国内。为研究低环境规制强度、中环境规制强度与高环境规制强度下，中国工业全球价值链位置的技术溢出效应差异，分别使用中介效应模型对三种环境规制强度下的技术溢出效应进行考察，中介效应模型的回归结果如表 6.5 所示。其中，*p_lreg* 指中国工业在低环境规制强度下，各行业全球价值链嵌入位置，*p_mreg* 指中国工业在中环境规制强度下，各行业全球价值链嵌入位置，*p_hreg* 指中国工业在高环境规制强度下，各行业全球价值链嵌入位置。

表 6.5　全球价值链嵌入位置技术溢出效应的条件分析：不同环境规制强度

解释变量	低环境规制强度					
	模型 1 *tb*		模型 2 *tech*		模型 3 *tb*	
p_lreg	0.110 7***	(0.002 0)	−2.917 2***	(0.049 1)	0.017 8***	(0.004 4)
tech					−0.030 7***	(0.001 1)
e	4.556 8***	(0.179 2)	128.315 4***	(8.964 5)	8.349 9***	(0.389 9)
rd	6.287 4***	(1.477 4)	−419.583 5***	(72.771 7)	−4.368 4***	(1.226 2)
id	−1.021 5***	(0.093 2)	91.356 1***	(3.696 4)	1.531 1***	(0.106 9)
fdi	−0.349 8***	(0.091 7)	17.611 7***	(2.939 7)	−0.214 3**	(0.101 3)
Constant	−0.147 8***	(0.002 0)	7.807 5***	(0.076 6)	0.099 0***	(0.010 2)
R2	0.614 9		0.959 6		0.677 4	
Wald	13.21		512.77		96.57	
样本数	105		105		105	
行业数	7		7		7	

续 表

解释变量	中环境规制强度					
	模型 4 tb		模型 5 tech		模型 6 tb	
p_mreg	0.056 1***	(0.007 9)	0.056 8**	(0.022 9)	0.048 8**	(0.021 1)
tech					−0.026 9***	(0.006 8)
e	−9.697 1***	(0.469 8)	−5.728 6	(4.751 4)	−11.521 7***	(1.281 8)
rd	−0.235 5***	(0.013 9)	1.625 9***	(0.140 9)	−0.241 9***	(0.036 5)
id	2.565 2***	(0.129 4)	27.582 9***	(0.944 0)	3.967 0***	(0.319 1)
fdi	1.445 4***	(0.101 6)	−12.314 8***	(1.065 7)	0.979 5***	(0.227 5)
Constant	−0.136 9***	(0.007 5)	6.638 4***	(0.058 7)	0.050 8	(0.050 9)
R2	0.701 2		0.974 1		0.683 9	
Wald	32.10		622.21		32.23	
样本数	105		105		105	
行业数	7		7		7	
解释变量	高环境规制强度					
	模型 7 tb		模型 8 tech		模型 9 tb	
p_hreg	0.114 6***	(0.010 4)	0.112 7***	(0.029 2)	0.120 5***	(0.010 3)
tech					−0.036 1***	(0.004 5)
e	3.298 4***	(0.215 7)	0.040 3	(0.567 9)	3.259 1***	(0.211 7)
rd	−0.401 1***	(0.032 9)	−0.493 7***	(0.103 3)	−0.429 3***	(0.035 3)
id	−2.055 5***	(0.050 7)	31.056 6***	(1.285 7)	−0.912 6***	(0.207 4)
fdi	−0.349 2	(0.233 4)	0.136 7	(0.330 6)	−0.258 2	(0.252 7)
Constant	−0.092 9***	(0.011 3)	6.721 3***	(0.063 4)	0.147 2***	(0.031 2)
R2	0.680 0		0.903 8		0.832 4	
Wald	39.88		726.92		61.38	
样本数	90		90		90	
行业数	6		6		6	

注:括号中数据为标准误,*** 、** 、* 分别表示在1%、5%、10%的显著性水平下显著。

由表6.5回归结果可知,模型1中 *p_lreg* 系数显著为正,模型2中 *p_lreg* 对技术溢出 *tech* 作用系数显著为负,模型3中 *p_lreg* 与技术溢出 *tech*

作用系数在1%显著性水平下分别显著为正与显著为负,在低环境规制强度下,全球价值链负向技术溢出效应的部分中介效应成立,使中国工业技术进步偏向耗能方向。模型4中 p_mreg 系数显著为正,模型5中 p_mreg 对技术溢出 *tech* 作用系数显著为正,模型6中 p_mreg 与技术溢出 *tech* 作用系数在1%显著性水平下分别显著为正与显著为负,在中环境规制强度下,全球价值链正向技术溢出效应的遮掩效应成立,使中国工业技术进步偏向节能方向。模型7—9中各变量系数与模型4—6中方向一致,但模型8中 p_hreg 系数大于模型5中 p_mreg 系数,表明在强环境规制条件下,更易促进全球价值生产过程中先进技术的溢出。实证结果显示,环境规制只有在满足一定强度之后,才会促进全球价值链的技术溢出效应。当环境规制强度较低时,其对生产企业不具有约束效应,企业进行耗能型生产方式不会受到严厉处罚,不具有更新节能技术的动力,因此,全球价值链嵌入位置提升不能促进节能技术溢出。当环境规制强度处于中等强度与高强度下,企业进行耗能型生产方式将会受到较高处罚,甚至面临关停风险,企业出于长远发展考量,会积极寻求与使用节能型生产技术,促进全球价值链的节能技术溢出,且环境规制强度越大,全球价值链的技术溢出效应越强。

(三)不同政策导向下全球价值链嵌入位置技术溢出效应的异质性检验

一般而言,地方政策与中央政策具有高度一致性,地方根据中央政策思想在地方将政策落实,但是地方可能由于能力限制,或出于对地方要素禀赋、生产条件、经济发展水平与技术吸收能力以及官员晋升的考量,在执行过程中出现与中央政策思想有所偏差的政策。为研究中央政策导向与地方政策导向下,中国工业全球价值链位置的技术溢出效应差异,本节使用中介效应模型对两种政策导向下的技术溢出效应进行考察,中介效应模型的回归结果如表6.6所示。其中,p_center 指中国工业在中央政策导向条件下,各行业全球价值链嵌入位置,p_local 指中国工业在地方政策导向条件下,各行业全球价值链嵌入位置。

表 6.6 全球价值链嵌入位置技术溢出效应的条件分析：不同政策导向

解释变量	中央政策导向			地方政策导向		
	模型 1 *tb*	模型 2 *tech*	模型 3 *tb*	模型 4 *tb*	模型 5 *tech*	模型 6 *tb*
p_center	−0.094 7***	−1.191 8***	−0.093 9***			
	(0.000 9)	(0.035 9)	(0.001 1)			
p_local				0.068 0***	0.302 7***	0.076 4***
				(0.001 4)	(0.023 1)	(0.003 5)
tech			0.000 6*			−0.029 7***
			(0.000 3)			(0.000 2)
e	3.897 6***	119.394 7***	3.843 5***	−0.004 9	17.986 2***	0.526 8***
	(0.140 0)	(3.097 3)	(0.139 7)	(0.029 8)	(0.630 3)	(0.020 9)
rd	0.280 0***	2.942 2***	0.278 8***	−0.122 9***	1.901 5***	−0.068 9***
	(0.007 6)	(0.144 5)	(0.007 5)	(0.003 5)	(0.076 5)	(0.003 2)
id	−3.399 9***	35.097 8***	−3.422 3***	−0.302 2***	30.215 8***	0.610 0***
	(0.044 4)	(0.742 6)	(0.046 8)	(0.012 5)	(0.538 2)	(0.010 9)
fdi	0.963 6***	−10.864 7***	0.964 7***	0.067 3***	17.071 2***	0.584 8***
	(0.035 1)	(0.836 0)	(0.035 7)	(0.012 5)	(0.518 8)	(0.020 9)
Constant	0.025 0***	6.911 2***	0.021 1***	−0.084 6***	5.496 5***	0.078 4***
	(0.000 8)	(0.024 1)	(0.002 4)	(0.001 5)	(0.027 1)	(0.003 7)
R2	0.517 9	0.867 4	0.522 5	0.310 8	0.843 2	0.319 2
Wald	136.24	496.10	127.95	41.06	561.01	47.58
样本数	150	150	150	150	150	150
行业数	10	10	10	10	10	10

注：括号中数据为标准误，*** 、** 、* 分别表示在 1%、5%、10%的显著性水平下显著。

由表6.6回归结果可知,模型1中 *p_center* 系数显著为负,模型2中 *p_center* 对技术溢出 *tech* 作用系数显著为负,模型3中 *p_center* 与技术溢出 *tech* 作用系数分别显著为负与显著为正,在中央政策导向条件下,全球价值链负向技术溢出效应的部分中介效应成立,使中国工业技术进步偏向耗能方向。模型4中 *p_local* 系数显著为正,模型5中 *p_local* 对技术溢出 *tech* 作用系数显著为正,模型6中 *p_local* 与技术溢出 *tech* 作用系数在1%显著性水平下分别显著为正与显著为负,在地方政策导向下,全球价值链正向技术溢出效应的遮掩效应成立,使中国工业技术进步偏向节能方向。由此可知,中央政策导向抑制了全球价值链的技术溢出效应,而地方政策导向促进了全球价值链的技术溢出效应。究其原因,中央政策支持的生产建设项目具有较为严格的预算约束,对于生产所使用技术也有较为严格的限制与要求,且中央政策多支持国内幼稚产业或新兴产业发展,鼓励产业使用本土创新的技术,对项目建设有技术保护措施,阻止了全球价值链的技术溢出效应。另外,中央政策为扶持国内幼稚产业与新兴产业,项目建设所使用技术可能并不是国际先进技术,技术使用过程中可能需要投入大量能源要素,促进耗能型技术发展。因此,中央政策导向下,全球价值链嵌入位置具有负向的技术溢出效应。地方政策的灵活性较高,地方政府可以依据本地生产条件与要素禀赋特征因地制宜,积极进行技术升级与设备更新,在全球价值生产中主动消化吸收先进的节能技术,发挥全球价值链的技术溢出效应。

第二节　市场竞争效应

企业在沿全球价值链向高端位置攀升过程中,会面临更大的中间投入品市场,更易购买到种类更多样、产品质量更好、能源效率更高、技术含量更足和功能更完善的中间品。对于国内中间品生产企业来说,进口中间品带来的替代效应与竞争效应改变了国内中间品的价格需求弹性，国内中间品需求方对于中间品价格变化更敏感，导致产品生产率更高和质量更好的中间品厂商才可以存留下来，从而提高整个行业的生产率与能源使用效率，降低中间品价格，促进中间品生产技术的提高，进而使得国内中间品生产技术的能源偏向性减弱而资本偏向性增强。对于以中间品作为投入品的国内生产企业来说，全球价值链位置攀升也促进了其市场竞争程度，面对全球价值链下游国家对产品质量与能源含量的高标准，只有生产率相对较高，能源使用效率较高的企业才能够获得出口机会，企业为获得更广阔的国际市场竞相提高生产率，改进能源使用效率，降低对能源的依赖性，在生产中使用生产效率更高的资本要素逐渐替代能源要素，技术进步方向随之改变。一般来说，随着一国在全球价值链中位置攀升，其所生产产品的附加值更高，产品的科技含量与资本含量增多，企业在国际分工中承担更多科技研发任务，减少了能源大量投入的粗放式生产，对能源的依赖性降低。能源消耗型生产方式难以应对价值链上游激烈的科技竞争，在竞争压力的促使下，企业需改进生产技术，使用能源效率更高的节能技术，才能应对全球价值链上游位置对产品的高要求。

一、市场竞争效应的实证检验

为检验全球价值链嵌入位置对中国工业能源偏向型技术进步的市场竞争效应，本节使用中介效应模型进行检验，将中介效应模型设定为：

$$tb=\alpha_0+\alpha_1\times position+\alpha_i\times X+\varepsilon \tag{6.7}$$

$$compe=\beta_0+\beta_1\times position+\beta_i\times X+\mu \tag{6.8}$$

$$tb=\gamma_0+\gamma_1\times position+\gamma_2\times compe+\gamma_i\times X+e \tag{6.9}$$

其中，变量 *compe* 为市场竞争程度，表示全球价值链嵌入位置对中国工业技术进步能源偏向性的市场竞争效应，即中国工业在参加全球价值链或沿全球价值链向高端位置攀升过程中，与之竞争的产品质量提升且国际市场对产品节能属性要求提高而形成的市场竞争效应，使用各行业中企业个数与工业生产总值的比值表征。数据来源于《中国统计年鉴》。市场竞争作为全球价值链嵌入位置对中国工业技术进步能源偏向性的中介变量的回归结果见表6.7：

表6.7　全球价值链嵌入的市场竞争效应

解释变量	模型1 *tb*		模型2 *compe*		模型3 *tb*	
position	0.088 2***	(0.000 4)	0.016 3***	(0.000 7)	0.098 7***	(0.000 9)
compe					−0.658 8***	(0.004 8)
e	1.471 2***	(0.025 9)	−0.863 0***	(0.282 6)	0.882 7***	(0.042 8)
rd	0.715 4***	(0.071 5)	−1.625 6***	(0.024 8)	−0.466 0*	(0.247 2)
id	−1.099 5***	(0.006 3)	0.610 6***	(0.018 8)	−0.690 3***	(0.016 9)
fdi	0.212 7***	(0.004 1)	−0.892 1***	(0.018 8)	−0.378 3***	(0.013 7)
Constant	−0.129 4***	(0.000 4)	0.050 8***	(0.001 1)	−0.095 7***	(0.001 0)
R2	0.235 4		0.125 9		0.456 8	
Wald	20.04		37.74		47.84	
样本数	300		300		300	
行业数	20		20		20	

注：括号中数据为标准误，*** 、** 、* 分别表示在1%、5%、10%的显著性水平下显著。

由表6.7回归结果可知，模型1中 *position* 系数显著为正，模型2中 *position* 对市场竞争 *compe* 作用系数显著为正，模型3中 *position* 与技术溢出 *compe* 作用系数分别显著为正与显著为负。这表明市场竞争程度的加强确实会引起技术进步方向偏向节能，当市场竞争程度变大时，生产者难以使用大量生产来占据更高市场份额，需求市场中对产品的节能属性等产品质量标准提高，企业倾向于进行质量竞争，促进技术进步偏向节能方向（师博和沈坤荣，2013）。全球价值链嵌入位置通过提升市场竞争强度来促进节能技术发展，遮掩效应成立。随着中国工业行业向全球价值链上游迈进,决定市场竞争能力的不仅是企业生产效率与成本优势,而且要在产品中蕴含更多科技含量较高的技术。随着全球价值链嵌入位置的提升,市场需求侧对产品生产中的节能性与环保性要求更高,倒逼企业进行创新或技术引进来实现节能技术的提升,提高产品的节能属性,促进技术进步方向偏向节能。中国在改革开放四十余年来实现了经济高速增长,在全球价值链中的位置不断提升,占有较高的市场份额。但是随着中国工业向全球价值链高端位置不断迈进,传统的依靠大量投入能源要素的生产方式已不具有强大的动能,能源投入对于生产效率的提升远远小于技术创新带来的生产率提升。面对国际市场竞争日益激烈,能源效率不足,投资回报率降低,环境治理成本高涨与人口老龄化的加剧,中国目前继续进行技术创新,将节能技术、清洁技术与绿色技术等新型技术作为新的经济增长动能,缓解能源危机与环境污染问题,实现中国工业创新体系的转型。值得一提的是,对于能源投入变量 e,模型 1 与模型 3 中能源投入 e 系数显著为正,模型 2 中系数显著为负,表明能源投入 e 的加大诱使技术进步方向偏向于耗能,且会明显降低市场竞争,促进各生产企业依靠强大的资本与能源投入占领市场,形成垄断,降低市场竞争程度。外商直接投资 fdi 在模型 1 中系数显著为正,而在模型 2 中为负,表明现阶段国外资本对国内投资仍聚焦于能耗型生产方式,并且降低了中国市场竞争程度。

二、市场竞争效应的异质性分析

(一) 不同嵌入复杂度下全球价值链嵌入位置市场竞争效应的异质性检验

为研究中国工业嵌入简单全球价值链与复杂全球价值链的情况下,全球价值链嵌入位置的市场竞争效应对行业技术进步方向影响的差异,本节使用中介效应模型进行考察,中介效应模型的回归结果如表 6.8 所示。其中,ps 指中国工业各行业在简单全球价值链中嵌入位置,pc 指中国工业各行业在复杂全球价值链中嵌入位置。

表 6.8 全球价值链嵌入位置市场竞争效应的异质性检验:不同嵌入复杂度

解释变量	简单全球价值链嵌入			复杂全球价值链嵌入		
	模型 1 *tb*	模型 2 *compe*	模型 3 *tb*	模型 4 *tb*	模型 5 *compe*	模型 6 *tb*
ps	0.144 9*** (0.000 5)	0.024 6*** (0.001 4)	0.163 0*** (0.001 5)			
pc				0.128 2*** (0.001 1)	0.023 0*** (0.001 5)	0.189 6*** (0.019 7)
compe			−0.660 8*** (0.007 0)			−0.020 0*** (0.072 7)
e	0.488 9*** (0.028 5)	−1.026 4*** (0.033 3)	−0.248 1*** (0.068 9)	1.522 0*** (0.029 0)	−0.547 9*** (0.035 7)	0.152 3 (0.353 3)
rd	6.256 7*** (0.166 6)	−0.687 7** (0.324 1)	5.856 6*** (0.276 9)	7.208 1*** (0.139 9)	−2.339 0*** (0.183 1)	7.990 9*** (2.146 2)
id	−1.042 2*** (0.009 8)	0.616 7*** (0.026 1)	−0.623 5*** (0.025 1)	−1.213 7*** (0.010 4)	0.592 5*** (0.014 9)	−0.784 4*** (0.164 4)
fdi	0.498 1*** (0.007 5)	−0.841 8*** (0.019 2)	−0.070 2*** (0.016 3)	0.603 7*** (0.019 8)	−0.901 2*** (0.016 5)	0.239 2* (0.142 0)
Constant	−0.185 1*** (0.000 4)	0.042 7*** (0.001 8)	−0.158 6*** (0.001 7)	−0.173 9*** (0.001 1)	0.088 5*** (0.001 5)	−0.204 2*** (0.021 0)
R2	0.275 6	0.137 1	0.523 7	0.177 2	0.139 3	0.287 7
Wald	31.01	41.01	59.23	16.66	44.29	40.21
样本数	300	300	300	300	300	300
行业数	20	20	20	20	20	20

注:括号中数据为标准误,*** 、** 、* 分别表示在1%、5%、10%的显著性水平下显著。

由表6.8回归结果可知，模型1中*ps*系数显著为正，模型2中*ps*对市场竞争*compe*作用系数显著为正，模型3中*ps*与技术溢出*compe*作用系数分别显著为正与显著为负，嵌入简单全球价值链市场竞争效应的遮掩效应成立。模型4中*pc*系数显著为正，模型5中*pc*对市场竞争*compe*作用系数显著为正，模型6中*pc*与技术溢出*compe*作用系数分别显著为正与显著为负，嵌入复杂全球价值链市场竞争效应的遮掩效应也成立。嵌入全球价值链导致的市场竞争程度加强确实会引发技术进步偏向节能方向。当市场竞争程度变大时，在传统耗能技术水平上进行生产已不具备国际竞争力，需求市场中对产品的节能属性等产品质量标准提高，促进技术进步偏向节能方向。对比嵌入简单全球价值链与嵌入复杂全球价值链系数，模型2中*ps*系数稍大于模型5中*pc*系数，模型3中*compe*系数远远大于模型6中*compe*系数，表明嵌入简单全球价值链竞争更加激烈，简单全球价值链生产链条较短，生产工艺较为简单，在世界市场中竞争对手颇多，单位产值所获利润较小，而参与复杂全球价值链对技术水平要求较高，满足生产技术水平的竞争对手较少，市场竞争效应较小。

(二) 不同嵌入方向下全球价值链嵌入位置市场竞争效应的异质性检验

为研究中国工业前向嵌入全球价值链与后向嵌入全球价值链的情况下，全球价值链嵌入位置的市场竞争效应对行业技术进步方向影响的差异，本节使用中介效应模型进行考察，中介效应模型的回归结果如表6.9所示。其中，*plv_gvc*指中国工业各行业前向嵌入全球价值链的生产长度，*ply_gvc*指其后向嵌入全球价值链的生产长度。

由表6.9回归结果可知，模型1中*plv_gvc*系数显著为正，模型2中*plv_gvc*对市场竞争*compe*作用系数显著为正，模型3中*plv_gvc*与技术溢出*compe*作用系数分别显著为正与显著为负，前向嵌入全球价值链市场竞争效应的遮掩效应成立。模型4中*ply_gvc*系数显著为正，模型5中

表 6.9 全球价值链嵌入位置市场竞争效应的异质性检验:不同嵌入方向

解释变量	全球价值链前向嵌入			全球价值链后向嵌入		
	模型 1 *tb*	模型 2 *compe*	模型 3 *tb*	模型 4 *tb*	模型 5 *compe*	模型 6 *tb*
plv_gvc	0.012 8***	0.004 0***	0.015 5***			
	(0.000 1)	(0.000 1)	(0.000 2)			
ply_gvc				0.004 9***	0.001 8***	0.005 9***
				(0.000 1)	(0.000 1)	(0.000 2)
compe			−0.659 4***			−0.020 0***
			(0.005 4)			(0.005 8)
e	2.070 2***	−0.787 2***	1.493 5***	2.527 8***	−0.640 9***	2.106 9***
	(0.024 9)	(0.034 3)	(0.050 5)	(0.022 7)	(0.023 1)	(0.045 5)
rd	0.885 8***	−1.681 5***	−0.489 3*	0.374 8***	−2.028 0***	−0.909 9***
	(0.104 3)	(0.282 5)	(0.271 0)	(0.063 4)	(0.262 6)	(0.184 4)
id	−1.249 3***	0.575 2***	−0.844 4***	−1.252 1***	0.582 9***	−0.888 8***
	(0.006 1)	(0.024 4)	(0.021 2)	(0.003 9)	(0.020 4)	(0.017 1)
fdi	0.371 3***	−0.867 2***	−0.216 1***	0.351 5***	−0.877 4***	−0.192 3***
	(0.006 8)	(0.017 2)	(0.011 3)	(0.008 4)	(0.018 0)	(0.011 6)
Constant	−0.109 0***	0.046 6***	−0.078 2***	−0.072 4***	0.056 9***	−0.037 7***
	(0.000 5)	(0.001 0)	(0.000 9)	(0.000 5)	(0.001 0)	(0.001 2)
R2	0.148 0	0.116 2	0.364 2	0.046 3	0.188 0	0.226 6
Wald	15.76	36.65	43.79	13.79	53.97	38.87
样本数	300	300	300	300	300	300
行业数	20	20	20	20	20	20

注:括号中数据为标准误,*** 、** 、* 分别表示在 1%、5%、10%的显著性水平下显著。

ply_gvc 对市场竞争 $compe$ 作用系数显著为正，模型 6 中 ply_gvc 与技术溢出 $compe$ 作用系数分别显著为正与显著为负，后向嵌入全球价值链市场竞争效应的遮掩效应也成立。模型 3 与模型 6 中市场竞争效应系数为负，表明市场竞争程度的加剧会促使技术进步偏向节能方向。无论是前向嵌入全球价值链抑或后向嵌入全球价值链，全球价值链嵌入位置均会通过加剧市场竞争程度来促使技术进步向节能方向发展。根据"微笑曲线"理论，当中国工业前向嵌入全球价值链程度越深，或后向嵌入全球价值链程度越深，则越靠近微笑曲线的两端，所涉及生产工序的附加值能力与盈利能力增强，此时企业难以通过扩大要素投入实现产品竞争力的提升，而要注重技术效率的增强，企业为应对更高标准的市场竞争，需加强节能技术的研发与应用，促进技术进步偏向节能方向。

三、市场竞争效应的条件分析

（一）不同生产方式下全球价值链嵌入位置市场竞争效应的异质性检验

为研究中国工业在内涵型生产方式与外延型生产方式条件下，全球价值链嵌入位置的市场竞争效应对行业技术进步方向变化的差异，本节使用中介效应模型进行考察，中介效应模型的回归结果如表 6.10 所示。其中，p_co 指中国工业各行业在内涵型生产方式条件下的全球价值链嵌入位置，p_epi 指其在外延型生产方式下的全球价值链嵌入位置。

由表 6.10 回归结果可知，模型 1 中 p_co 系数显著为负，模型 2 中 p_co 对市场竞争 $compe$ 作用系数显著为正，模型 3 中 p_co 与技术溢出 $compe$ 作用系数均显著为负，在内涵型生产方式下，全球价值链市场竞争效应的完全中介效应成立。模型 4 中 p_epi 系数显著为正，模型 5 中 p_epi 对市场竞争 $compe$ 作用系数显著为负，模型 6 中 p_epi 与技术溢出 $compe$ 作用系数分别显著为正与显著为负，在外延型生产方式下，全球价值链嵌入位置市

表 6.10　全球价值链嵌入位置市场竞争效应的条件分析:不同生产方式

解释变量	内涵型生产方式			外延型生产方式		
	模型 1 *tb*	模型 2 *compe*	模型 3 *tb*	模型 4 *tb*	模型 5 *compe*	模型 6 *tb*
p_co	−0.328 7**	0.044 9***	−0.006 3			
	(0.133 6)	(0.004 7)	(0.007 7)			
p_epi				0.098 8***	−0.017 3***	0.088 8***
				(0.001 2)	(0.001 4)	(0.003 3)
compe			−1.041 3***			−0.020 0***
			(0.098 2)			(0.024 0)
e	−15.687 8***	−0.758 8	−0.483 9	1.503 4***	−1.610 7***	0.453 9***
	(4.506 9)	(0.479 9)	(0.402 1)	(0.039 0)	(0.063 8)	(0.090 7)
rd	0.155 9**	−0.014 3***	0.121 6***	−0.069 8***	0.121 9***	0.013 7
	(0.073 8)	(0.005 5)	(0.011 3)	(0.004 7)	(0.009 7)	(0.011 2)
id	−1.875 3***	0.408 6***	−1.343 4***	−0.798 2***	0.496 9***	−0.368 3***
	(0.487 7)	(0.054 5)	(0.060 6)	(0.023 5)	(0.093 1)	(0.034 0)
fdi	−0.922 4	−0.448 7***	0.193 1***	0.503 3***	−1.315 8***	−0.304 2***
	(0.659 1)	(0.079 5)	(0.066 1)	(0.025 4)	(0.058 2)	(0.054 7)
Constant	0.296 0**	0.015 3***	−0.001 9	−0.155 7***	0.094 3***	−0.098 8***
	(0.124 6)	(0.003 5)	(0.009 1)	(0.001 0)	(0.001 9)	(0.004 4)
R2	0.504 6	0.477 1	0.633 1	0.065 9	0.154 6	0.387 6
Wald	87.40	88.46	106.09	5.87	24.94	23.77
样本数	150	150	150	150	150	150
行业数	10	10	10	10	10	10

注:括号中数据为标准误,***、**、*分别表示在1%、5%、10%的显著性水平下显著。

场竞争效应的部分中介效应成立。在内涵型生产方式条件下，全球价值链嵌入位置可以通过促进市场竞争效应来鼓励节能型技术进步的发展，而在外延型生产方式条件下，全球价值链嵌入位置反而会抑制市场竞争。究其原因，内涵型企业多生产中技术与高技术型产品，尤其中技术型产品在世界市场中竞争最为激烈，因此内涵型企业在加入全球价值生产后，面临市场竞争程度较高。而外延型企业多属于资源型行业与低技术型行业，现阶段世界范围内均具有资源稀缺现象，资源型产品市场属于卖方市场，以大量能源投入为特征的外延型企业参与全球价值链后，面临的市场竞争程度降低。因此，全球价值链嵌入位置通过加剧内涵型企业面临的市场竞争程度来促进节能型技术进步发展，但降低了外延型企业面临的市场竞争程度，促进其技术进步偏向耗能方向。

（二）不同环境规制下全球价值链嵌入位置市场竞争效应的异质性检验

为研究中国工业在不同环境规制强度条件下，全球价值链嵌入位置的市场竞争效应对行业技术进步方向变化的差异，本节使用中介效应模型进行考察，中介效应模型的回归结果如表 6.11 所示。其中，*p_lreg* 指中国工业各行业在低环境规制强度下的全球价值链嵌入位置，*p_mreg* 指中环境规制强度下的全球价值链嵌入位置，*p_hreg* 指在高环境规制强度下的全球价值链嵌入位置。

表 6.11　全球价值链嵌入位置市场竞争效应的条件分析：不同环境规制强度

解释变量	低环境规制强度					
	模型 1 *tb*		模型 2 *compe*		模型 3 *tb*	
p_lreg	0.110 7***	(0.002 0)	−0.136 8***	(0.004 9)	0.024 7***	(0.008 7)
compe					−0.669 1***	(0.037 3)
e	4.556 8***	(0.179 2)	0.969 3**	(0.413 5)	5.142 9***	(0.337 6)
rd	6.287 4***	(1.477 4)	1.133 2	(2.357 2)	2.647 1	(3.378 6)

续 表

解释变量	低环境规制强度					
	模型 1 tb		模型 2 compe		模型 3 tb	
id	−1.021 5***	(0.093 2)	−0.149 3	(0.161 5)	−0.831 6***	(0.221 4)
fdi	−0.349 8***	(0.091 7)	−1.831 7***	(0.149 4)	−1.207 5***	(0.240 4)
Constant	−0.147 8***	(0.002 0)	0.191 3***	(0.003 2)	−0.027 2***	(0.010 4)
R2	0.614 9		0.287 8		0.683 0	
Wald	13.21		37.20		99.29	
样本数	105		105		105	
行业数	7		7		7	
解释变量	中环境规制强度					
	模型 4 tb		模型 5 compe		模型 6 tb	
p_mreg	0.056 1***	(0.007 9)	0.014 8***	(0.004 5)	0.063 1***	(0.017 9)
compe					−0.474 6**	(0.190 1)
e	−9.697 1***	(0.469 8)	11.681 2***	(0.813 2)	−4.020 3	(3.351 1)
rd	−0.235 5***	(0.013 9)	0.172 6***	(0.013 6)	−0.167 5**	(0.073 7)
id	2.565 2***	(0.129 4)	−1.576 2***	(0.132 0)	1.949 9***	(0.612 3)
fdi	1.445 4***	(0.101 6)	−0.683 1***	(0.125 2)	1.181 3**	(0.547 3)
Constant	−0.136 9***	(0.007 5)	0.026 8***	(0.001 9)	−0.127 4***	(0.020 7)
R2	0.701 2		0.457 8		0.719 8	
Wald	32.10		75.13		32.24	
样本数	105		105		105	
行业数	7		7		7	
解释变量	高环境规制强度					
	模型 7 tb		模型 8 compe		模型 9 tb	
p_hreg	0.114 6***	(0.010 4)	0.080 1***	(0.010 5)	0.188 6***	(0.015 8)
compe					−0.998 6***	(0.092 0)
e	3.298 4***	(0.215 7)	−1.407 6***	(0.197 9)	1.802 1***	(0.350 2)
rd	−0.401 1***	(0.032 9)	0.026 8	(0.035 7)	−0.314 8***	(0.053 3)

续 表

解释变量	高环境规制强度					
	模型 7 *tb*		模型 8 *compe*		模型 9 *tb*	
id	−2.055 5***	(0.050 7)	0.260 2***	(0.067 9)	−1.888 2***	(0.099 1)
fdi	−0.349 2	(0.233 4)	0.015 1	(0.154 4)	−0.254 8	(0.237 6)
Constant	−0.092 9***	(0.011 3)	−0.010 4	(0.011 2)	−0.101 6***	(0.012 7)
R2	0.680 0		0.835 8		0.861 4	
Wald	39.88		123.98		219.23	
样本数	90		90		90	
行业数	6		6		6	

注：括号中数据为标准误，***、**、*分别表示在1%、5%、10%的显著性水平下显著。

由表6.11回归结果可知，模型1中*p_lreg*系数显著为正，模型2中*p_lreg*对市场竞争*compe*作用系数显著为正，模型3中*p_lreg*与技术溢出*compe*作用系数分别显著为正与显著为负，在低环境规制强度下，全球价值链负向市场竞争效应的部分中介效应成立。模型4中*p_mreg*系数显著为正，模型5中*p_mreg*对市场竞争*compe*作用系数显著为正，模型6中*p_mreg*与技术溢出*compe*作用系数分别显著为正与显著为负，在中等环境规制强度下，全球价值链嵌入位置市场竞争效应的遮掩效应成立。模型7中*p_hreg*系数显著为正，模型8中*p_hreg*对市场竞争*compe*作用系数显著为正，模型9中*p_hreg*与技术溢出*compe*作用系数分别显著为正与显著为负，在高环境规制强度下，全球价值链嵌入位置市场竞争效应的遮掩效应成立。由此可见，环境规制对全球价值链嵌入位置的市场竞争效应的发挥具有一定条件，只有环境规制强度达到一定程度之后，才会促进全球价值链的市场竞争效应。当环境规制强度过低时，国内生产企业以耗能型生产方式进行生产，并不会增加太多额外成本，其将耗能型产品出口以参与全球价值链，在世界范围内资源稀缺的情况下，加入世界市场降低了能耗产品的市场竞争程度，不利于技术进步偏向节能方向。只有当环境规制强度达到一定程度时，在中等与高环境规制强度下，全球价值链嵌入位置才会通过增强市场竞争程度来促进节能技术发展。

（三）不同政策导向下全球价值链嵌入位置市场竞争效应的异质性检验

为研究中国工业在不同政策导向条件下，全球价值链嵌入位置的市场竞争效应对行业技术进步方向变化的差异，本节使用中介效应模型进行考察，中介效应模型的回归结果如表 6.12 所示。其中，*p_center* 指中国工业各行业在中央政策导向下全球价值链嵌入位置，*p_local* 指中国工业各行业在地方政策导向下全球价值链嵌入位置。

由表 6.12 回归结果可知，模型 1 中 *p_center* 系数显著为负，模型 2 中 *p_center* 对市场竞争 *compe* 作用系数显著为负，模型 3 中 *p_center* 与技术溢出 *compe* 作用系数均显著为负，在中央政策导向下，全球价值链负向市场竞争效应的遮掩效应成立。模型 4 中 *p_local* 系数显著为正，模型 5 中 *p_local* 对市场竞争 *compe* 作用系数显著为正，模型 6 中 *p_local* 与技术溢出 *compe* 作用系数分别显著为正与显著为负，在地方政策导向下，全球价值链嵌入位置市场竞争效应的遮掩效应成立。由此可见，中央政策抑制了全球价值链的市场竞争效应，而地方政策促进了全球价值链的市场竞争效应。中央政策所支持的产业一般为盈利能力不足的夕阳产业或新兴幼稚型产业，这些产业加入全球价值链后，对这些产业的政策性扶持降低了其在国际市场中竞争的难度，减弱了市场竞争效应。而地方政府不具有充足的资金进行大量的扶持性工作，在地方政策导向下，企业参与全球价值生产仍面临较大的市场竞争，促进企业节能型技术发展以提高产品国际竞争力。

表 6.12 全球价值链嵌入位置市场竞争效应的条件分析：不同政策导向

解释变量	中央政策导向			地方政策导向		
	模型 1 *tb*	模型 2 *compe*	模型 3 *tb*	模型 4 *tb*	模型 5 *compe*	模型 6 *tb*
p_center	−0.094 7***	−0.018 2***	−0.100 9***			
	(0.000 9)	(0.001 5)	(0.005 1)			
p_local				0.068 0***	0.008 6***	0.089 7***
				(0.001 4)	(0.001 4)	(0.006 4)
compe			−0.732 9***			−0.029 7***
			(0.020 6)			(0.018 1)
e	3.897 6***	−1.685 0***	2.307 8***	−0.004 9	−1.216 8***	−0.888 0***
	(0.140 0)	(0.151 6)	(0.231 3)	(0.029 8)	(0.126 0)	(0.119 9)
rd	0.280 0***	0.029 9***	0.301 9***	−0.122 9***	−0.054 4***	−0.149 1***
	(0.007 6)	(0.006 6)	(0.010 3)	(0.003 5)	(0.005 7)	(0.008 2)
id	−3.399 9***	0.018 5	−3.325 1***	−0.302 2***	0.824 9***	0.263 3***
	(0.044 4)	(0.036 2)	(0.057 3)	(0.012 5)	(0.046 4)	(0.051 5)
fdi	0.963 6***	−1.389 8***	−0.093 4*	0.067 3***	−0.710 5***	−0.355 5***
	(0.035 1)	(0.071 3)	(0.054 5)	(0.012 5)	(0.034 8)	(0.040 7)
Constant	0.025 0***	0.090 1***	0.083 9***	−0.084 6***	0.063 3***	−0.056 3***
	(0.000 8)	(0.001 6)	(0.006 1)	(0.001 5)	(0.002 0)	(0.007 3)
R2	0.517 9	0.662 9	0.522 2	0.310 8	0.156 0	0.298 1
Wald	136.24	256.96	140.21	41.06	14.53	54.23
样本数	150	150	150	150	150	150
行业数	10	10	10	10	10	10

注：括号中数据为标准误，***、**、* 分别表示在 1%、5%、10%的显著性水平下显著。

第三节　路径依赖效应

全球价值链将产品生产链条在世界范围内打散,各国利用不同的要素禀赋优势,在国际分工格局中承担产品生产链条的某一环节,各司其职,既相互竞争又相互依赖。一般而言,发展中国家拥有充裕的矿产品、石油等能源要素或大量工资水平较低的劳动力要素,发达国家在高科技发展和管理经验方面占据优势。因此,发展中国家倾向于利用本国禀赋丰裕而价格低廉的劳动与能源要素,在国际分工中承担劳动与能源密集型生产工序,发达国家则更多承担资本与技术密集型生产工序。全球价值链与价值网络中存在大量中间品贸易。全球价值链嵌入位置攀升对技术进步方向的路径依赖效应体现在如下两点。第一,中国等发展中国家在国际垂直分工中一般利用本国能源要素丰裕的比较优势承担耗能型生产任务,随着全球价值生产分工的日益细化与深化,各国难以突破原有的国际分工布局,长期对大量投入能源这种粗放型生产方式的依赖形成经济发展的惯性,放大了初始国际垂直分工选择,发展中国家对能源占比较大的要素投入结构产生依赖。第二,从粗放型生产方式到集约型生产方式转变需要投入大量前期成本,且需要较长时间才能获得技术精进的益处。无论是自主研发还是直接购买先进技能技术,均需要投入较大成本,尤其技术研发前期投入成本较大,且收益风险不确定,企业不具有足够的动力进行技术的更新换代,加之技术更新需要将与之配套的机器设备更换,并对从业人员重新培训,造成企业对能耗型技术使用的依赖性。

一、路径依赖效应的实证检验

为检验全球价值链嵌入位置对中国工业能源偏向型技术进步的路径依

赖效应，本节使用中介效应模型进行检验，将中介效应模型设定为：

$$tb=\alpha_0+\alpha_1\times depen+\alpha_i\times X+\varepsilon \tag{6.10}$$

$$depen=\beta_0+\beta_1\times position+\beta_i\times X+\mu \tag{6.11}$$

$$tb=\gamma_0+\gamma_1\times position+\gamma_2\times depen+\gamma_i\times X+e \tag{6.12}$$

其中，变量 *depen* 为路径依赖程度，表示全球价值链嵌入位置对中国工业技术进步能源偏向性的路径依赖效应，即中国工业在参加全球价值链或沿全球价值链向高端位置攀升过程中，参与全球价值链而导致的路径依赖特征，使用能源收入份额占总产出比重表征。路径依赖作为全球价值链嵌入位置对中国工业技术进步能源偏向性的中介变量的回归结果见表 6.13：

表 6.13 全球价值链嵌入的路径依赖效应

解释变量	模型 1 *tb*		模型 2 *tech*		模型 3 *tb*	
position	0.088 2***	(0.000 4)	0.012 9***	(0.000 9)	0.086 3***	(0.001 0)
depen					0.070 4***	(0.002 0)
e	1.471 2***	(0.025 9)	−0.961 6***	(0.055 7)	1.544 8***	(0.035 4)
rd	0.715 4***	(0.071 5)	−4.739 8***	(0.416 6)	1.015 5***	(0.132 3)
id	−1.099 5***	(0.006 3)	−0.777 7***	(0.032 6)	−1.039 9***	(0.010 1)
fdi	0.212 7***	(0.004 1)	−2.396 7***	(0.034 9)	0.385 4***	(0.011 6)
Constant	−0.129 4***	(0.000 4)	0.080 6***	(0.001 3)	−0.134 4***	(0.001 0)
R2	0.235 4		0.093 6		0.262 1	
Wald	20.04		1.14		21.92	
样本数	300		300		300	
行业数	20		20		20	

注：括号中数据为标准误，***、**、* 分别表示在 1%、5%、10%的显著性水平下显著。

由表 6.13 回归结果可知，模型 1 中 *position* 系数显著为正，模型 2 中 *position* 对路径依赖 *depen* 作用系数显著为正，模型 3 中 *position* 与路径依赖 *depen* 作用系数均显著为正，全球价值链嵌入位置路径依赖效应的部分中介效应成立。这表明全球价值链会加剧中国工业生产技术进步沿原有路径的依赖性,引起中国工业技术进步方向偏向耗能,恶化能源与环境问题。中国改革开放四十余年的历程是不断融入全球价值链的过程,中国经济实现了飞速发展。中国起初加入全球价值链时,技术水平较低,主要依靠大量出口能源含量较高的中间品来嵌入全球价值链。随着中国在全球价值链中占比与位置提升,面临的国际市场加大,而中国工业在生产中仍然在很大程度上依赖传统能耗型生产方式,技术进步方向沿原有的能源使用方向发展。

二、路径依赖效应的异质性分析

(一) 不同嵌入复杂度下全球价值链嵌入位置路径依赖效应的异质性检验

为研究中国工业嵌入简单全球价值链与复杂全球价值链的情况下,全球价值链位置的路径依赖效应对行业技术进步方向变化的差异,本节使用中介效应模型进行考察,中介效应模型的回归结果如表 6.14 所示。其中,*ps* 指中国工业各行业在简单全球价值链中嵌入位置,*pc* 指中国工业各行业在复杂全球价值链中嵌入位置。

由表 6.14 回归结果可知,模型 1 中 *ps* 系数显著为正,模型 2 中 *ps* 对路径依赖 *depen* 作用系数显著为正,模型 3 中 *ps* 与路径依赖 *depen* 作用系数均显著为正,全球价值链嵌入位置路径依赖效应的部分中介效应成立。模型 4 中 *pc* 系数显著为正,模型 5 中 *pc* 对路径依赖 *depen* 作用系数显著为负,模型 6 中 *pc* 与路径依赖 *depen* 作用系数均显著为正,全球价值链嵌入位置具有负向路径依赖效应的遮掩效应成立。中国工业嵌入简单全球价值链与复杂全球价值链具有不同的路径依赖效应。中国工业嵌入简单全球价值链过程中,由于简单价值链的生产链条较短,例如中国向美国出口大量粗钢作为中间品,中国只需要将原材料进行简单处理即可出口,对高端科技依赖性不高,但生产过程中对能源等自然资源依赖性较强,造成对能源要素禀

表 6.14 全球价值链嵌入位置路径依赖效应的异质性检验:不同嵌入复杂度

解释变量	简单全球价值链嵌入			复杂全球价值链嵌入		
	模型 1 *tb*	模型 2 *depen*	模型 3 *tb*	模型 4 *tb*	模型 5 *depen*	模型 6 *tb*
ps	0.144 9***	0.032 6***	0.142 2***			
	(0.000 5)	(0.001 4)	(0.001 0)			
pc				0.128 2***	−0.192 1***	0.146 8***
				(0.001 1)	(0.002 5)	(0.002 2)
depen			0.068 5***			0.099 7***
			(0.001 5)			(0.002 9)
e	0.488 9***	−1.244 7***	0.572 0***	1.522 0***	0.428 9***	1.519 0***
	(0.028 5)	(0.065 3)	(0.040 5)	(0.029 0)	(0.081 8)	(0.048 3)
rd	6.256 7***	−3.502 1***	6.627 3***	7.208 1***	−11.931 8***	8.295 8***
	(0.166 6)	(0.424 4)	(0.172 7)	(0.139 9)	(0.681 3)	(0.293 1)
id	−1.042 2***	−0.759 4***	−0.985 3***	−1.213 7***	−0.799 4***	−1.133 5***
	(0.009 8)	(0.036 2)	(0.016 5)	(0.010 4)	(0.021 7)	(0.012 9)
fdi	0.498 1***	−2.345 5***	0.660 4***	0.603 7***	−2.695 0***	0.885 6***
	(0.007 5)	(0.033 7)	(0.013 8)	(0.019 8)	(0.026 5)	(0.019 8)
Constant	−0.185 1***	0.061 6***	−0.189 2***	−0.173 9***	0.281 7***	−0.201 8***
	(0.000 4)	(0.001 5)	(0.001 0)	(0.001 1)	(0.003 8)	(0.002 1)
R2	0.275 6	0.102 1	0.297 7	0.177 2	0.141 0	0.253 5
Wald	31.01	1.14	32.81	16.66	1.44	18.84
样本数	300	300	300	300	300	300
行业数	20	20	20	20	20	20

注:括号中数据为标准误,***、**、*分别表示在1%、5%、10%的显著性水平下显著。

赋的依赖,也造成对能耗型技术的依赖,向耗能方向拉动技术进步。而在参与复杂全球价值链过程中,由于复杂价值链的生产链条较长,各生产环节紧密相连,需要各环节积极提升生产技术才能实现整个生产链条的优化,复杂价值生产对能源依赖性较低,技术进步速率较快,不具有路径依赖效应。

(二) 不同嵌入方向下全球价值链嵌入位置路径依赖效应的异质性检验

为研究中国工业前向嵌入全球价值链与后向嵌入全球价值链的情况下,全球价值链位置的路径依赖效应对行业技术进步方向变化的差异,本节使用中介效应模型进行考察,中介效应模型的回归结果如表 6.15 所示。其中,plv_gvc 指中国工业各行业前向嵌入全球价值链的生产长度,ply_gvc 指中国工业各行业后向嵌入全球价值链的生产长度。

由表 6.15 回归结果可知,模型 1 中 plv_gvc 系数显著为正,模型 2 中 plv_gvc 对路径依赖 $depen$ 作用系数显著为正,模型 3 中 plv_gvc 与路径依赖 $depen$ 作用系数均显著为正,全球价值链前向嵌入路径依赖效应的部分中介效应成立。模型 4 中 ply_gvc 系数显著为正,模型 5 中 ply_gvc 对路径依赖 $depen$ 作用系数显著为负,模型 6 中 ply_gvc 与路径依赖 $depen$ 作用系数均显著为正,全球价值链后向嵌入路径依赖效应的部分中介效应也成立。中国工业无论是以前向嵌入还是后向嵌入方式参与全球价值生产,均会产生路径依赖效应。中国工业前向嵌入全球价值链越深,则越接近于价值链的初始端位置,注重原始材料的投入。生产企业利用当地能源要素禀赋优势大量投入能源,对生产技术水平要求不高,这种粗放型生产方式形成对能源要素禀赋的依赖,企业也不具备足够动力更新技术与先进节能设备,随着全球价值链前向嵌入的加深,能源型产品面临更大的国际市场,更加剧了前向嵌入的路径依赖效应。中国工业后向嵌入全球价值链越深,则越靠近全球价值链的下游位置。一些发达国家可能会选择性地进行生产加工,把能耗较低的生产工序放在发达国家完成,而将需要投入大量能源与

表 6.15　全球价值链嵌入位置路径依赖效应的异质性检验:不同嵌入方向

解释变量	全球价值链前向嵌入			全球价值链后向嵌入		
	模型 1 *tb*	模型 2 *depen*	模型 3 *tb*	模型 4 *tb*	模型 5 *depen*	模型 6 *tb*
plv_gvc	0.012 8***	0.011 4***	0.012 0***			
	(0.000 1)	(0.000 3)	(0.000 1)			
ply_gvc				0.004 9***	0.007 8***	0.004 3***
				(0.000 1)	(0.000 2)	(0.000 2)
depen			0.059 8***			0.071 3***
			(0.001 6)			(0.001 7)
e	2.070 2***	−1.125 7***	2.117 0***	2.527 8***	−0.544 3***	2.540 6***
	(0.024 9)	(0.048 3)	(0.033 0)	(0.022 7)	(0.048 5)	(0.034 1)
rd	0.885 8***	−5.602 5***	1.063 5***	0.374 8***	−7.025 0***	0.803 9***
	(0.104 3)	(0.502 6)	(0.136 6)	(0.063 4)	(0.401 6)	(0.131 0)
id	−1.249 3***	−0.824 4***	−1.187 2***	−1.252 1***	−0.852 8***	−1.181 0***
	(0.006 1)	(0.018 8)	(0.007 9)	(0.003 9)	(0.026 6)	(0.010 2)
fdi	0.371 3***	−2.424 3***	0.503 1***	0.351 5***	−2.445 1***	0.532 0***
	(0.006 8)	(0.020 0)	(0.013 7)	(0.008 4)	(0.035 2)	(0.011 5)
Constant	−0.109 0***	0.039 6***	−0.110 9***	−0.072 4***	0.053 5***	−0.076 4***
	(0.000 5)	(0.000 6)	(0.000 7)	(0.000 5)	(0.001 0)	(0.000 9)
R2	0.148 0	0.049 8	0.167 0	0.046 3	0.024 2	0.051 6
Wald	15.76	2.98	17.35	13.79	2.54	15.84
样本数	300	300	300	300	300	300
行业数	20	20	20	20	20	20

注:括号中数据为标准误,*** 、** 、* 分别表示在 1%、5%、10%的显著性水平下显著。

劳动力的高能耗与高劳动生产工序放在发展中国家完成,也会加剧发展中国家后向嵌入的路径依赖效应。

三、路径依赖效应的条件分析

(一) 不同生产方式下全球价值链嵌入位置路径依赖效应的异质性检验

为研究在内涵型或外延型生产方式条件下,中国工业全球价值链位置的路径依赖效应对行业技术进步方向变化的差异,本节使用中介效应模型进行考察,中介效应模型的回归结果如表 6.16 所示。其中,p_co 指中国工业各行业在内涵型生产方式下全球价值链嵌入位置,p_epi 指中国工业各行业在外延型生产方式下全球价值链嵌入位置。

由表 6.16 回归结果可知,模型 1 中 p_co 系数显著为负,模型 2 中 p_co 对路径依赖 $depen$ 作用系数显著为负,模型 3 中 p_co 与路径依赖 $depen$ 作用系数分别显著为负与显著为正,在内涵型生产方式条件下,全球价值链负向路径依赖效应的部分中介效应成立。模型 4 中 p_epi 系数显著为正,模型 5 中 p_epi 对路径依赖 $depen$ 作用系数显著为负,模型 6 中 p_epi 与路径依赖 $depen$ 作用系数均显著为正,在外延型生产方式条件下,全球价值链路径依赖的遮掩效应成立。无论选择内涵型还是外延型生产方式,均会抑制全球价值链嵌入位置的路径依赖效应,企业出于经济利益考量,不断提高生产效率并精进技术,减少对旧生产技术的依赖。相比较而言,模型 2 中 p_co 系数为$-23.272\ 5$,模型 5 中 p_epi 系数位$-3.684\ 6$,企业选择内涵型生产方式能够显著抑制全球价值链嵌入的路径依赖效应,而外延型生产方式对路径依赖效应的抑制作用较小。在内涵型生产方式下,企业内部生产条件与劳动力技能与全球价值链中污染型生产工序并不匹配,企业以产品节能属性等产品质量优势在世界市场中占据竞争优势,具有不断精进节能

表 6.16 全球价值链嵌入位置路径依赖效应的条件分析:不同生产方式

解释变量	内涵型生产方式			外延型生产方式		
	模型 1 *tb*	模型 2 *depen*	模型 3 *tb*	模型 4 *tb*	模型 5 *depen*	模型 6 *tb*
p_co	−0.328 7**	−23.272 5***	−0.228 3***			
	(0.133 6)	(1.428 8)	(0.086 5)			
p_epi				0.098 8***	−3.684 6***	0.099 8***
				(0.001 2)	(0.121 4)	(0.002 1)
depen			0.010 8***			0.000 7***
			(0.000 9)			(0.000 1)
e	−15.687 8***	−384.192 1***	−9.390 2***	1.503 4***	−8.300 5**	1.495 1***
	(4.506 9)	(65.435 5)	(2.952 8)	(0.039 0)	(3.536 3)	(0.072 4)
rd	0.155 9**	−2.343 4	0.147 8***	−0.069 8***	5.658 3***	−0.082 3***
	(0.073 8)	(1.535 3)	(0.047 5)	(0.004 7)	(0.520 4)	(0.005 7)
id	−1.875 3***	−80.791 0***	−1.754 2***	−0.798 2***	−13.863 4***	−0.762 1***
	(0.487 7)	(15.119 8)	(0.314 2)	(0.023 5)	(2.273 1)	(0.037 1)
fdi	−0.922 4	−115.801 4***	−1.000 1**	0.503 3***	−3.026 2	0.506 5***
	(0.659 1)	(9.208 7)	(0.424 4)	(0.025 4)	(3.582 3)	(0.030 3)
Constant	0.296 0**	27.845 5***	0.158 1*	−0.155 7***	5.863 2***	−0.157 8***
	(0.124 6)	(1.580 9)	(0.081 1)	(0.001 0)	(0.113 5)	(0.002 4)
R2	0.504 6	0.169 8	0.473 0	0.065 9	0.044 2	0.058 0
Wald	87.40	16.73	80.80	5.87	5.52	6.25
样本数	150	150	150	150	150	150
行业数	10	10	10	10	10	10

注:括号中数据为标准误,***、**、* 分别表示在 1%、5%、10%的显著性水平下显著。

技术的内驱动力,对全球价值链中生产任务进行选择性承接,抑制了发达国家的污染产业转移。在外延型生产方式下,生产企业可能会承担一些发达国家沿全球价值链转移的污染型生产工序,难以较好抑制全球价值链的污染转移效应。

(二) 不同环境规制下全球价值链嵌入位置路径依赖效应的异质性检验

为研究在不同环境规制强度条件下,中国工业全球价值链位置的路径依赖效应对行业技术进步方向变化的差异,本节使用中介效应模型进行考察,中介效应模型的回归结果如表 6.17 所示。其中,*p_lreg* 指中国工业各行业在低环境规制强度下全球价值链嵌入位置,*p_mreg* 指其在中环境规制强度下全球价值链嵌入位置,*p_hreg* 指其在高环境规制强度下全球价值链嵌入位置。

表 6.17 全球价值链嵌入位置路径依赖效应的条件分析:不同环境规制强度

解释变量	低环境规制强度					
	模型 1 *tb*		模型 2 *depen*		模型 3 *tb*	
p_lreg	0.110 7***	(0.002 0)	21.368 7***	(5.448 9)	0.074 2***	(0.008 0)
depen					0.000 6***	(0.000 1)
e	4.556 8***	(0.179 2)	−847.159 8***	(289.356 0)	6.222 6***	(0.322 7)
rd	6.287 4***	(1.477 4)	9 537.001 5***	(1 528.082 1)	−2.504 5**	(0.987 5)
id	−1.021 5***	(0.093 2)	−691.031 5***	(85.836 5)	−0.460 3***	(0.062 9)
fdi	−0.349 8***	(0.091 7)	−963.543 3***	(93.263 8)	0.435 1***	(0.056 3)
Constant	−0.147 8***	(0.002 0)	−4.277 1	(3.823 6)	−0.129 3***	(0.006 2)
R2	0.614 9		0.263 5		0.803 3	
Wald	13.21		0.26		117.07	
样本数	105		105		105	
行业数	7		7		7	

续 表

解释变量	中环境规制强度					
	模型 4 *tb*		模型 5 *depen*		模型 6 *tb*	
p_mreg	0.056 1***	(0.007 9)	−3.108 4***	(0.248 5)	0.061 9***	(0.008 6)
depen					0.001 7***	(0.000 5)
e	−9.697 1***	(0.469 8)	−212.218 2***	(37.462 3)	−8.867 8***	(0.533 4)
rd	−0.235 5***	(0.013 9)	−10.239 6***	(1.059 9)	−0.202 2***	(0.017 5)
id	2.565 2***	(0.129 4)	29.915 4***	(5.712 7)	2.423 7***	(0.145 5)
fdi	1.445 4***	(0.101 6)	−90.624 9***	(7.531 7)	1.686 8***	(0.111 7)
Constant	−0.136 9***	(0.007 5)	8.888 0***	(0.609 0)	−0.157 4***	(0.009 1)
R2	0.701 2		0.186 5		0.747 9	
Wald	32.10		13.36		32.11	
样本数	105		105		105	
行业数	7		7		7	
解释变量	高环境规制强度					
	模型 7 *tb*		模型 8 *depen*		模型 9 *tb*	
p_hreg	0.114 6***	(0.010 4)	1.191 9***	(0.180 7)	0.095 5***	(0.010 3)
depen					0.013 3***	(0.002 8)
e	3.298 4***	(0.215 7)	18.082 6***	(5.229 6)	3.162 0***	(0.242 0)
rd	−0.401 1***	(0.032 9)	5.034 1***	(1.163 7)	−0.486 7***	(0.037 1)
id	−2.055 5***	(0.050 7)	−8.886 6***	(1.871 4)	−1.926 4***	(0.052 5)
fdi	−0.349 2	(0.233 4)	7.695 6***	(2.517 4)	−0.421 2*	(0.239 6)
Constant	−0.092 9***	(0.011 3)	−0.556 9**	(0.223 1)	−0.082 2***	(0.011 7)
R2	0.680 0		0.770 1		0.877 7	
Wald	39.88		107.11		64.15	
样本数	90		90		90	
行业数	6		6		6	

注：括号中数据为标准误，***、**、*分别表示在1%、5%、10%的显著性水平下显著。

由表6.17回归结果可知，模型1中 *p_lreg* 系数显著为正，模型2中

p_lreg 对路径依赖 $depen$ 作用系数显著为正,模型 3 中 p_lreg 与路径依赖 $depen$ 作用系数均显著为正,在低环境规制强度条件下,全球价值链路径依赖效应的部分中介效应成立。模型 4 中 p_mreg 系数显著为正,模型 5 中 p_mreg 对路径依赖 $depen$ 作用系数显著为负,模型 6 中 p_mreg 与路径依赖 $depen$ 作用系数均显著为正,在中等环境规制强度条件下,全球价值链负向路径依赖效应的遮掩效应成立。模型 4 中 p_hreg 系数显著为正,模型 5 中 p_hreg 对路径依赖 $depen$ 作用系数显著为正,模型 6 中 p_hreg 与路径依赖 $depen$ 作用系数均显著为正,在高环境规制强度条件下,全球价值链路径依赖效应的部分中介效应成立。由此可见,环境规制并不总能促进节能技术的消化和吸收,抑制发达国家向中国转移污染产业,只有在中等环境规制下,才可以有效抑制全球价值链的污染转移效应。当环境规制强度过低时,企业进行污染型生产受到的制约较弱,不具有充足动力去更新节能技术并承担全球价值链中节能型工序,仍然延续能耗型生产方式,承担能耗型国际分工任务。当环境规制强度过高时,企业需要更换节能型机器设备或因污染排放物接受处罚,相当于增加了企业生产成本,而节能型技术的研发与使用涉及大量前期成本,所获收益具有不确定性风险,企业反而注重短期利益,在原有生产方式下,在全球价值链中承担更多能耗型生产任务,以弥补环境规制带来的成本损耗,加剧路径依赖效应。

(三) 不同政策导向下全球价值链嵌入位置路径依赖效应的异质性检验

为研究在不同政策导向条件下,中国工业全球价值链位置的路径依赖效应对行业技术进步方向变化的差异,本节使用中介效应模型进行考察,中介效应模型的回归结果如表 6.18 所示。其中,p_center 指中国工业各行业在中央政策导向条件下全球价值链嵌入位置,p_local 指其在地方政策导向条件下全球价值链嵌入位置。

表 6.18 全球价值链嵌入位置路径依赖效应的条件分析:不同政策导向

解释变量	中央政策导向			地方政策导向		
	模型 1 *tb*	模型 2 *depen*	模型 3 *tb*	模型 4 *tb*	模型 5 *depen*	模型 6 *tb*
p_center	−0.094 7***	−23.132 0***	−0.136 0***			
	(0.000 9)	(0.673 5)	(0.004 7)			
p_local				0.068 0***	−7.864 4***	0.071 8***
				(0.001 4)	(0.559 1)	(0.002 6)
depen			−0.001 8***			−0.029 7***
			(0.000 1)			(0.000 0)
e	3.897 6***	−18.778 2	3.390 8***	−0.004 9	−326.508 8***	0.190 7***
	(0.140 0)	(20.806 8)	(0.276 9)	(0.029 8)	(19.766 5)	(0.025 9)
rd	0.280 0***	−13.118 8***	0.233 0***	−0.122 9***	−24.036 1***	−0.111 4***
	(0.007 6)	(0.784 2)	(0.012 0)	(0.003 5)	(1.887 3)	(0.003 6)
id	−3.399 9***	−48.203 6***	−3.390 6***	−0.302 2***	0.654 2	−0.294 3***
	(0.044 4)	(5.871 9)	(0.073 6)	(0.012 5)	(4.441 1)	(0.015 1)
fdi	0.963 6***	55.174 3***	1.021 4***	0.067 3***	−253.598 3***	0.198 9***
	(0.035 1)	(3.531 1)	(0.057 1)	(0.012 5)	(14.804 5)	(0.018 7)
Constant	0.025 0***	23.859 5***	0.068 9***	−0.084 6***	23.990 4***	−0.098 5***
	(0.000 8)	(0.655 6)	(0.004 3)	(0.001 5)	(1.372 4)	(0.003 1)
R2	0.517 9	0.155 8	0.564 7	0.310 8	0.364 6	0.316 2
Wald	136.24	25.81	153.18	41.06	0.69	45.40
样本数	150	150	150	150	150	150
行业数	10	10	10	10	10	10

注:括号中数据为标准误,***、**、*分别表示在1%、5%、10%的显著性水平下显著。

由表 6.18 回归结果可知，模型 1 中 p_center 系数显著为负，模型 2 中 p_center 对路径依赖 $depen$ 作用系数显著为负，模型 3 中 p_center 与路径依赖 $depen$ 作用系数均显著为负，在中央政策导向条件下，全球价值链路径负向依赖效应的遮掩效应成立。模型 4 中 p_local 系数显著为正，模型 5 中 p_local 对路径依赖 $depen$ 作用系数显著为负，模型 6 中 p_local 与路径依赖 $depen$ 作用系数分别显著为正与显著为负，在地方政策导向条件下，全球价值链负向路径依赖效应的部分中介效应成立。模型 3 与模型 6 中路径依赖系数均为负，表明在中央政策与地方政策导向下，节能型生产企业深度参与全球价值生产，并在全球价值链中延续原有的节能型生产方式，形成负向的路径依赖效应，引起全球价值链嵌入位置向节能方向拉动企业技术进步。然而，中央政策与地方政策均会抑制全球价值链的路径依赖效应。究其原因，政府政策对生产企业提供支持性政策的同时，往往会出台一些限制性条件，受支持企业必须严格按照限制条件进行生产，对企业所从事项目类型具有指导要求，企业承接全球价值链生产任务自由度不高，且中央政策相比地方政策而言，要求更为严格。因此，中央政策与地方政策导向下，全球价值链路径依赖效应作用系数为负，且模型 2 中 p_center 系数为 −23.1320，模型 5 中 p_local 系数为 −7.8644，中央政策导向下全球价值链嵌入位置系数绝对值远远大于地方政策。

第四节　污染转移效应

在中国改革开放四十余年历史进程中，中国在全球价值生产中的特点表现为：第一，在全球价值链的国际分工中，中国承担了大量污染密集型生产工序，污染密集型产业发展较快，在国际分工中具有比较优势；第二，中国在参与国际垂直分工中，出口了大量能源密集型中间产品，利用本国能源要素禀赋优势，将能源等资源进行简单的加工处理进行出口，为世界生产输送原材料，所涉及的污染密集型产业多为出口导向型，且在国际市场中比重较大；第三，某些中国污染型产业在世界市场中份额又有增大趋势，使得能源与环境问题加剧，这些产业急需技术升级与经济转型。发达国家与发展中国家在参与全球价值生产过程中承担了不同生产任务，一般而言，发达国家科技水平较高，新型节能型与清洁型技术发展较为完善，产品研发与设计能力较强，而发展中国家节能技术发展水平较低，产品研发等核心技术不强，只能依靠国内丰裕的要素禀赋优势与低廉的生产要素成本，在国际垂直分工中主动或被动承担污染型生产工序。因此，发达国家在产品生产中，会将各生产工序通过全球价值链分散在世界各地，将产品研发与售后服务等核心任务保留在国内，而把零部件生产与加工组装等低技术工序放在海外进行。后发国家在沿全球价值链攀升过程中，主动或被动承担了大量污染型生产任务，全球价值链的污染转移效应促使技术进步偏向耗能方向。

一、污染转移效应的实证检验

使用中介效应模型检验全球价值链嵌入位置对中国工业能源偏向型技术进步的污染转移效应，将模型设定为：

$$tb=\alpha_0+\alpha_1\times position+\alpha_i\times X+\varepsilon \tag{6.13}$$

$$pollution=\beta_0+\beta_1\times position+\beta_i\times X+\mu \tag{6.14}$$

$$tb=\gamma_0+\gamma_1\times position+\gamma_2\times pollution+\gamma_i\times X+e \tag{6.15}$$

其中，变量 $pollution$ 为污染转移程度，表示全球价值链嵌入位置对中国工业技术进步能源偏向性的污染转移效应，即中国工业在参加全球价值链或沿全球价值链向高端位置攀升过程中，技术先进国将产品生产中涉及的污染型生产工序通过全球价值链转移至中国的程度，使用各行业工业废气排放量表征,数据来源于《中国能源统计年鉴》。污染转移作为全球价值链嵌入位置对中国工业技术进步能源偏向性的中介变量的回归结果见表 6.19:

表 6.19　全球价值链嵌入的污染转移效应

解释变量	模型 1 *tb*		模型 2 *pollution*		模型 3 *tb*	
position	0.088 2***	(0.000 4)	0.036 6***	(0.000 7)	0.082 9***	(0.000 7)
pollutiion					0.140 1***	(0.000 1)
e	1.471 2***	(0.025 9)	2.213 4***	(0.042 4)	1.145 9***	(0.040 9)
rd	0.715 4***	(0.071 5)	−19.537 9***	(0.460 8)	3.664 5***	(0.106 1)
id	−1.099 5***	(0.006 3)	1.039 1***	(0.021 9)	−1.253 8***	(0.009 0)
fdi	0.212 7***	(0.004 1)	−0.343 8***	(0.014 7)	0.264 8***	(0.011 3)
Constant	−0.129 4***	(0.000 4)	−0.014 1***	(0.000 7)	−0.127 3***	(0.000 9)
R2	0.235 4		0.209 0		0.111 0	
Wald	20.04		73.44		24.62	
样本数	300		300		300	
行业数	20		20		20	

注:括号中数据为标准误,***、**、*分别表示在1%、5%、10%的显著性水平下显著。

由表 6.19 回归结果可知,模型 1 中 *position* 系数显著为正,模型 2 中 *position* 对污染转移 *pollution* 作用系数显著为正,模型 3 中 *position* 与污染转移 *pollution* 作用系数均显著为正。这表明全球价值链位置会促进先发国家将污染型生产工序转移到国内,引起中国工业技术进步偏向耗能方向,并恶化能源与环境问题。中国在世界市场中份额提升是以遭受严重的环境污染为代价的,出口中间品是环境污染的重要原因。中国工业污染气体排放中,有 15%的 $PM_{2.5}$、21%的二氧化硫、23%的氮氧化物与 21%的挥发性有机化合物是由于生产用于出口的能耗型产品造成的。就 $PM_{2.5}$ 排放数据来看,中国向美国、日本及欧洲国家出口能耗型产品,在这些能耗型产品的生产过程中,中国国内产生并排放的 $PM_{2.5}$ 分别占美国消费端产生

$PM_{2.5}$的 27%，占日本该类目的 29%，占欧洲该类目的 26%。发达国家消费能耗型产品，却将能耗型产品的生产工序放在发展中国家，增加了发展中国家的能源消耗与环境污染，并诱使发展中国家工业技术进步偏向耗能方向。值得一提的是，能源要素投入 *e* 在模型 1—3 中系数均显著为正，表明能源要素投入的加大促进技术进步偏向耗能方向。同时，某些中国污染型生产方式的延续以及耗能型生产技术应用范围的扩大，会加剧国外污染向中国转移，加剧全球价值链嵌入位置的污染转移效应，促使中国技术进步偏向耗能方向。模型 2 中研发水平 *rd* 的系数为负，表示中国研发水平的加强有助于抑制污染转移效应，随着研发水平的提升，中国技术进步水平也得以提升，不再需要通过出卖廉价劳动力与能源参与国际分工，在全球价值生产中可以承担更多对技术水平要求较高的节能型生产工序，缓解能源危机。

二、污染转移效应的异质性分析

(一) 不同嵌入复杂度下全球价值链嵌入位置污染转移效应的异质性检验

为研究中国工业嵌入简单全球价值链与复杂全球价值链的情况下，全球价值链位置的污染转移效应对行业技术进步方向变化的差异，本节使用中介效应模型进行考察，中介效应模型的回归结果如表 6.20 所示。其中，*ps* 指中国工业各行业在简单全球价值链中嵌入位置，*pc* 指中国工业各行业在复杂全球价值链中嵌入位置。

由表 6.19 回归结果可知，模型 1 与模型 4 中 *ps* 与 *pc* 系数显著为正，模型 2 与模型 5 中 *ps* 与 *pc* 对污染转移 *pollution* 作用系数显著为正，模型 3 与模型 6 中 *ps*、*pc* 与污染转移 *pollution* 作用系数也均显著为正。这表明无论是嵌入简单全球价值链还是复杂全球价值链，均会促进先发国家将污染型生产工序转移到中国，引起中国工业技术进步偏向耗能方向，并恶化能源与环境问题。全球价值链引起污染转移效应与要素禀赋、生产技术与环

表 6.20　全球价值链嵌入位置污染转移效应的异质性检验:不同嵌入复杂度

解释变量	简单全球价值链嵌入			复杂全球价值链嵌入		
	模型 1 *tb*	模型 2 *pollution*	模型 3 *tb*	模型 4 *tb*	模型 5 *pollution*	模型 6 *tb*
ps	0.144 9***	0.085 2***	0.134 9***			
	(0.000 5)	(0.001 0)	(0.000 7)			
pc				0.128 2***	0.063 1***	0.118 5***
				(0.001 1)	(0.000 7)	(0.001 8)
pollution			0.112 4***			0.159 3***
			(0.002 5)			(0.001 8)
e	0.488 9***	1.480 8***	0.322 4***	1.522 0***	2.214 3***	1.181 4***
	(0.028 5)	(0.030 6)	(0.040 6)	(0.029 0)	(0.033 8)	(0.043 0)
rd	6.256 7***	−16.905 6***	8.192 6***	7.208 1***	−17.174 0***	9.811 7***
	(0.166 6)	(0.231 7)	(0.257 3)	(0.139 9)	(0.258 6)	(0.296 2)
id	−1.042 2***	1.101 6***	−1.170 5***	−1.213 7***	1.024 4***	−1.375 1***
	(0.009 8)	(0.021 5)	(0.013 3)	(0.010 4)	(0.016 3)	(0.012 2)
fdi	0.498 1***	−0.220 0***	0.520 4***	0.603 7***	−0.179 0***	0.637 5***
	(0.007 5)	(0.006 3)	(0.010 6)	(0.019 8)	(0.006 7)	(0.014 5)
Constant	−0.185 1***	−0.061 2***	−0.177 9***	−0.173 9***	−0.042 4***	−0.167 5***
	(0.000 4)	(0.000 8)	(0.000 7)	(0.001 1)	(0.000 6)	(0.001 7)
R2	0.275 6	0.215 1	0.154 5	0.177 2	0.272 7	0.084 6
Wald	31.01	74.36	37.06	16.66	72.52	22.49
样本数	300	300	300	300	300	300
行业数	20	20	20	20	20	20

注:括号中数据为标准误,***、**、* 分别表示在 1%、5%、10%的显著性水平下显著。

境规制强度有关。一般而言，发达国家工业发展起步较早，已经进入工业化后期，资本要素较为丰裕，工业生产方式开始注重环保与节能技术的发展，生产者的环保意识较强，环境规制等法律程序较为完善，环境规制强度较高，鼓励科研单位与企业进行节能技术的研发，抑制其耗能型技术的发展。而发展中国家的环境规制强度较弱，对耗能型产品的生产与出口管制较为宽松，导致污染生产工序从发达国家向发展中国家的转移，发展中国家沦为发达国家的“污染避难所”。全球价值链的跨国污染转移具有多种方式：第一是发达国家将一些由于本国环境规制强度较高而不允许在其国家销售的污染型中间品出口至发展中国家，第二是发达国家将本国生产所产生的废弃物转移到发展中国家进行处理和埋藏，第三是发达国家通过向发展中国家进口大量矿产品与能源等资源而造成污染的隐性转移，发展中国家在矿产品开采过程中造成本国大量环境污染问题，第四是全球价值链上下游人员与商品流动产生的有意或无意的生物型污染物转移。

(二) 不同嵌入方向下全球价值链嵌入位置污染转移效应的异质性检验

为研究中国工业前向嵌入全球价值链与后向嵌入全球价值链的情况下，全球价值链位置的污染转移效应对行业技术进步方向变化的差异，本节使用中介效应模型进行考察，中介效应模型的回归结果如表 6.21 所示。其中，*plv_gvc* 指中国工业各行业前向嵌入全球价值链的生产长度，*ply_gvc* 指中国工业各行业后向嵌入全球价值链的生产长度。

由表 6.21 回归结果可知，模型 1 中 *plv_gvc* 系数显著为正，模型 2 中 *plv_gvc* 对污染转移 *pollution* 作用系数显著为正，模型 3 中 *plv_gvc* 与污染转移 *pollution* 作用系数均显著为正，全球价值链前向嵌入的部分中介效应成立。这表明全球价值链前向嵌入会促进先发国家将污染型生产工序转移到中国，引起中国工业技术进步偏向耗能方向，并恶化能源与环境问题。模型 4 中 *ply_gvc* 系数显著为正，模型 5 中 *ply_gvc* 对污染转移 *pollution*

表 6.21　全球价值链嵌入位置污染转移效应的异质性检验:不同嵌入方向

解释变量	全球价值链前向嵌入			全球价值链后向嵌入		
	模型 1 *tb*	模型 2 *pollution*	模型 3 *tb*	模型 4 *tb*	模型 5 *pollution*	模型 6 *tb*
plv_gvc	0.012 8***	0.004 1***	0.012 1***			
	(0.000 1)	(0.000 1)	(0.000 1)			
ply_gvc				0.004 9***	−0.002 5***	0.005 2***
				(0.000 1)	(0.000 1)	(0.000 2)
pollution			0.160 7***			0.184 6***
			(0.002 7)			(0.002 4)
e	2.070 2***	2.502 1***	1.661 1***	2.527 8***	2.466 2***	2.041 1***
	(0.024 9)	(0.025 9)	(0.034 8)	(0.022 7)	(0.040 6)	(0.036 0)
rd	0.885 8***	−19.901 2***	4.158 7***	0.374 8***	−18.885 9***	3.929 0***
	(0.104 3)	(0.308 3)	(0.123 3)	(0.063 4)	(0.290 3)	(0.075 7)
id	−1.249 3***	1.001 8***	−1.412 3***	−1.252 1***	1.025 6***	−1.446 6***
	(0.006 1)	(0.016 5)	(0.008 0)	(0.003 9)	(0.017 2)	(0.007 2)
fdi	0.371 3***	−0.286 6***	0.412 9***	0.351 5***	−0.252 6***	0.402 9***
	(0.006 8)	(0.011 8)	(0.008 6)	(0.008 4)	(0.012 1)	(0.006 8)
Constant	−0.109 0***	0.000 3	−0.108 7***	−0.072 4***	0.032 4***	−0.077 7***
	(0.000 5)	(0.000 5)	(0.000 7)	(0.000 5)	(0.000 6)	(0.001 0)
R2	0.148 0	0.233 3	0.071 9	0.046 3	0.208 8	0.083 9
Wald	15.76	82.15	19.66	13.79	76.33	18.13
样本数	300	300	300	300	300	300
行业数	20	20	20	20	20	20

注:括号中数据为标准误,***、**、*分别表示在1%、5%、10%的显著性水平下显著。

表 6.22　全球价值链嵌入位置污染转移效应的条件分析:不同生产方式

解释变量	内涵型生产方式			外延型生产方式		
	模型 1 *tb*	模型 2 *pollution*	模型 3 *tb*	模型 4 *tb*	模型 5 *pollution*	模型 6 *tb*
p_co	−0.328 7**	−49.044 2***	−0.063 2***			
	(0.133 6)	(1.945 5)	(0.012 7)			
p_epi				0.098 8***	39.089 8***	0.115 5***
				(0.001 2)	(1.098 1)	(0.002 3)
pollution			0.000 5***			0.001 1***
			(0.000 2)			(0.000 2)
e	−15.687 8***	305.798 1***	−1.917 0***	1.503 4***	2 399.004 5***	6.844 3***
	(4.506 9)	(70.070 3)	(0.559 9)	(0.039 0)	(105.579 1)	(0.466 0)
rd	0.155 9**	−103.333 6***	0.148 5***	−0.069 8***	−4.959 2**	7.309 4***
	(0.073 8)	(9.532 0)	(0.012 7)	(0.004 7)	(1.985 6)	(1.768 7)
id	−1.875 3***	1 392.547 4***	−1.653 8***	−0.798 2***	−60.143 6***	−1.138 3***
	(0.487 7)	(70.337 3)	(0.115 9)	(0.023 5)	(15.538 8)	(0.109 2)
fdi	−0.922 4	564.506 0***	0.756 5***	0.503 3***	116.283 2***	−0.700 8***
	(0.659 1)	(53.390 1)	(0.047 5)	(0.025 4)	(17.930 0)	(0.101 7)
Constant	0.296 0**	62.098 1***	−0.011 9	−0.155 7***	−34.959 0***	−0.149 0***
	(0.124 6)	(2.349 7)	(0.010 7)	(0.001 0)	(1.091 9)	(0.002 5)
R2	0.504 6	0.567 6	0.474 2	0.065 9	0.411 4	0.202 2
Wald	87.40	34.33	81.51	5.87	98.22	19.12
样本数	150	150	150	150	150	150
行业数	10	10	10	10	10	10

注:括号中数据为标准误,***、**、* 分别表示在 1%、5%、10%的显著性水平下显著。

作用系数显著为负，模型 6 中 *ply_gvc* 与污染转移 *pollution* 作用系数均显著为正，遮掩效应成立。这表明全球价值链后向嵌入会抑制先发国家将污染型生产工序转移到中国，引起中国工业技术进步偏向节能方向。中国工业前向嵌入全球价值链越深，则越靠近产业链上游，即原材料投入阶段与化石能源开采阶段，形成对能源与能耗型技术依赖性，导致中国工业只能在全球价值生产中承担发达国家转移的污染型生产工序，引起技术进步偏向耗能方向。而中国工业后向嵌入全球价值链程度越高，越接近于加工组装与产品售后营销环节，所涉及生产工序多为劳动密集型，不易实现污染转移，抑制全球价值链的污染转移效应，引起技术进步偏向节能方向。

三、污染转移效应的条件分析

(一) 不同生产方式下全球价值链嵌入位置污染转移效应的异质性检验

为研究中国工业选择内涵型生产方式与外延型生产方式条件下，全球价值链位置的污染转移效应对行业技术进步方向变化的差异，本节使用中介效应模型进行考察，中介效应模型的回归结果如表 6.22 所示。其中，*p_co* 指采用内涵型生产方式条件下全球价值链嵌入位置，*p_epi* 指采用外延型生产方式条件下全球价值链嵌入位置。

由表 6.22 回归结果可知，模型 1 中 *p_co* 系数显著为负，模型 2 中 *p_co* 对污染转移 *pollution* 作用系数显著为负，模型 3 中 *p_co* 与污染转移 *pollution* 作用系数分别显著为负与显著为正。在内涵型生产方式条件下，全球价值链负向污染转移效应的部分中介效应成立，表明全球价值链嵌入会抑制先发国家将污染型生产工序转移到国内，引起中国工业技术进步偏向节能方向，缓解能源危机与环境问题。模型 4 中 *p_epi* 系数显著为正，模型 5 中 *p_epi* 对污染转移 *pollution* 作用系数显著为正，模型 6 中 *p_epi* 与污染转移 *pollution* 作用系数均显著为正，在外延型生产方式条件下，全球价值链的污染转移效应部分中介效应成立。在内涵型生产模式下，企业进行生产再扩大不依赖简单加倍投入要素与设备的方式，而是积极寻求技术升级，承担发达国家通过全球价值链向国内转移的污染型生产任务的意愿较弱，且企业内部日益精进的技术与生产条件与污染生产工序的匹配性较弱，阻碍了技术先进国通过全球价值链转移的污染型生产工序。而在企业施行外延型生产再扩大模式的情况下，企业再生产过程中需要投入大量能源，这种粗放型生产模式与污染型生产的匹配度较高，促进了发达国家通过全球价值链实现污染转移，导致技术进步偏向耗能方向。

(二) 不同环境规制下全球价值链嵌入位置污染转移效应的异质性检验

为研究中国工业在不同环境规制强度条件下，全球价值链位置的污染转移效应对行业技术进步方向变化的差异，本节使用中介效应模型进行考察，中介效应模型的回归结果如表 6.23 所示。其中，*p_lreg* 指在低环境规制条件下中国工业各行业全球价值链嵌入位置，*p_mreg* 指在中环境规制条件下中国工业各行业全球价值链嵌入位置，*p_hreg* 在高环境规制条件下中国工业各行业全球价值链嵌入位置。

表 6.23 全球价值链嵌入位置污染转移效应的条件分析:不同环境规制强度

解释变量	低环境规制强度					
	模型 1 *tb*		模型 2 *pollution*		模型 3 *tb*	
p_lreg	0.110 7***	(0.002 0)	3.040 4***	(0.790 7)	0.101 1***	(0.001 4)
pollution					0.000 1***	(0.000 0)
e	4.556 8***	(0.179 2)	2 119.025 7***	(109.841 9)	1.507 1***	(0.043 8)
rd	6.287 4***	(1.477 4)	210.178 6	(264.717 6)	−0.063 9***	(0.005 2)
id	−1.021 5***	(0.093 2)	−78.662 3***	(17.682 9)	−0.868 6***	(0.024 6)
fdi	−0.349 8***	(0.091 7)	−226.988 1	(13.284 8)	0.472 6***	(0.028 2)
Constant	−0.147 8***	(0.002 0)	0.530 6	(0.692 0)	−0.158 6***	(0.001 3)

续 表

解释变量	低环境规制强度					
	模型 1 *tb*		模型 2 *pollution*		模型 3 *tb*	
R2	0.614 9		0.917 7		0.692 7	
Wald	13.21		201.81		93.61	
样本数	105		105		105	
行业数	7		7		7	
解释变量	**中环境规制强度**					
	模型 4 *tb*		模型 5 *pollution*		模型 6 *tb*	
p_mreg	0.056 1***	(0.007 9)	3.513 5***	(0.759 7)	0.046 5***	(0.012 7)
pollution					0.000 7***	(0.000 2)
e	−9.697 1***	(0.469 8)	1 535.762 9***	(145.034 1)	−10.908 4***	(0.673 7)
rd	−0.235 5***	(0.013 9)	−23.257 2***	(2.731 4)	−0.224 3***	(0.013 6)
id	2.565 2***	(0.129 4)	42.169 5	(26.978 3)	2.596 6***	(0.133 1)
fdi	1.445 4***	(0.101 6)	122.196 3***	(24.963 6)	1.402 2***	(0.132 9)
Constant	−0.136 9***	(0.007 5)	−1.401 0***	(0.377 9)	−0.130 5***	(0.012 3)
R2	0.701 2		0.816 3		0.724 7	
Wald	32.10		63.69		31.86	
样本数	105		105		105	
行业数	7		7		7	
解释变量	**高环境规制强度**					
	模型 7 *tb*		模型 8 *pollution*		模型 9 *tb*	
p_hreg	0.114 6***	(0.010 4)	127.337 9	(173.170 9)	0.094 1***	(0.011 5)
pollution					0.000 1***	(0.000 0)
e	3.298 4***	(0.215 7)	−539.224	(1 975.297 0)	3.273 5***	(0.216 5)
rd	−0.401 1***	(0.032 9)	56.976 7	(199.586 8)	−0.384 5***	(0.032 1)
id	−2.055 5***	(0.050 7)	2 238.529 0**	(1 002.995 1)	−2.100 7***	(0.058 2)
fdi	−0.349 2	(0.233 4)	81.579 2	(245.440 1)	−0.187 2	(0.180 4)
Constant	−0.092 9***	(0.011 3)	−96.561	(204.576 9)	−0.080 0***	(0.011 1)

续　表

解释变量	高环境规制强度		
	模型 7 *tb*	模型 8 *pollution*	模型 9 *tb*
R2	0.680 0	0.646 3	0.725 3
Wald	39.88	73.52	40.60
样本数	90	90	90
行业数	6	6	6

注:括号中数据为标准误，*** 、** 、* 分别表示在1%、5%、10%的显著性水平下显著。

由表6.23回归结果可知,模型1中 *p_lreg* 系数显著为正,模型2中 *p_lreg* 对污染转移 *pollution* 作用系数显著为正,模型3中 *p_lreg* 与污染转移 *pollution* 作用系数均显著为正,在低环境规制强度条件下,全球价值链嵌入位置污染转移效应的部分中介效应成立。这表明全球价值链嵌入会促进先发国家将污染型生产工序转移到国内,引起中国工业技术进步偏向耗能方向。模型4—6各系数也得到相同结果,在中等环境规制强度条件下,全球价值链嵌入位置污染转移效应的部分中介效应成立。模型7中 *p_hreg* 对污染转移 *pollution* 作用系数显著为正,但模型8中 *p_hreg* 与污染转移 *pollution* 作用系数不显著,使用boostrap法检验间接效应结果显示,间接效应p值为0.534,表示在高环境规制强度下,全球价值链嵌入位置的污染转移效应不存在,污染转移不作为全球价值链改变技术进步方向的中介变量。上述结果表明,环境规制并不总能有效抑制国外污染产业向国内转移,只有环境规制强度超过某一特定范围,才会避免发展中国家成为"污染避难所"。当环境规制强度处于低强度与中强度条件下,企业进行污染型与粗放型生产不会受到严厉处罚,只有当环境规制强度处于高规制状态,全球价值链的污染转移效应才会消失。

表 6.24 全球价值链嵌入位置污染转移效应的条件分析:不同政策导向

解释变量	中央政策导向			地方政策导向		
	模型 1 *tb*	模型 2 *pollution*	模型 3 *tb*	模型 4 *tb*	模型 5 *pollution*	模型 6 *tb*
p_center	−0.094 7***	19.566 5***	−0.103 9***			
	(0.000 9)	(1.729 4)	(0.001 3)			
p_local				0.068 0***	28.753 8*	0.064 3***
				(0.001 4)	(16.735 3)	(0.001 4)
pollution			0.000 2***			0.000 2***
			(0.000 0)			(0.000 0)
e	3.897 6***	2 539.066 2***	7.813 8***	−0.004 9	−836.621 3	−0.514 6***
	(0.140 0)	(102.947 6)	(0.268 6)	(0.029 8)	(1 932.378 0)	(0.065 9)
rd	0.280 0***	−184.655 5***	0.396 6***	−0.122 9***	−66.866 5	−0.088 9***
	(0.007 6)	(8.590 3)	(0.016 2)	(0.003 5)	(61.108 5)	(0.002 7)
id	−3.399 9***	703.486 5***	−4.426 8***	−0.302 2***	679.890 6	−0.424 4***
	(0.044 4)	(29.787 8)	(0.093 7)	(0.012 5)	(430.590 6)	(0.021 5)
fdi	0.963 6***	−237.754 7***	0.749 6***	0.067 3***	227.836 5	0.107 3***
	(0.035 1)	(27.330 5)	(0.040 8)	(0.012 5)	(321.704 5)	(0.013 1)
Constant	0.025 0***	10.957 0***	0.028 7***	−0.084 6***	−22.275 6*	−0.086 9***
	(0.000 8)	(1.434 1)	(0.001 3)	(0.001 5)	(13.287 6)	(0.001 5)
R2	0.517 9	0.465 6	0.591 9	0.310 8	0.202 6	0.258 4
Wald	136.24	92.74	171.16	41.06	35.27	27.14
样本数	150	150	150	150	150	150
行业数	10	10	10	10	10	10

注:括号中数据为标准误,***、**、*分别表示在1%、5%、10%的显著性水平下显著。

(三) 不同政策导向下全球价值链嵌入位置污染转移效应的异质性检验

为研究中国工业在不同政策导向条件下，全球价值链位置的污染转移效应对行业技术进步方向变化的差异，本节使用中介效应模型进行考察，中介效应模型的回归结果如表 6.24 所示。其中，*p_center* 指在中央政策导向条件下中国工业各行业全球价值链嵌入位置，*p_local* 指在地方政策导向条件下各行业全球价值链嵌入位置。

由表 6.24 回归结果可知，模型 1 中 *p_center* 系数显著为负，模型 2 中 *p_center* 对污染转移 *pollution* 作用系数显著为正，模型 3 中 *p_center* 与污染转移 *pollution* 作用系数分别显著为负与显著为正，遮掩效应成立。在中央政策导向下，全球价值链嵌入位置整体促进了技术进步向节能方向发展，但全球价值链同时具有正向的污染转移效应，污染转移效应引起技术进步偏向耗能方向。模型 4 中 *p_local* 系数显著为正，模型 5 中 *p_local* 对污染转移 *pollution* 作用系数显著为正，模型 6 中 *p_local* 与污染转移 *pollution* 作用系数均显著为正，部分中介效应成立。中央政策与地方政策导向均会促进发达国家沿全球价值链进行污染产业转移，但中央政策导向下的污染转移效应弱于地方政策导向条件下的污染转移效应。相较之下，地方政府在制定经济政策时，对经济发展的长远考虑弱于中央政府，地方官员制定政策在结合当地生产条件与资源禀赋前提下，可能更多考虑仕途晋升与短期经济利益，承担一些发达国家转移的污染型生产任务，因此全球价值链嵌入位置的污染转移效应较强。

第五节 本章小结

全球价值链嵌入位置与技术进步能源偏向性呈现倒 U 型曲线关系，当某部门处于全球价值链低端位置时，全球价值链嵌入位置的提升抑制了节能技术发展，使得技术进步能源偏向性倾向耗能，而当全球价值链嵌入位置跨越拐点，进入“微笑曲线”右侧部分，则全球价值链嵌入位置的提升促进了节能技术发展，使得技术进步能源偏向性倾向节能。全球价值链嵌入位置演变产生的技术溢出效应、市场竞争效应、路径依赖效应与污染转移效应使得中国工业技术进步方向在不同程度上偏向耗能或节能，各种作用机制相互抗衡，相互制约，共同决定了中国工业在不同条件下的技术进步方向。

全球价值链嵌入位置的技术溢出效应可以通过“干中学”效应和“逆工程化”效应实现，并通过产业关联进行传导。实证结果显示，中国工业各行业嵌入简单全球价值链抑制技术溢出效应，而嵌入复杂全球价值链促进技术溢出效应；全球价值链的前向嵌入抑制技术溢出效应，而后向嵌入促进技术溢出效应；内涵型生产方式促进技术溢出效应，而外延型生产方式抑制技术溢出效应；低环境规制强度抑制技术溢出效应，而中高环境规制强度促进技术溢出效应；中央政策导向抑制技术溢出效应，而地方政策导向促进技术溢出效应。

企业在参与全球价值链并沿价值链向高端位置攀升过程中，会面临更大的中间投入品市场，进口中间品带来的替代效应与竞争效应改变了国内中间品的价格需求弹性。国内中间品需求方对于中间品价格变化更敏感，导致产品生产率更高和质量更好的中间品厂商才可以存留下来。市场的优胜劣汰机制将生产率不足和能源使用效率过低的中间品厂商淘汰，从而提高整个行业的生产率与能源使用效率，进而使得国内中间品生产技术的能源偏向性减弱而资本偏向性增强。一般来说，随着一国在全球价值链中位置攀升，所生产产品的附加值更高，产品的科技含量与资本含量增多，能源消耗型生产方式难以应对价值链上游激烈的科技竞争。在竞争压力的促使下，企业需改进生产技术，使用能源效率更高的节能技术，才能应对全球价值链上游位置对产品的高要求。实证结果显示，中国工业各行业嵌入简单全球价值链和复杂全球价值链均促进市场竞争效应；全球价值链的前向嵌入与后向嵌入也均促进市场竞争效应；内涵型生产方式促进市场竞争效应，而外延型生产方式抑制市场竞争效应；低环境规制强度抑制市场竞争效应，而中高环境规制强度促进市场竞争效应；中央政策导向抑制市场竞争效应，而地方政策导向促进市场竞争效应。

全球价值链嵌入位置攀升对技术进步方向的路径依赖效应体现在两个方面。一方面，中国等发展中国家在国际垂直分工中一般利用本国能源要素丰裕的比较优势承担耗能型生产任务，随着全球价值生产分工的日益细化与深化，这种粗放型生产方式形成经济发展的惯性，放大了初始国际垂直分工选择，对能源占比较大的要素投入结构产生依赖；另一方面，无论是自主研发还是直接购买先进技能技术，均需要投入较大成本，尤其技术研发前期投入成本较大，且收益风险不确定，企业不具有足够的动力进行技术的更新换代，加之技术更新需要将与之配套的机器设备更换，并对从业人员重新培训，造成企业对能耗型技术使用的依赖性。实证结果显示，中国工业各行业嵌入简单全球价值链促进了路径依赖效应，嵌入复杂全球价值链抑制了路径依赖效应；全球价值链的前向嵌入与后向嵌入均促进了路径依赖效应；内涵型生产方式相对外延型生产方式而言，对路径依赖效应的抑制作用更强；低环境规制强度与高环境规制强度促进了路径依赖效应，而中环境规制强度抑制了路径依赖效应；中央政策导向对路径依赖效应的抑制作用大于地方政策导向。

发达国家与发展中国家在参与全球价值生产过程中承担了不同生产任务，一般而言，发达国家科技水平较高，节能型与新型清洁技术发展较为完善，产品研发与设计能力较强，而发展中国家节能技术发展水平较低，产品研发等核心技术不强，只能依靠国内丰裕的要素禀赋优势与低廉的生产要素成本，在国际垂直分工中主动或被动承担污染型生产工序。因此，发达国家在产品生产中，会将各生产工序通过全球价值链分散在世界各地，将产品研发与售后服务等核心任务保留在国内，而把零部件生产与加工组装等低技术工序放在海外进行。后发国家在沿全球价值链攀升过程中，主动或被动承担了大量污染型生产任务，全球价值链的污染转移效应促使技术进步偏向耗能方向。实证结果显示，中国工业各行业嵌入简单全球价值链与复杂全球价值链均促进污染转移效应；全球价值链的前向嵌入促进污染转移效应，而后向嵌入抑制污染转移效应；内涵型生产方式抑制污染转移效应，而外延型生产方式促进污染转移效应；低环境规制强度与中等环境规制强度均促进污染转移效应，而当环境规制强度较高时，全球价值链嵌入位置不具有污染转移效应；相较中央政策导向而言，地方政策在执行过程中的导向可能加强了污染转移效应。

第七章
工业信息化下的能源偏向型技术进步

在当前"逆全球化"浪潮下,推动互联网、大数据、人工智能与实体经济深度融合,即工业信息化、智能化与数字化,是中国加快形成以国内大循环为主体、国内国际双循环相互促进新发展格局的重要内容,也是中国新旧动能转换的关键。中国工业门类齐全、产业链完善、规模庞大,已取得举世瞩目的成就,加之工业企业积极与先进技术与产业深度融合,借助工业互联网平台作为基础支撑,将大数据作为工业生产的驱动要素之一,广泛使用人工智能作为通用核心技术,为中国保持制造大国并确立制造强国地位奠定了坚实基础。然而,中国在世界经济格局中地位提升的同时也面临诸多考验与挑战。第一,中美贸易摩擦和利益冲突在短期难以协商与解决。西方国家提高中国进口商品关税,宣布对华制裁名单,限制美国企业与中国合作,阻碍了中国工业技术交流与产品出口。第二,长期以来中国凭借丰裕的劳动力要素在全球价值生产中占据较大比重,在参与全球化过程中获取了显著技术进步与财富积累,"逆全球化"浪潮可能造成技术进步速度放缓与大量劳动力失业问题。第三,受疫情冲击,国内外消费需求均在短期内下滑,中国工业中小企业因订单削减出现现金流问题,物流成本上涨,生产受限,供应链断裂等问题时有发生,也会通过产业关联限制中国工业的生产与销售。

工业信息化的本质是新一代信息技术与实体经济的融合。工业信息化逐步实现企业生产更加专业化、产品质量更加标准化与服务模式更加精细化,使国内经济能够更好协调创新、绿色、开放与共享。工业信息化会促进资源流通,将资源在产业间重新整合与配置,调整各产业原有供需结构,企业研发部门也会进一步结合自身要素禀赋与市场需求提升创新效率并及时调整研发方向,使得技术进步方向朝节能方向偏转。Broring 等(2006)认为,工业信息化令企业被迫调整业务范围,促进企业积极更新知识与管理经验,优化企业内部创新资源调配与高质量发展。綦良群和赵龙双(2013)认为,工业信息化涉及发现、设计、生产以及销售各种环节,可以从价值链升级、产业结构优化与技术创新方面提高核心竞争力。Youngjung 等(2016)发现工业信息化能够促进技术溢出效应,加快先进技术在产业间渗透与交叉,从而缩小产业间技术差距,使产业结构向高级化方向发展。Niedergassel 和 Leker(2009)发现工业信息化能够降低化学产业生产成本,提升其生产效率。姜博等(2019)发现工业信息化降低了企业间相互学习与交流知识的成本,将异质性知识集中于整合,工业信息化先行企业将新知识用于开拓生产符合市场新需求的产品,获得高额创新利润,进一步加大创新研发力度。此外,产业融合相当于消除了原有的产业间壁垒,产业融合之前,企业在捕获创新契机之后,通过专利授权与技术转让等形式获得新型技术,降低了原有产业间技术溢出所涉及的交易成本,促进企业高质量发展。

信息化是数字化的基础,数字化是信息化的升级,数字时代是后信息时代,二者并没有严格的时间界限,同时并存且会长期并存。信息化的作用是提高效率,延展人类的能力,数字化则是利用信息技术颠覆传统,在虚拟数字空间重构和创造新的生产生活方式。工业信息化大致可以分为三个阶段,工业信息化 1.0 时期,各国大力支持国内信息技术发展,信息技术创新在试错中进步,积累大量技术与经营经验。这主要发生在大企业中。由于信息技术发展尚未成熟,存在大量前期试错成本,因此信息技术研发成本与信息产品定价都较高,中小企业一般不具有深度融合的经济条件,仅使用数据库软件、办公自动化软件和财务管理软件等产品,实现局部信息化。这一时期企业使用的数字化产品仅在标准化产品上通过定制化“施工”加入少量浅层次的个性化需求，企业与企业间尚未形成较强关联网络，仍表现出单个企业信息化为主的孤岛型融合，呈现出“条块分割”与“内外分割”特点。在工业信息化1.0的经验累积下，工业信息化2.0已形成相对清晰的技术框架和市场路线，技术研发的试错成本与资本投资风险大幅降低，中小企业也成为信息技术与实体经济深度融合的重要力量。云计算技术出现，信息化产品价格大幅下降为中小企业实现信息化提供机遇，互联网平台打破了大型企业与中小型企业间壁垒，信息技术实现从大企业向中小企业的溢出。信息化产品开始为中小企业制定特定的信息化需求与服务，大型企业与中小型企业通过互联网与云计算等技术实现网络联结。信息化服务商把“数据资产”视为与实物资产与品牌资产等同等重要的企业资产形式。在工业信息化2.0阶段，社会信息化程度已达新高，企业内外部界限被打破，企业需要在数字化网络中重新定位其运作模式、管理方式与组织形态，信息化产品理念不再为满足企业自身发展需求，而是为了满足用户需求。工业信息化3.0时代实现了人工智能技术与先进制造技术的深度融合，主要特征表现在制造系统具备了“认知学习”能力。信息与知识的产生、获取、应用和传承效率大幅提升，知识与技术更新换代速度加快，新一代信息技术融入于实体经济后，将先进技术、信息与数据要素融入智能设备中，为智能设备赋能，对人的意识和思维过程进行模拟，再使用机器学习等技术赋予机器类人的能力，能够有效降低劳动成本，提升劳动生产效率，创造新产品市场与新的就业岗位，形成了一种新的制造范式。

第一节 工业信息化的作用与机制分析

使用投入产出法测算工业信息化程度，即传统工业与新产业新技术的

深度融合程度。将计量模型设定如下:

$$tb = \alpha_0 + \alpha_1 \times inf\alpha_1 + \alpha_i \times X + \varepsilon \quad (7.1)$$

其中,tb 为中国工业各行业技术进步能源偏向型指数,由上文计算方法所得;inf 为计算所得各行业与国内或国外新技术新产业融合程度;X 为控制变量,包括能源要素投入 e、研发水平 rd、行业发展水平 id 和外商直接投资 fdi。其中,工业信息化程度指标使用投入产出法计算得出,即 $inf = interput/output$,$interput$ 为各行业历年来自国内或国外信息传输、软件和信息技术服务业的中间投入,$output$ 为各行业总产出,数据来源于历年国内与世界投入产出表,使用 FGLS 回归方法进行回归。

中国传统工业与大数据、工业互联网与人工智能技术深度融合对技术进步能源偏向性可能存在规模效应与技术溢出效应等作用机制。在工业信息化过程中,规模效应与技术溢出效应共同决定了中国工业技术进步能源偏向性特征。工业信息化可能通过改变产业规模来影响技术进步方向。产业规模扩大可能会引起技术进步向耗能方向发展,工业信息化在产业结构调整、效率提高、市场变化等综合因素方面发挥积极作用,从而为企业精减产业规模提供了有力支持。第一,结构调整和优化,工业信息化可能导致产业结构调整,陈旧、低效的产业可能会被淘汰或减少规模,而新兴、高效的产业可能会增长。这种结构调整可能导致某些产业规模减小,但整体产业规模可能会扩大。第二,效率提高和人力减少,工业信息化可以提高生产效率,减少人力投入,导致某些企业规模缩小,因为更少的人力可以完成更多的任务。第三,市场需求变化,工业信息化可能改变了市场需求和消费习惯,某些产业因此受到影响,产业规模会发生变化。例如,数字化媒体的兴起可能导致传统印刷产业规模减小。

工业信息化也是一种重要的技术溢出渠道,各企业有更多机会进行技术交流,学习技术与其他形式知识,技术溢出渠道增多,有利于企业接触并使用更为先进的节能技术进步。工业信息化通过知识共享、技术创新、跨界融合、人才培养、产业链整合和国际合作等方式，促进了技术溢出，推动了技术和经验的跨国传播。第一，知识共享和传播。工业信息化促使企业间和产业内的知识共享更加便捷，知识可以通过网络、云平台等方式快速传播，有助于技术和经验在企业间流动，从而推动技术溢出。第二，技术创新推动。工业信息化鼓励和支持企业进行技术创新。新技术的研发和应用往往会产生技术溢出效应，因为新技术可能会超越特定企业或领域的范畴，推动相似领域的发展。第三，跨界融合创新。工业信息化促进了不同领域、不同企业间的合作和融合，通过合作共享技术、知识和经验，技术溢出可能涉足其他相关领域，推动跨界融合创新。第四，培养高技能人才。工业信息化发展过程中，为了适应新技术的应用和发展，需要培养高技能人才。这些人才在不同企业之间流动，带着新的技术和知识，从而促进了技术溢出。第五，加速产业链整合。工业信息化加速了产业链上下游企业之间的信息交流和合作，使得技术能够快速传播和应用于整个产业链，推动产业链的整合和技术溢出。第六，国际合作和交流。工业信息化促进了国际间企业和研究机构之间的合作与交流。国际间的技术合作可以促进不同国家、地区间的技术溢出，推动全球技术进步。

采用中介效应模型检验工业信息化对能源偏向型技术进步的作用机制，其中，规模效应使用行业的固定资产投资存量规模衡量，技术溢出效应使用上文计算的行业 TFP 来衡量。数据来源与上文相同。中国工业与国内信息化产业融合的作用结果与作用机制回归结果见表 7.1 所示，与国外信息化产业融合的作用结果见表 7.2 所示。

由表 7.1 与表 7.2 回归结果可知，无论中国工业与国内信息化产业融合还是与国外信息化产业融合，模型 1 中 inf 系数显著为负，模型 2 中 inf 对产业规模 $scale$ 作用系数显著为负，模型 3 中 inf 作用系数在 1%显著性水平下显著为负，而产业规模 $scale$ 系数显著为正，表明规模效应的遮掩效应

表 7.1 工业国内信息化对能源偏向型技术进步的影响与作用机制

解释变量	模型 1 *tb*	模型 2 *scale*	模型 3 *tb*	模型 4 *spill*	模型 5 *tb*
inf	−0.274 6**	−22.893 5***	−0.437 7***	0.888 1***	−0.007 2***
	(0.108 0)	(2.735 8)	(0.005 8)	(0.048 0)	(0.001 2)
scale			0.088 5***		
			(0.024 7)		
spill					−0.001 0***
					(0.000 0)
e	0.013 4*	51.277 8***	−0.019 7***	−5.373 4***	0.004 6***
	(0.007 5)	(0.561 0)	(0.000 4)	(0.058 5)	(0.000 3)
rd	−0.004	−149.700 7***	0.094 5***	30.319 4***	−0.032 0***
	(0.018 4)	(1.568 1)	(0.000 7)	(0.240 1)	(0.001 3)
id	−0.004 2***	16.375 1***	−0.020 5***	0.390 2***	−0.003 5***
	(0.000 8)	(0.077 2)	(0.000 1)	(0.002 8)	(0.000 1)
fdi	0.026 2	−25.517 1***	0.035 9***	0.815 7***	−0.015 5***
	(0.016 8)	(1.139 0)	(0.000 8)	(0.063 8)	(0.000 7)
Constant	−0.052 2***	786.219 3***	−0.043 1***	−0.657 4***	−0.026 7***
	(0.003 9)	(20.449 1)	(0.000 1)	(0.017 6)	(0.000 2)
Wald chi2	54.37	777.34	407.22	371.56	561.25
样本数	300	300	300	300	300
行业数	20	20	20	20	20

注:括号中数据为标准误,***、**、*分别表示在1%、5%、10%的显著性水平下显著。

表 7.2 工业国外信息化对能源偏向型技术进步的影响与作用机制

解释变量	模型 1 *tb*	模型 2 *scale*	模型 3 *tb*	模型 4 *spill*	模型 5 *tb*
inf	−0.383 6***	−26.980 8***	−0.143 2***	0.802 4***	−0.009 8*
	(0.004 3)	(0.576 2)	(0.001 9)	(0.063 6)	(0.005 4)
scale			0.088 6***		
			(0.028 3)		
spill					−0.001 4***
					(0.000 0)
e	−0.016 1***	5.101 3***	−0.061 9***	−4.682 3***	−0.015 4***
	(0.000 2)	(0.078 0)	(0.000 4)	(0.041 7)	(0.000 4)

续　表

解释变量	模型 1 *tb*	模型 2 *scale*	模型 3 *tb*	模型 4 *spill*	模型 5 *tb*
rd	−0.012 1***	−13.448 0***	0.107 0***	29.872 8***	−0.121 3***
	(0.000 5)	(0.137 9)	(0.001 5)	(0.258 1)	(0.001 1)
id	−0.005 4***	1.589 7***	−0.019 5***	0.401 5***	−0.002 2***
	(0.000 0)	(0.008 1)	(0.000 1)	(0.002 6)	(0.000 1)
fdi	0.076 0***	−0.938 4***	0.084 9***	0.625 4***	−0.011 6***
	(0.001 1)	(0.123 4)	(0.001 4)	(0.046 8)	(0.000 6)
Constant	−0.036 8***	0.978 5***	−0.045 5***	−0.670 3***	−0.011 1***
	(0.000 1)	(0.013 7)	(0.000 1)	(0.014 3)	(0.000 3)
Wald chi2	64.55	125	830.96	954.07	926.19
样本数	300	300	300	300	300
行业数	20	20	20	20	20

注：括号中数据为标准误，***、**、*分别表示在1%、5%、10%的显著性水平下显著。

成立，与信息化产业融合可以通过精减产业规模来使中国工业技术进步偏向节能方向。上述中介效应系数与经济事实相符，工业信息化实质上是对生产资料的重新配置与结构优化，不可避免地会发生资源的重新整合，这就会造成一部分效率较低的生产资料的淘汰和清除，将企业资金用于生产效率更高的要素方面。因此，中国工业与新产业新技术融合之后，会导致整体产业规模的缩小，但会引起整体生产效率的提升，企业生产会自觉使用生产效率更高的数据偏向型技术进步，促使整体技术进步偏向节能方向。产业融合引起的规模精简是高质量发展的迫切需要，是强基固本的重要保证，有利于优化资源配置，精简企业机构设置，加快推进企业高质量发展。

由表 7.1 与表 7.2 回归结果可知，无论中国工业与国内信息化产业融合还是与国外信息化产业融合，模型 4 中 *spill* 系数显著为正，模型 5 中 *inf* 作用系数在 1%显著性水平下显著为负，技术溢出 *spill* 系数也显著为负，表明技术溢出的遮掩效应成立，与信息化产业融合可以通过促进技术溢出来使中国工业技术进步偏向节能方向。中国工业在与信息产业深度融合过程中有助于技术在产业间与产业内溢出,技术溢出有助于拉动中国工业技术进步偏向节能方向。除直接参与产业融合的产业以外,与参与产业相关联的上下游产业也会通过中间品这一重要的技术溢出渠道改变技术进步方向。中间品中蕴含着大量先进的节能技术,中间品生产过程中将技术进步物化于所产出的中间品中,通过上下产业间的中间品贸易实现充分的技术交流与技术传递,将节能技术进行扩散,促进了关联产业的技术模仿与技术创新,从而提升工业生产的能源要素使用效率。

第二节 工业信息化对要素市场的影响

本节采用实证研究方法考察中国工业与国内外信息产业融合对劳动、资本与能源要素投入与要素收入的影响,将计量模型设定如下:

$$fac\_input = \alpha_0 + \alpha_1 \times inf\alpha_1 + \alpha_i \times X + \varepsilon \tag{7.2}$$

$$fac\_income = \alpha_0 + \alpha_1 \times inf\alpha_1 + \alpha_i \times X + \varepsilon \tag{7.3}$$

其中,fac_input 为中国工业各行业要素投入,包括劳动力要素 l,资本要素 k 与能源要素 e,fac_income 为中国工业各行业要素收入,包括劳动力要素收入 wl,资本要素收入 hk 与能源要素收入 re,其余变量与上文相同。实证结果如表 7.3 与表 7.4 所示:

表 7.3 工业国内信息化对要素投入与要素收入的影响

解释变量	模型 1 l	模型 2 k	模型 3 e	模型 4 wl	模型 5 hk	模型 6 re
inf	−2.011 4**	−4.954 4	0.643 6***	0.126 6***	0.293 1***	0.827 8***
	(0.819 0)	(4.371 1)	(0.021 9)	(0.012 5)	(0.082 7)	(0.006 8)

续 表

解释变量	模型 1 *l*	模型 2 *k*	模型 3 *e*	模型 4 *wl*	模型 5 *hk*	模型 6 *re*
rd	25.522 3***	1.844 6	−0.084 8	0.081 7***	0.052 8	0.001
	(0.826 7)	(4.711 3)	(0.070 6)	(0.014 8)	(0.073 9)	(0.003 5)
id	3.972 6***	7.281 4***	0.008 7**	0.112 6***	0.374 0***	0.028 1***
	(0.063 0)	(0.372 1)	(0.003 7)	(0.002 1)	(0.003 9)	(0.000 4)
fdi	−0.720 7	−2.400 9	0.003 4	−0.008 1***	−0.679 8***	0.043 3***
	(1.309 5)	(2.172 9)	(0.024 2)	(0.003 0)	(0.032 2)	(0.002 2)
Constant	23.316 25***	11.720 2***	0.010 8*	−0.379 5***	0.109 3***	−0.009 6***
	(0.539 3)	(1.009 1)	(0.005 6)	(0.029 4)	(0.021 0)	(0.000 7)
Wald chi2	97.15	930.59	882.37	48.71	885.94	253.78
样本数	300	300	300	300	300	300
行业数	20	20	20	20	20	20

注：括号中数据为标准误，*** 、** 、* 分别表示在1%、5%、10%的显著性水平下显著。

由表 7.3 回归结果可知，对于中国工业国内信息产业融合来说，模型 1 与模型 2 中工业信息化对劳动要素投入 l 和资本要素投入 k 作用系数均显著为负，模型 3 中对能源要素投入 e 作用系数显著为正。工业信息化使企业能够通过技术手段实现生产、经营和管理的高效、精准和智能化，从而减少了对劳动投入和资本投入的需求，提高了产业的整体效率和竞争力，相当于对行业进行横向与纵向的优化配置，使产业结构向更高级化与合理化方向转变。第一，信息化和智能化技术。工业信息化引入自动化和智能化技术，例如机器人、自动化生产线、自动化仓储系统等，能够取代一部分人力工作，降低了对人力资源的依赖，从而减少了劳动投入。第二，流程优化和效率提高。工业信息化可以优化业务流程，通过信息技术整合和优化业务流程，消除冗余、降低物流成本，提高生产效率，使得单位产出所需的人力和时间减少，降低劳动投入。第三，优化资源配置和利用。工业信息化利用数据分析和智能决策支持系统，精准预测市场需求，优化生产和供应链，避免过量投资,实现资源最优配置,从而降低对资本的需求和浪费。第四,云计算和共享经济使企业可以共享基础设施和资源,减少独立建设和维护的资本投入;同时,共享经济模式也可以降低一些非核心业务的成本,间接减少资本投入。第五,数字化协同和远程办公降低了对办公空间的需求,减少了办公设施的投资,降低了企业的固定成本和资本投入。第六,通过信息化技术实现精准决策,能够降低决策错误和失误,避免不必要的成本,提高资源利用效率。然而,由于过渡期能耗增加、设备增加和更新、数据存储和处理等原因,能源要素投入增大。在过渡期企业可能会同时使用传统设备和新的信息化设备,导致总体能源投入增加,直到信息化设备完全替代传统设备并实现能效优化。信息的大规模存储和处理,可能需要投资更多的服务器、数据中心以及相应的冷却系统等,也会消耗大量能源。

模型4—6结果显示,工业国内信息化会同时提高三种要素的要素收入,究其原因,第一,自动化、智能化、流程优化等方式提高了企业的生产和业务运营效率,从而提高要素回报报酬,削减成本;第二,信息化能够帮助企业拓展新的市场,提供新的产品或服务,创造新的商业模式,扩大市场份额,增加收益,提高要素回报率;第三,能够促进创新,推动新产品、新服务的开发,提高产品质量和市场竞争力,带来更高的销售额和利润;第四,使企业能够更好地利用数据分析和人工智能技术进行决策,制定精准的营销策略,提高营销效果与利润率;第五,使企业更容易建立和优化与合作伙伴的关系,实现更高效的合作模式,共同推动业务发展,创造更多的商业机会,进而提高要素报酬。

表7.4 工业国外信息化对要素投入与要素收入的影响

解释变量	模型1 *l*	模型2 *k*	模型3 *e*	模型4 *wl*	模型5 *hk*	模型6 *re*
inf	7.982 9***	−5.465 1***	0.609 5*	−0.372 5**	−0.097 4**	0.082 7***
	(0.301 8)	(0.410 6)	(0.344 4)	(0.175 3)	(0.043 1)	(0.022 1)

续　表

解释变量	模型 1 *l*	模型 2 *k*	模型 3 *e*	模型 4 *wl*	模型 5 *hk*	模型 6 *re*
rd	1.988 5***	−14.521 2***	0.180 2	0.192 5**	−0.252 3	−0.056 0
	(0.179 9)	(0.182 5)	(0.112 5)	(0.076 9)	(0.261 8)	(0.067 0)
id	0.359 1***	8.682 4***	0.004	0.129 2***	0.415 6***	0.023 9***
	(0.013 6)	(0.138 7)	(0.007 1)	(0.004 8)	(0.020 1)	(0.003 2)
fdi	−0.326 3***	0.433 1	0.170 0***	−0.013 1	−0.416 3***	0.018 6
	(0.034 6)	(0.060 5)	(0.061 3)	(0.040 8)	(0.102 0)	(0.021 3)
Constant	2.364 9***	16.826 7***	0.157 5***	0.027 0***	0.081 1***	0.037 2***
	(0.070 3)	(0.041 3)	(0.027 1)	(0.007 3)	(0.025 9)	(0.008 9)
Wald chi2	227.69	354.71	18.12	964.91	987.29	74.97
样本数	300	300	300	300	300	300
行业数	20	20	20	20	20	20

注：括号中数据为标准误，*** 、** 、* 分别表示在1%、5%、10%的显著性水平下显著。

对于中国工业与国外信息化产业融合来说，模型 2 中工业信息化对资本要素投入 *k* 作用显著为负，模型 1 与模型 3 中工业信息化对劳动要素投入 *l* 和能源要素投入 *e* 作用系数均显著为正。究其原因，中国工业在与国外信息产业融合过程中，一方面，信息化资产和软件替代实物资产，信息化可能涉及将实物资产数字化，例如数字化文件、数据存储等，取代了传统的实物媒体或设备，减少了实物资产的投资需求；另一方面，工业信息化可以帮助企业更有效地利用现有资源，避免资源的浪费和过度投入，通过资源优化和资源共享降低资本投入。工业国外信息化带来了新的商业模式和技术创新，这些创新往往更注重智能化、虚拟化和共享经济，创新和新兴技术的应用创造新岗位来增加劳动力投入。虽然在引进国外智能生产设备的同时会对一部分国内劳动力产生替代作用，但所引进新设备的操作、维护、保养与修理也需要相应劳动力的使用，因此会派生出新的劳动力需求。同时，在信息化转型过渡期会产生能源要素投入增大，新产业创造也会增加能源投入。

对于模型 4—5 中工业信息化对资本要素收入 hk 与劳动要素收入 wl 作用显著为负,而模型 6 中对能源要素收入 re 作用系数显著为正,表明传统工业与国外信息产业融合可能会对国内新产业新技术造成一定程度的挤出与冲击,不仅降低了工业生产中对资本要素的投入数量,还减少了资本要素报酬。而与国外产业融合形成的产业链条延伸与劳动岗位拓展虽然增加了劳动投入,却降低了劳动报酬,信息化促使自动化替代传统劳动力密集型岗位,一些传统岗位可能会减少,导致工资水平整体下降;信息化需要员工具备新的技能和知识,员工需要接受再培训和转型,这可能需要时间和成本,技能不匹配和转型成本导致工资下降。工业与国外信息产业融合可能导致隐性“污染转移”,耗能型生产工序由发达国家转移至国内,对能源要素的大规模需求增加导致能源要素收入份额上升。

第三节 本章小结

本章探索中国工业信息化对能源偏向型技术进步的影响及其作用机制,研究对三种要素投入与要素收入的影响,研究发现以下三点结论。第一,中国工业信息化可以促进技术进步偏向节能方向,主要通过精简规模与技术溢出机制使得技术进步偏向节能方向。工业信息化需要对生产资料进行重新配置与结构优化,造成一部分效率较低的生产资料被淘汰和清除,导致整体产业规模缩小,但会引起整体生产效率的提升,企业生产会自觉使用生产效率更高的节能技术进步。第二,中国工业与国内信息产业融合的工业国内信息化会精减产业规模,因此资本要素与劳动要素投入减少,而三种要素的要素报酬均得以提升。工业信息化可以提高要素生产效率和生产力,也可以创造新的市场机会,实现产业功能的扩展与生产链条的延伸,实现生产效率的提高、生产线的延长、经营业务的扩张，优化资源利用，提高员工的技能需求，间接或直接地导致工资和资本报酬的增加。第三，中国工业与国外信息产业融合的工业国外信息化可能会引发发达国家的“污染转移效应”，发达国家采取环保或资源节约措施时，将耗能生产活动转移到环境法规较为宽松或资源较为丰富的地区，导致环境负担转移或资源利用转移至中国，提高能源要素报酬，但可能会引发环境不公平与能源资源过度开采问题。

由此提出如下政策建议。第一，促进中国工业与国内信息产业融合来提升高质量技术发展。经过研究可知，传统产业与国内新技术新产业的深度融合，可以显著促进科技含量与生产效率提高，且有利于这些行业技术进步向能源效率更高的节能方向转变，实现产业转型与优化升级。第二，在工业信息化中不仅要进行生产线的融合，更要关注人员流动引起的技术溢出效应。在跨行业协同创新过程中，处于不同行业的企业可以破除地理界限，协同互动，实现信息、技术、人才、资金等知识载体通过产业融合来进行技术扩散、人员流动、互相投资，从而在参与创新活动的不同主体之间溢出、扩散、吸收、转化，实现知识资源的跨企业与跨产业互动、共享与集成，增强参与融合的各创新主体的知识存量与流量优势，形成协同创新体系的知识优势，从而促进各行业协同创新体系创新能力的提高。第三，应特别关注信息化中数据要素的储存与管理安全问题。由于数据要素的获取与处理只需要在前期投入大量成本，后期使用、复制与传播成本可以忽略不计，若设备配备不够完备，数据丢失之后再修复可能会花费更多成本与风险。现阶段数据已成为重要生产要素与资产，也是维护国家安全的重要部分，应特别注意数据环境的私密性和安全性。第四，通过职业培训活动提高劳动力技能，减少产业融合引起的摩擦性失业与结构性失业现象，并通过税收、补贴或转移支付等手段解决产业融合引起的贫富差距拉大问题。由实证分析可知，工业信息化会在整体上减少生产中劳动力的投入，这是由于产业融合实现了资源优化配置，对劳动力技能要求更高，对劳动力投入数量要求减少，同时，劳动收入份额增大。这一结果表明，产业融合会增加高技能劳动力收入，减少低技能劳动力收入，甚至淘汰一部分低技能劳动力，增加技能溢价。第五，促进产学研合作，优化营商环境，为技术溢出创造良好平台。应促进技术在行业间、在区域间的交流产业链上下游各方应加强沟通协调，降低甚至消除壁垒，建立技术交流合作对接长效机制，使得全产业链信息流通更加顺畅，促进技术高效合理流动。未来技术流动应结合资源要素、人才要素和技术溢出融合发展。应加强研发机构与高等教育机构进行对接，加快成果转化，鼓励二者建立联合研发中心，支持其申请各类科研基金项目，带动本区域整体技术进步。

第八章
基本结论与政策建议

第一节　基本结论

在中国工业沿全球价值链向高端位置攀升过程中，能源偏向型技术进步将如何发展？技术进步能源偏向属性会否受到全球价值链嵌入位置变化的影响？全球价值链嵌入位置对技术进步方向的作用机制如何？在不同嵌入方式、嵌入方向、嵌入市场下，全球价值链嵌入位置的作用机制有何不同？企业生产方式、外部环境规制强度与政策导向怎样影响全球价值链的作用效果？本书着眼于上述问题，以中国工业部门为例，将生产函数设定为最终品由能源偏向型技术与资本偏向型技术两种中间投入品生产的形式，考察中国工业在嵌入全球价值链前后其技术进步方向的形成机理，实现了技术进步偏向理论创新；设计技术进步能源偏向性指标与全球价值链嵌入位置指标测量中国工业技术进步的能源偏向情况与全球价值链嵌入位置，使用非线性计量回归模型实证研究全球价值链嵌入位置演变对中国工业能源偏向性的影响，并考察简单与复杂嵌入方式，前向与后向嵌入方向，北美市场、亚洲市场与“一带一路”沿线国家嵌入市场下技术进步方向的变化差异，研究不同环境规制强度、企业生产方式和政策导向条件下，全球价值链嵌入位置对能源偏向型技术进步的作用结果；使用中介效应方法探究全球价值链嵌入位置的技术溢出效应、市场竞争效应、路径依赖效应与污染转移效应在不同条件下作用差异,具体得到如下结论。

第一,在封闭经济条件下,中国工业技术进步方向取决于要素投入、相对技术研发效率、相对技术水平、相对市场垄断程度与中间品替代弹性,技术进步方向不受国外技术的影响。而在开放经济条件下,在参与全球价值生产过程中,技术进步方向还会受到全球价值生产技术溢出效应、市场竞争效应、技术进步路径依赖效应与污染转移效应的影响。全球价值链嵌入位置的技术溢出效应、市场竞争效应与路径依赖效应促进中国工业技术进步向何种方向发展不确定,而污染转移效应拉动中国工业技术进步向耗能方向发展。

第二,通过对中国工业及其20个子行业能源偏向型技术进步与全球价值链嵌入位置进行测算与比较分析发现,总体上,中国工业技术进步大体朝向能源节约与资本使用方向发展。从技术类型角度,中技术型与资源型行业的技术进步能源偏向性较强,低技术与高技术行业技术进步节能属性较强。计算中国工业行业全球价值链嵌入位置发现,在全球价值链中嵌入位置提升的行业仍然是能源消耗量较大、环境污染后果较严重、技术要求较低的资源与能源密集型行业,资源型行业与中技术型行业在全球价值链中位置较高,而能源强度较小的低技术与高技术型行业不具优势。从价值链生产长度角度分析,绝大多数行业参与全球价值链精细化与复杂化加深,生产长度均有所延长。虽然中国工业在全球价值链的物理位置较高,但在整个价值链中获利能力与增值能力较低,绝大多数行业经济位置偏低。

第三,中国工业在全球价值链中位置演变会对能源偏向型技术进步产生影响。实证研究发现,一是中国工业全球价值链嵌入位置与技术进步能源偏向性指数呈现倒U型曲线关系,当行业在全球价值链相对低端位置时,其沿全球价值链向高端位置攀升过程中,会导致技术进步方向偏向耗能方向,只有当行业在全球价值链中嵌入位置进入拐点右侧,其位置攀升才会促进节能型技术进步发展。二是中国工业各行业嵌入全球价值链的嵌入方式、嵌入市场及其行业本身技术水平的异质性均会引起技术进步方向产生不同变化规律。三是企业对内涵或外延式生产方式的选择、外部环境规制强度的大小和中央与地方的政策导向均会影响中国工业技术进步方向的变动规律。

第四,全球价值链嵌入位置演变产生的技术溢出效应、市场竞争效应、路径依赖效应与污染转移效应使得中国工业技术进步方向在不同程度上偏向耗能或节能,各种作用机制相互抗衡,相互制约,共同决定了中国工业在不同条件下的技术进步方向。一是全球价值链嵌入位置的技术溢出效应一方面体现为"干中学"效应,另一方面体现为对进口中间品进行的"逆工程化"实现模仿创新的过程。全球价值链嵌入位置攀升引起的技术溢出效应不止发生在本企业内,还会对关联企业与竞争企业的技术进步方向产生影响,改变本行业与上下关联行业技术进步能源偏向性。二是中国工业各行业无论嵌入简单全球价值链抑或复杂全球价值链,均促进了市场竞争效应,全球价值链向更高端位置攀升,倒逼企业进行质量竞争,而不是数量竞争,企业需要使用更先进的节能型技术进步提高产品的节能属性与技术含量。三是全球价值链嵌入位置攀升对技术进步方向产生路径依赖效应,一方面体现在粗放型生产方式形成经济发展的惯性,放大了初始国际垂直分工选择,对能源占比较大的要素投入结构产生依赖;另一方面体现在企业更新换代生产技术将付出巨大成本,进一步造成对能耗型技术使用的依赖性。四是全球价值链嵌入位置演变形成的污染转移效应促使技术进步偏向耗能方向。

第五,从全球价值链嵌入方式来看,中国工业各行业嵌入简单全球价值链方式下,抑制了全球价值链嵌入位置技术溢出效应,促进了市场竞争效应、路径依赖效应与污染转移效应;嵌入复杂全球价值链方式下,促进了全球价值链嵌入位置技术溢出效应、市场竞争效应与污染转移效应,抑制了路径依赖效应。从全球价值链嵌入方向来看，全球价值链的前向嵌入抑制了技术溢出效应，促进了市场竞争效应、路径依赖效应与污染转移效应；全球价值链的后向嵌入促进了技术溢出效应、市场竞争效应与路径依赖效应，抑制了污染转移效应。从企业生产方式来看，内涵型生产方式促进了技术溢出效应与市场竞争效应，抑制了路径依赖效应与污染转移效应；外延型生产方式抑制了技术溢出效应与市场竞争效应，促进了路径依赖效应与污染转移效应。从环境规制强度来看，低环境规制强度抑制了技术溢出效应与市场竞争效应，促进了路径依赖效应与污染转移效应；中环境规制强度促进了技术溢出效应与市场竞争效应，抑制了路径依赖效应与污染转移效应；高环境规制强度促进了技术溢出效应、市场竞争效应与路径依赖效应，不具有污染转移效应。从政策导向角度来看，中央政策导向抑制了技术溢出效应、市场竞争效应、路径依赖效应与污染转移效应；地方政策导向促进了技术溢出效应、市场竞争效应、路径依赖效应与污染转移效应。

第二节　中国优势

经济增长动力随着经济增长阶段往复更迭，经济增长动力具有规律性、动态性与渐进性。从需求侧看，经济增长动力主要依赖投资、消费与进出口三驾马车驱动，中国在从低收入向中等收入阶段过渡过程中，经济增长动力一直依赖投资与进出口，但是在当前经济发展阶段与世界范围内逆全球化浪潮，再依赖旧经济增长动力已难以为继，需要寻求经济增长新动力。从供给侧看，中国过去经济增长动力依赖于大力发展劳动密集型产业，供给侧与需求侧出现失衡，需求侧投资与进出口动力减弱，投资空间缩窄，出口受限，消费严重不足，而供给侧传统与低端产业逐渐被淘汰，新产业发展缓慢，产生较大新旧动力接续障碍。科技创新是打破新旧动能接续障碍的重要工具。塑造中国经济发展新动能，需要厘清科技创新体制机制的社会主义基本经济制度效应和属性，从制度建设上保障创新在中国社会主义现代化建设全局中的核心地位，塑造创新发展的制度优势；研究以创新驱动、高质量供给引领和创造新需求，激发强大内需市场，构建新发展格局，从经济增长动力上深化研究科技创新经济发展理论，塑造新发展的经济优势；通过研究如何完善国家创新体系，强化国家战略科技力量，优化科技成果转化机制，促进科技发展现代化，塑造新发展的科技优势；通过建设高质量科技创新载体，支持创新型中小微企业成长为创新重要发源地，塑造中国创新型企业的发展新优势；做到科技自主自强，建设综合性国家科学中心和区域创新高地，强化企业创新主体地位，提升企业技术创新能力，激发人才创新活力与建设人才强国，完善科技人才评价体系，推进科技体制改革，完善国家科技治理体系等。

当前中国经济发展具有如下新优势。第一，建立起独立的、全面的工业体系和国民经济体系，并有效嵌入全球价值链产业链中；第二，建立起全面的、比较高水平的大中小学教育体系，为经济发展和社会全面进步提供了丰富优良的人力资源与大量科创新人才；第三，建立起覆盖城乡、比较完善的医疗卫生体系，为国民健康和充沛人力资源提供了健康保障；第四，建立起比较全面的创新体系，涵盖国家层面、省市层面和区县层面创新的法律法规方针政策体系，配套完备，促进创新能级持续跃升；第五，建立起比较完善的交通、电力、电信、城镇互联网及创新设施等基础设施体系，使国民经济运行人流、物流、资金流、信息流、技术流等经济社会发展要素快速组合产生效用，促进全面进步；第六，形成巨大的内需市场，为创新提供了多样化的需求和世界级企业成立壮大的良好环境；第七，建立起全球最大的高速互联网络，与政企学研用协同创新一起大幅度提升了创新效率。

第三节 政策建议

第一,坚持创新引领发展,促进中国工业技术转型升级。

创新是助力我国实现产业链迈向中高端的关键一环,我国经济发展现已转向高质量发展阶段,亟须创新带来的溢出效应为经济高质量发展提供内生动力。在宏观层面,创新助推国家产业升级和经济发展,有助于我国在国际竞争中占据更加有利的位置。在中观层面,创新有助于我国工业体系下各行业生产力的快速发展,优化新时代背景下我国生产力与生产关系的合理关系。在微观层面,创新有助于各创新主体充分发挥自身主观能动性,加大科研投入,优化资源配置,提升创新研发规模和水平,为自身在产业竞争中建立更大优势。中国应坚持创新引领发展,依托创新驱动发展战略,全面提高自主创新水平;建设覆盖科技管理体制创新、知识产权保护、人才队伍培养激励、创新资金保障等全方位创新驱动体系;对于重点领域和重点行业,建立全产业链创新利益共同体;以创新主体与产业主体为基础的产业技术联盟,以交互持股的形式,使各主体充分发挥各自比较优势强强联合,构建一个高效互利的科技创新伙伴网络。创新是技术进步的基础,改革开放以来的经济建设成就与我国创新能力的不断提高密切相关,但也应该看到,我国创新模式和发展水平还面临许多挑战。

首先是创新人才培养。囿于升学压力带来的教育应试趋向性,目前人才培养重点在书本知识的教授和理解,创新性思维引导不足,实践操作机会较少,无法突破原有制度的弊端。中国亟须建立一套理论与实践、实践与创新相结合的创新人才培养体系,创新人才培养任重道远。其次是创新环境营造。我国产业链向中高端迈进大背景下,需要优化创新环境,改善营商环境,落实政策保障。良好的创新生态环境是创新的基础,其中最重要的一点是对于创新成果的认定和保护，即专利制度和与之配套的激励举措等。过去存在一些不重视知识产权、专利制度的现象。在未来的创新生态环境营造方面，需要各方共同努力，努力建立一套更加科学完善的专利保护制度，加大对专利制度宣传，在全社会营造重视专利、保护创新的良好局面。再次是创新资金支持。一是需要政府在财政金融税收方面给予创新主体更多支持。中小微企业是我国创新主体的重要组成部分，这些企业往往活力有余但资金不足，在银行贷款、税收优惠等方面需要更多帮助。政府还应加大对中小微企业上市融资的扶持力度，设立科创板，减少审批环节，提升创新主体融资效率。最后是创新公共服务支持。创新不是闭门造车，而是沟通产业链上下游，实现各生产要素融合发展的过程，因而对资源的优化配置提出更高要求。目前看来，很多创新主体，特别是中小微企业能力不足，管理经验比较缺乏，资源配置能力较弱，缺乏统筹资源和合理分配的经验。政府应充分发挥自身角色定位，为创新主体建立一站式的公共服务支持体系，如决策咨询、法律援助、员工培训和物资保障，免除创新主体的后顾之忧。

第二，统筹环保与效率协调发展，促进节能型绿色技术进步。

前文数据表明，固定资产投资中，中央项目越多，则工业技术进步的节约能源倾向性越明显。地方项目越多，则工业技术进步的使用能源倾向性越明显。从这一点来说，中央项目对节约能源更加重视，项目实施过程中对节能环保、绿色低碳的要求相应也更高。而由于我国地方政府政绩考核“锦标赛模式”带来的竞争和官员人事制度中任期制的双重压力，地方项目往往更多关注发展效率，这意味着相对于长期环境质量，地方项目更加注重追求治理下的短期经济增长。绿水青山就是金山银山。良好的生态环境为技术进步和经济发展带来更多资源要素，技术进步对环境保护的日益关注有助于良好生态环境的推进，从而形成技术进步与环境保护之间良性循环。技术进步带来经济增长的同时，理应处理好与环境保护工作的关系。良好的生态环境是经济长期向好发展的基石，过去我们的发展方式存在发展模式粗放、资源利用效率不高等弊端，给环境保护带来压力，给生态带来挑战。不少资源型城市自然资源濒临枯竭，产业加速搬离，人口外流明显，给当地经济发展带来不利影响。新时代，我国产业链向中高端迈进，需要平衡好技术进步与环境保护之间的关系。

首先，中央政府在政策制定时，要更加注重对地方政府环境保护措施成效的考核评价，运用绩效考核工具，激励地方政府环境保护政策的有效实施。针对我国幅员辽阔、各地发展不平衡的现实，中央政府的政策应着力避免“一刀切”的方式，而是针对各地实际情况，采取分级分类考核模式，各地对照分类标准采取相应环保措施，避免政策落地过程中常见的指令失灵现象的发生。其次，在当前情况下，地方政府应该树立起“功成不必在我”的思想，平衡好政府政绩考核与官员任期制之间的辩证关系，眼光放长远，技术进步政策制定和落实不必局限于三年五年，可以是十年二十年甚至更长时间，充分考虑到环境因素的内在作用，仔细调查研究本地经济发展实际情况，综合技术进步的发展趋势与资源需求，制定本地经济发展目标任务。再次，地方政府应树立起“功成必定有我”的担当意识，努力建设服务型政府，为技术进步做好公共服务支持保障工作。加强舆论宣传引导，增强社会大众环境保护观念，向公众阐释技术进步与环境保护之间是有机统一的，既要避免公众只追求环境保护而忽视技术进步与经济发展带来的因噎废食，也要避免公众对经济利益的追求而忽视了环境保护的重要性。

新时代，美丽中国建设加快推进，环境保护不仅需要政府观念上的重视与支持，也需要实实在在的政策措施保障。地方政府在招商引资方面，要逐渐革新过去唯经济增长的固有观念，转变发展思路，实现技术进步的同时，必须承担起相应的环境保护职责，实现环境保护与技术进步的协同发展，二者成果共享，责任共担，促使技术进步与环境保护走向协同发展、互利共进的良好轨道。未来的经济发展，必然是绿色的、低碳的、环境友好的，是环境保护与技术进步有机统一的结果。各地政府应当未雨绸缪，提前布局本地区产业升级发展规划，并与本地区环境保护目标任务充分融合，既体现出技术进步带来的生产力进步优势，又要让绿水青山在本地区不断增进；针对本区域单位特点，优化地理位置布局和产业配套，降低其生产成本、物流成本和资源成本，提升生产效率；合理规划本区域内绿地、公园等生态设施分布，与居民生活、企业生产相呼应，实现向绿色高质量发展的转变。技术进步本质上是服务于国家发展和人民生活水平的提升，必须以人民为中心，摒弃一味追求经济增长而忽视群众实际获得感幸福感的粗放型发展方式。地方政府要敢于尝试，积极学习各地技术进步与环境保护协调发展有益经验，在本区域选择合适位置以项目的形式先行先试，若效果良好则根据实际情况，逐步推广，并注重收集反馈项目的实际情况，引入互联网思维，小步快跑，快速迭代，修正不足，提高效率。这样既保证了技术进步和经济发展的可控性和有效性，也有力保障了生态环境得到合理规划和保护。环境保护，功在当代，利在千秋，技术进步和环境保护二者要齐头并进，缺一不可，是新时代实现更高质量发展的必由之路。

第三，坚持合作共赢理念，向全球价值链高端位置迈进。

人类命运共同体理念下，合作共赢是世界共同繁荣发展进步的内在动力。技术进步是合作的重要组成部分，其内涵丰富，对不同发展阶段的国家内涵不尽相同。我们既要加强与西方发达国家的合作，实现优势互补和自我提升，还要努力对接国家发展前进方向，如在“一带一路”倡议下与沿线国家的多边技术合作、中非合作论坛框架下的中非合作等。回顾历史我们不难发现，技术进步并不单纯意味着孤立的技术革新，还包括挖掘既有技术积累以改善和完善社会生产力。目前我国产业发展正向中高端迈进，这意味着在我国门类齐全的工业体系下，实现了从低端到高端产业全覆盖，在国际竞争层面，具有显著比较优势。“一带一路”沿线国家大部分是发展中国家，未来这些国家在工业化、城市化和信息化方面具有很大的发展潜力，需求旺盛。我国现有技术的比较优势，是推动这些国家工业化、城市化和信息化的重要力量。技术进步的本质是实现大规模生产的同时不断提升生产效率。英国工业革命的兴起首先来自瓦特对蒸汽机的改良,是对既有技术的挖掘和提升,从而促进生产力的快速进步,助力人类社会开始走上工业化道路。在这个意义上,技术进步不仅是对既有技术的挖掘和提升,还意味着对既有技术的广泛介绍和积极传播,争取技术标准的国际话语权和标准制定权,为后续技术进步争取更大生存空间。技术进步和知识的外溢效应,对提升生产规模具有积极作用,新增长理论的这一观点,为我国与广大发展中国家的合作共赢提供了广阔的理论支持。

技术进步的主要目的之一是提升生产力进而将“蛋糕”做大,是为了实现社会财富的不断增长。总的来说,以“一带一路”沿线部分国家为代表的广大发展中国家,其国内生产力水平还有很大提升空间。假如不积极推动技术进步,则其企业相对落后的生产力不仅阻碍了人民生活水平更快提高,还可能由于缺乏先进技术的竞争,形成各类垄断或半垄断企业,垄断会进一步降低技术相对落后企业的技术进步动力,同时这些企业具有更强烈的自发性保护主义倾向,这将导致其国内市场的进一步封闭以及产品和服务的落后。在这个意义上,这些国家积极与中国合作,可以引入先进技术,打破其国内市场的封闭性和垄断性,实现更充分的市场竞争,而充分的市场竞争反过来将进一步激励产品和服务的生产者提供者主动或被动革新现有落后技术,从而为其国内消费者提供更好的产品和服务。

中国的发展经验证明,合作带来的技术进步,需要一系列配套措施加以巩固和完善,如高效完善的金融市场是巩固技术进步成果的重要组成部分。技术进步带来更先进的产品和服务,这些产品和服务需要完善的投资和融资制度等加以促进,例如对私有产权的依法保护,建立高效稳定的证券市场和债券市场,对重点技术领域的政策性倾斜,对相关中小微企业的全方位支持等。

第四,坚持内涵式发展道路,提升工业发展质量与效率。

所谓内涵式发展，是一种与外延式发展相对的发展模式，强调质量效益，强调自身素质的提升带来发展机遇，强调在自我革命中实现跨越式发展。技术进步应鼓励和支持企业走内涵式发展道路，转变发展重点，从追求生产规模的大而全逐渐转向生产质量和效率的有机统一，向精益生产方式转变。内涵式发展，要求资本、技术、管理等要素有机结合，形成一套更加行之有效的协作体系，注重产业转型与技术升级，提升产品的质量和科技含量，摒弃“大而全”的思想，向“小而美”的发展方式转变。内涵式发展要求企业关注生产效率和质量，打造企业核心生产力。内涵式发展是个一揽子发展解决方案，涉及信息管理、现场控制、人才培养、资金使用、体制机制建设等诸多方面。内涵式发展是一种高质量的发展，在生产的信息管理环节，应加强对上下游信息的打通，实现信息流的顺畅流动，并将各类信息高效收集整理，以便于进一步分析。信息流相当程度上反映了生产的实际情况。企业应综合运用大数据、云计算和物联网等先进技术，对以上信息进行深度分析，找出蕴含其中的、有助于内涵式发展的规律；重点考察生产中的各项重点指标，既横向对比，也纵向对比。与其他先进企业的生产数据进行比较，发现不足，探索前进方向；与本企业历史数据对比，找到需改进之处并加以改善，促进企业生产活动高效进行。

内涵式发展离不开高素质的人才队伍，人才是推进内涵式发展的内在动力。企业应积极吸纳各类优秀人才，一对一制定政策，尊重人才渴望得到尊重的需求，并积极为人才自我实现提供必要物质和精神支持。企业在绩效考核方面，根据不同工作类型，应有针对性制定科学合理的绩效考核方式和手段。好的人才队伍需要不断学习进步，员工培训是实现内涵式发展的重要一环。企业在招聘每位员工之初，就应建立个人成长档案，详细记录每位员工的性格、爱好、特长等个人情况，并结合人才的专业及个人意愿，科学合理地分配岗位，使得人尽其才。员工培训应该是长期的、科学的、有针对性的，培训项目不应人人相同，应根据实际岗位需要，科学安排培训课程。

良好的激励政策能够充分调动生产者积极性,促进企业目标的实现,从而推动整体内涵式发展。内涵式发展之下,企业的体制机制建设应该是科学理性的。企业应尽量避免在日常管理工作中采用“运动式”管理,避免管理措施简单粗暴的一刀切,避免企业负责人拍脑袋决策,避免企业出现克里斯玛权威式的管理者。好的管理方式应该是民主高效的,是受到企业多数成员拥护的集体智慧结晶。应不断寻找管理方式的漏洞和短板,并积极改进完善,全面提升企业执行力。

第五,支持技术高效合理流动,促进先进技术的溢出效应。

技术进步离不开技术的高效合理流动。应加速技术流动效率,健全体制机制,尽力消除技术流动的阻碍。促进技术在行业间、在区域间的交流,产业链上下游各方应加强沟通协调,降低甚至消除壁垒,建立技术交流合作对接长效机制,使得全产业链信息流通更加顺畅,促进技术高效合理流动。未来技术流动应结合资源要素、人才要素和技术溢出融合发展。技术主体不断加大科研创新投入,制定合理目标,与未来长远发展相适应。如R&D投入增长速度应快于整体投入增长速度,合理引导和加强科研人员聚集效应,形成人才集群和产业集群,产学研相结合,加快科研成果转化速度,使得企业创新成果更快服务于我国经济社会发展。

人才是技术流动的关键。新时代,技术主体应积极鼓励人才交流,加大合作力度,构建广泛高效的科研合作网络,不断加深科研合作网络的构成密度和节点连接广度,使知识和智慧在科研合作网络里高效流动;鼓励和支持京沪等技术先进地区,有针对性派出技术人员赴相对落后地区进行技术讲解和教学,为当地培养一大批技术人才,这些人才继续在本地传帮带,从而在整体上带动我国工业技术的进步;优化营商环境,积极引进各类先进技术研发机构落户,为研发机构提供各类便利,强化科学服务,完善配套措施,提升服务效能,改善软环境,注重知识产权保护;加强研发机构与高等教育机构进行对接,加快成果转化,鼓励二者建立联合研发中心,支持其申请各类科研基金项目，带动本区域整体技术进步。

第六，合理安排环境规制强度，实现经济发展与环境保护的平衡。

本书结果证明，过强或过弱的环境规制强度，对于技术进步的节能发展都具有不利影响。当环境规制强度过弱时，处罚力度不够，企业更倾向保持现状，没有足够动力去进行设备升级更新换代，更倾向使用资源消耗大的生产方式，往往与当地环境规制措施相悖。当环境规制强度过强时，相当于额外增加企业生产成本，企业为抵消掉这部分成本，往往选择扩大生产规模，这将进一步增加资源消耗，也给生态环境带来了更多潜在风险。因而，只有探索出一个合理、适度的环境规制强度，才会对企业生产方式产生正向激励作用，企业才更倾向于选择节能技术。环境规制是政府平衡经济发展与环境保护的重要政策措施，主体是中央政府或授权相关部门，客体是地方政府、企业、组织等。环境规制的最终目的指向节约资源和保护环境，以实现资源节约型和环境友好型社会。同时环境规制又将资源和环境作为手段，以最终实现绿色发展。环境规制是为了资源和环境的开发、利用和保护要与国家利益、社会利益、群众利益相适应。环境规制的唯一主体是政府，这是因为政府是自然资源和环境的唯一责任人，为避免无序开发自然资源带来的“公地悲剧”，政府必须要对自然资源和环境保护作出科学、可持续的规范、指导和相应的奖惩措施。地方政府、企业、组织等必须遵循这些环境规制措施，并严格执行。

改革开放四十余年来，我国经济建设取得巨大成就，工业化、城镇化和信息化快速发展。我国建立了联合国产业分类下最齐全的工业门类，产业链近年来向中高端迈进。城镇化带来的基础设施建设为我国经济发展注入了源源不断的动力。近年来，随着人民生活水平的不断提高，特别是党的十八大以来，对资源节约和环境保护的重视程度提升到前所未有的高度，党的十九大将生态安全纳入总体国家安全观。这对粗放型发展模式提出了更高的要求。资源和环境对经济发展的制约有了新变化。一是从短期制约向长期制约转变。资源和环境中的多数往往属于不可再生资源,过量开发和使用必然导致资源短缺,对未来的可持续发展带来巨大挑战。因此,资源保护的思路也应该与时俱进。以水资源为例,过去节约用水仅考察对水资源总量的控制。新形势下,不仅要对水资源进行总量控制,还要从功能上进行规制,如生产用水规制、生活用水规制等。此外,还可以从水资源的生态性方面进行规制。二是从局部制约向全局制约转变。一段时间以来,资源短缺已不再是资源型城市面临的挑战,正逐渐成为全社会的共同威胁。三是从隐性制约向显性制约转变。近年来,我国突发环境事件时有发生,给社会稳定和人民生命财产安全带来威胁。

良好的环境规制体系,首先需要政府建立跨部门协作体系。资源和环境往往从属于不同部门管理,各部门为了局部利益往往在一定程度上忽视全局利益,造成规制偏差。同时,还要建立相应的环境规制监督考核体系,发动人民群众,对规制者进行合理约束和监督,考核规章者工作成果,给予相应的奖惩措施。其次,用好环境规制的政策工具箱,如法律、法规、规划、标准、指标等。法律法规是最高层级的规制,具有神圣性和不可变动性,是具有全局性效力的规制手段。规划则往往是针对某一区域或几个区域的协同规制手段,规划比法律更灵活,可以根据地方实际情况灵活调整目标落实,但也具有效力不足、区域间协调性差的问题。标准是以结果为导向,政府可以采用强制性标准设定环境规制下限,也可以采用推荐性标准为某些地区追求更高有效环境规制作出指引。最后,还要加强环境规制的效果检测。环境规制效果,将影响未来环境规制政策的制定或当下环境规制政策的调整。因此,必须开展效果监测,对环境规制实施后对资源、环境、社会、经济带来的影响进行评估,使用定性评估与定量评估相结合的方法,以便于环境规制政策的完善和改进。

参考文献

[1] 蔡昉:《经济增长方式转变与可持续性源泉》,《宏观经济研究》2005 年第 12 期,第 34—37、41 页。

[2] 陈林、朱卫平:《广东省产业转移的发展现状与特征》,《国际经贸探索》2010 年第 1 期,第 24—28 页。

[3] 陈晓玲、连玉君:《资本—劳动替代弹性与地区经济增长——德拉格兰德维尔假说的检验》,《经济学(季刊)》2012 年第 10 期,第 93—118 页。

[4] 陈晓玲、徐舒、连玉君:《要素替代弹性、有偏技术进步对我国工业能源强度的影响》,《数量经济技术经济研究》2015 第 3 期,第 58—76 页。

[5] 戴天仕、徐现祥:《中国的技术进步方向》,《世界经济》2010 第 10 期,第 54—70 页。

[6] 段玉婉、蔡龙飞:《全球要素分工与国民收入——基于全球收入链的视角》,《中国工业经济》2022 年第 10 期,第 5—23 页。

[7] 樊纲、关志雄、姚枝仲:《国际贸易结构分析:贸易品的技术分布》,《经济研究》2006 年第 8 期,第 70—80 页。

[8] 樊静丽、刘健、张贤:《中国城镇化与区域居民生活直接用能研究》,《中国人口・资源与环境》2015 年第 1 期,第 55—60 页。

[9] 冯烽:《能效改善与能源节约:助力还是阻力——基于中国 20 个行业能源回弹效应的分析》,《数量经济技术经济研究》2018 年第 2 期,第 82—98 页。

[10] 高凌云、程敏:《进口竞争的生产率效应:理论与基于中国宏观数据的经验研究》,《中国国际贸易学会年会暨国际贸易发展论坛》,2008 年。

[11] 胡援成、肖德勇:《经济发展门槛与自然资源诅咒:基于我国省际层面的面板数据实证研究》,《管理世界》2007 年第 4 期,第 15—23 页。

[12] 黄鹏、汪建新、孟雪:《经济全球化再平衡与中美贸易摩擦》,《中国工业经济》2018 年第 10 期,第 156—174 页。

[13] 黄先海、刘毅群：《物化性技术进步与我国工业生产率增长》，《数量经济技术经济研究》2006 年第 4 期，第 52—60 页。

[14] 黄先海、宋学印：《准前沿经济体的技术进步路径及动力转换——从“追赶导向”到“竞争导向”》，《中国社会科学》2017 年第 6 期，第 60—79、206—207 页。

[15] 姜博、马胜利、唐晓华：《产业融合对中国装备制造业创新效率的影响：结构嵌入的调节作用》，《科技进步与对策》2019 年第 9 期，第 77—86 页。

[16] 蒋瑛、汪琼、魏梦雯：《“双循环”视角下国内消费需求扩量提质对全球价值链升级的影响分析》，《财贸研究》2022 年第 5 期，第 1—18 页。

[17] 景维民、张璐：《环境管制、对外开放与中国工业的绿色技术进步》，《经济研究》2014 年第 9 期，第 34—47 页。

[18] 卢仁祥、刘芳、孙丽江：《增加值贸易视角下中国制造业贸易成本测度及其影响因素研究》，《世界经济研究》2022 年第 11 期，第 58—71、136 页。

[19] 李国平、俞文华：《产业国际转移中我国产业结构重组基本策略探讨》，《中国软科学》1999 年第 2 期，第 18—21 页。

[20] 李平、慕绣如：《波特假说的滞后性和最优环境规制强度分析——基于系统 GMM 及门槛效果的检验》，《产业经济研究》2013 年第 4 期，第 21—29 页。

[21] 李树人：《资源型城市新兴产业规模化研究》，山西大学，2007 年。

[22] 李兆前、齐建国：《循环经济理论与实践综述》，《数量经济技术经济研究》2004 年第 9 期，第 145—154 页。

[23] 林毅夫、任若恩：《东亚经济增长模式相关争论的再探讨》，《经济研究》2007 年第 8 期，第 4—12、57 页。

[24] 刘斌、魏倩、吕越、祝坤福：《制造业服务化与价值链升级》，《经济研究》2016 年第 3 期，第 151—162 页。

[25] 刘淑琪：《我国引进外资过程中的污染转移问题研究》，《山东财政学院学报》2001 年第 1 期，第 46—49、87 页。

[26] 吕晓刚：《制度创新、路径依赖与区域经济增长》，《复旦学报(社会科学版)》2003 年第 6 期，第 28—33 页。

[27] 马野青、张梦、巫强：《什么决定了中国制造业在全球价值链中的位置？——基于贸易增加值的视角》，《南京社会科学》2017 年第 3 期，第 28—35 页。

[28] 毛海欧、刘海云：《中国制造业全球生产网络位置如何影响国际分工位置?：基于生产性服务业的中介效应》，《世界经济研究》2019 年第 3 期，第 93—107、137 页。

[29] 平新乔、关晓静、邓永旭、李胤、梁爽、陈工文、章椹元、周艺艺:《外国直接投资对中国企业的溢出效应分析:来自中国第一次全国经济普查数据的报告》,《世界经济》2007 年第 8 期,第 3—13 页。

[30] 綦良群、赵龙双:《基于产品价值链的生产性服务业与装备制造业的融合研究》,《工业技术经济》2013 年第 12 期,第 118—124 页。

[31] 钱娟、李金叶:《中国工业能源节约偏向型技术进步判别及其节能减排效应》,《经济问题探索》2018 年第 3 期,第 152—163 页。

[32] 容金霞、顾浩:《全球价值链分工位置影响因素分析——基于各国贸易附加值比较的视角》,《国际经济合作》2016 年第 5 期,第 39—46 页。

[33] 邵帅、齐中英:《西部地区的能源开发与经济增长:基于"资源诅咒"假说的实证分析》,《经济研究》2008 年第 4 期,第 147—160 页。

[34] 邵帅、齐中英:《资源输出型地区的技术创新与经济增长》,《管理科学学报》2009 年第 6 期,第 23—33 页。

[35] 邵帅:《煤炭资源开发对中国煤炭城市经济增长的影响——基于资源诅咒学说的经验研究》,《财经研究》2010 年第 3 期,第 90—101 页。

[36] 沈能:《环境规制对区域技术创新影响的门槛效应》,《中国人口·资源与环境》2012 年第 6 期,第 12—16 页。

[37] 石敏俊、马国霞等:《中国经济增长的资源环境代价——关于绿色国民储蓄的实证分析》,科学出版社 2009 年版。

[38] 宋冬林、汤吉军:《从代际公平分配角度质疑新古典资源定价模式》,《经济科学》2004 年第 6 期,第 112—121 页。

[39] 孙永平、叶初升:《资源依赖、地理区位与城市经济增长》,《当代经济科学》2011 年第 1 期,第 114—123、128 页。

[40] 唐海燕、张会清:《产品内国际分工与发展中国家的价值链提升》,《经济研究》2009 年第 9 期,第 81—93 页。

[41] 陶剑:《中国贸易自由化改革的竞争效应及福利影响》,《世界经济》1999 年第 12 期,第 21—25 页。

[42] 王必达、王春晖:《"资源诅咒":制度视域的解析》,《复旦学报(社会科学版)》2009 年第 5 期,第 100—108 页。

[43] 王杰、刘斌:《环境规制与企业全要素生产率——基于中国工业企业数据的经验分析》,《中国工业经济》2014 年第 3 期,第 44—56 页。

[44] 王林辉、杨博、董懿萱:《技术进步偏向性的跨国传递效应——来自中美制

造业的经验证据》，《东南大学学报（哲学社会科学版）》2017 年第 4 期，第 63—75、147、149 页。

[45] 王林辉、杨博、董直庆：《技术进步偏向性跨国传递和不同传递路径异质性效应检验》，《数量经济技术经济研究》2019 年第 4 期，第 82—100 页。

[46] 王勇、刘厚莲：《中国工业绿色转型的减排效应及污染治理投入的影响》，《经济评论》2015 年第 4 期，第 17—30、44 页。

[47] 王孝松、陈金至、武晥、闫帅：《汇率波动、全球价值链嵌入与中国企业出口》，《中国工业经济》2022 年第 10 期，第 81—98 页。

[48] 王玉霞、傲日格乐：《偏向型技术进步、所有制差异与要素错配——基于影子成本函数的 SFA 模型的检验》，《东北财经大学学报》2019 年第 1 期，第 33—41 页。

[49] 魏玮、周晓博：《1993—2012 年中国省际技术进步方向与工业生产节能减排》，《资源科学》2016 年第 2 期，第 300—310 页。

[50] 徐康宁、王剑：《中国区域经济的“资源诅咒”效应：地区差距的另一种解释》，《经济学家》2005 年第 6 期，第 96—102 页。

[51] 徐康宁、王剑：《自然资源丰裕度与经济发展水平关系的研究》，《经济研究》2006 年第 1 期，第 78—89 页。

[52] 徐向红、杨占辉、黄波：《山东省承接美国中小企业产业转移的考察研究》，《东岳论丛》2004 年第 3 期，第 164—168 页。

[53] 许礼生、高凌云：《进口贸易、竞争效应与中国全要素生产率增长》，《企业经济》2010 年第 3 期，第 156—158 页。

[54] 杨博、王林辉：《中国工业全球价值链嵌入位置对能源偏向型技术进步的影响》，《中国人民大学学报》2022 年第 1 期，第 135—148 页。

[55] 杨红丽、陈钊：《外商直接投资水平溢出的间接机制：基于上游供应商的研究》，《世界经济》2015 年第 3 期，第 123—144 页。

[56] 杨冕、卢昕、段宏波：《中国高耗能行业碳排放因素分解与达峰路径研究》，《系统工程理论与实践》2018 年第 10 期，第 2501—2511 页。

[57] 湛柏明、孟庆雷：《美国进口商品结构的行业增长效应研究》，《世界经济研究》2013 年第 8 期，第 37—42、90 页。

[58] 张成、陆旸、郭路、于同申：《环境规制强度和生产技术进步》，《经济研究》2011 年第 2 期，第 113—124 页。

[59] 张海洋、刘海云：《外资溢出效应与竞争效应对中国工业部门的影响》，《国

际贸易问题》2004 年第 3 期,第 78—83 页。

[60] 张三峰、魏下海:《信息与通信技术是否降低了企业能源消耗——来自中国制造业企业调查数据的证据》,《中国工业经济》2019 年第 2 期,第 155—173 页。

[61] 赵志耘、吕冰洋、郭庆旺、贾俊雪:《资本积累与技术进步的动态融合:中国经济增长的一个典型事实》,《经济研究》2007 年第 11 期,第 18—31 页。

[62] 甄珍、王凤彬:《逆境事件冲击下全球价值链系统韧性的动态演化——基于嵌入性多案例的纵向研究》,《中国工业经济》2022 年第 10 期,第 174—192 页。

[63] 郑照宁、刘德顺:《超越对数生产函数及对中国的应用》,《第六届中国青年运筹与管理学者大会论文集》2004 年。

[64] 周晶、王磊、金茜:《中国工业行业能源 CES 生产函数的适用性研究及非线性计量估算》,《统计研究》2015 年第 4 期,第 51—58 页。

[65] 庄奕琦:《经济学原理》,复旦大学出版社 2006 年版。

[66] Acemoglu, D., P. Aghion, L. Bursztyn, and D. Hemous, 2012, "The Environment and Directed Technical Change", *American Economic Review*, 102(1), pp.131—166.

[67] Acemoglu, D., U. Akcigit, D. Hanley, and W. R. Kerr, 2016, "Transition to Clean Technology", *Journal of Political Economy*, 124(1), pp.52—103.

[68] Acemoglu, D., 2002, "Technical Change, Inequality and the Labor Market", *Journal of Economic Literature*, 40(1), pp.7—72.

[69] Aghion, P., A. Dechezle Pretre, D. Hemous, and R. Martin, 2016, "Carbon Taxes, Path Dependency and Directed Technical Change: Evidence from the Auto Industry", *Journal of Political Economy*, 124(1), pp.1—51.

[70] Ahmad, S., 1966, "On the Theory of Induced Invention", *The Economic Journal*, 76(302): 344—357.

[71] Almeida, R., and A. M. Fernandes, 2008, "Openness and Technological Innovations in Developing Countries", *Journal of Development Studies*, 44(5), pp. 701—727.

[72] Alwyn, Y., 1991, "Learning by Doing and the Dynamic Effects of International Trade", *The Quarterly Journal of Economics*, 106(2), pp.369—405.

[73] Ambec, S., and P. Barla, 2002, "A Theoretical Foundation of Porter Hypothesis", *Economic Letters*, 75(3), pp.355—360.

[74] Ambec, S., P. Barla, 2006, "Can Environmental Regulation Begood for

Business? An assessment of the Porter Hypothesis”, *Energy Studies Review*, 14 (2), pp.42—62.

[75] Ana Martín-Marcos, J. Jaumandreu, 2004, “Entry, Exit and Productivity Growth: Spanish Manufacturing During the Eighties”, *Spanish Economic Review*, 6(3), pp.211—226.

[76] Arthur, W. B., 1989, “Competing Technologies, Increasing Returns, and Lock-in by Historical Events”, *The Economic Journal*, 99(394), pp.116—131.

[77] Auty, R. M., 1990, *Resource-based Industrialization: Sowing the Oil in Eight Exporting Countries*, Oxford: Clarendon Press.

[78] Bardhan, P. K., 1970, *Economic Growth Development and Foreign Trade*, New York: Wiley and Sons.

[79] Baumol, W. J. and W. E. Oates, 1988, *The Theory of Environmental Policy*, Cambridge: Cambridge University Press.

[80] Ben-David, D., M. B. Loewy, 1998, “Free Trade, Growth, and Convergence”, *Journal of Economic Growth*, 3(2), pp.143—170.

[81] Bhagwati, N., 1993, *Trade and the Environment: Does Environmental Divers Its Detract from the Case for Free Trade, in Fair Trade and Harmonization*, Cambridge: MIT Press.

[82] Bloch, H., and Mcdonald Olive, 2001, “Import Competition and Labor Productivity”, *Journal of Industry, Competition and Trade*, 1(3), pp.301—319.

[83] Boldrin, M., and J. Scheinkman, 1988, *Learning-by-doing, International Trade and Growth: A Note*, Washington University Working Paper.

[84] Bradbury, J. H., 1979, “Towards an Alternative Theory of Resource-based Town Development”, *Economic Geography*, 55(2), pp.147—166.

[85] Bronfenbrenner, M., L. Walras, and W. Jaffe, 1955, “Elements of Pure Economics”, *Land Economics*, 31(2), pp.164—165.

[86] Broring, S., Martin L., and Leker J., 2006, “The Front End of Innovation in An Era of Industry Convergence: Evidence from Nutraceuticals and Functional Foods”, *R&D Management*, 36(5), pp.487—498.

[87] Casson, M., 1976, *The Future of the Multinational Enterprise*, London: Macmillan.

[88] Chuang, Yih-chyi, 1998, “Learning by Doing, the Technology Gap, and

Growth", *International Economic Review*, 39(3), pp.697—721.

[89] Coe, D. and E. Helpman, 1995, "International R&D Spillovers", *European Economic Review*, 39, pp.859—887.

[90] Coe, D. T., A. W. Hoffmaister, and E. Helpman, 1997, "North-south R&D Spillovers", *The Economic Journal*, 107(440), pp.134—149.

[91] Coe, D. T., E. Helpman, 1993, "International R&D Spillovers", CEPR Discussion Papers, 39(5), pp.859—887.

[92] Connolly, M., 2003, "The Dual Nature of Trade: Measuring Its Impact on Imitation and Growth", *Journal of Development Economics*, 72(1), pp.31—55.

[93] Conway, P. J., 2006, "Import Price Pressure on Firm Productivity and Employment: the Case of US Textiles", Working Papers 6-09.

[94] Copeland, E. R., and M. S. Taylor, 1994, "North-south Trade and the Environment", *The Quarterly Journal of Economics*, 109(3), pp.755—787.

[95] Corden, W. M., and J. R. Neary, 1982, "Booming Sector and De-industrialization in A Small Economy", *The Economic Journal*, 92, pp.825—848.

[96] Costinot, A., J. VOGEL and S. Wang, 2013, "An Elementary Theory of Global Supply Chains", *Review of Economic Studies*, 80, pp.109—144.

[97] Daly, H. E., 1997, *Beyond Growth: the Economics of Sustainable Development*, Boston: Beacon Press.

[98] David, P. A., and Th. Van de Klundert, 1965, "Biased Efficiency Growth and Capital-labor Substitution in the U.S., 1899—1960", *The American Economic Review*, 55, pp.357—394.

[99] Emannuel, K., 2005, "Increased Destructiveness of Tropical Cyclones over the Past 30 Years", *Nature*, 436, pp.686—688.

[100] Fernandes, A. M., 2007, "Trade Policy, Trade Volumes and Plant-level Productivity in Colombian Manufacturing Industries", *Social Science Electronic Publishing*, 71(1), pp.1—71.

[101] Gereffi, G. and J. Lee, 2012, "Why the World Suddenly Cares about Global Supply Chains", *Journal of Supply Chain Management*, 48(3), 24—32.

[102] Ghisetti, C. and F. Quatraro, 2017, "Green Technologies and Environmental Productivity: A Cross-sectoral Analysis of Direct and Indirect Effects in Italian Regions", *Ecological Economics*, 132, pp.1—13.

[103] Grabher, G., 1993, *The Weakness of Strong Ties: the Lock-in of Regional Development in the Ruhr Area*, London, UK: Routledge.

[104] Grossman, G. M., and E. Helpman, 1991, “Innovation and Growth in the Global Economy”, *Mit Press Books*, 1(2), pp.323—324.

[105] Gylfason, T., 2001, “Natural Resources, Education and Economic Development”, *European Economic Review*, 45, pp.847—859.

[106] Hayami, Y., and V. W. Ruttan, 1970, “Factor Prices and Technical Change in Agriculture Development: the United States and Japan, 1880—1960”, *The Journal of Political Economy*, 78(5), pp.1115—1141.

[107] Hémous, D., 2016, “The Dynamic Impact of Unilateral Environmental Policies”, *Journal of International Economics*, 103, pp.80—95.

[108] Hendricks, L., 2000, “Equipment Investment and Growth in Developing Countries”, *Journal of Development Economics*, 61(2), pp.335—364.

[109] Hicks, J. R., 1932, *The Theory of Wages*, London: Macmillan.

[110] Humphrey, J. and H. Schmitz, 2004, *Chain Governance and Upgrading: Taking Stock*, Schmitz, H.(ed), *Local Enterprises in the Global Economy: Issues of Governance and Upgrading*. Cheltenham: Elgar, pp.349—381.

[111] Humphrey, J. and H. Schmitz, 2002, “How Does Insertion in Global Value Chains Affect Upgrading in Industrial Clusters? ”, *Regional Studies*, 36(9), pp.1017—1027.

[112] Jorgenson, D. W., 1966, “The Embodiment Hypothesis”, *Journal of Political Economy*, 74, pp.1—17.

[113] Karanfil, F., and Y. Yeddir-Tamsamani, 2010, “Is Technological Change Biased Toward Today? A Muti-sectoal Analysis for the French Economy”, *Energy Policy*, 38(4), pp.1842—1850.

[114] Keller, W., 1998, “Are International R&D Spillovers Trade-related?: Analyzing Spillovers among Randomly Matched Trade Partners”, *European Economic Review*, 42, pp.1469—1481.

[115] Kemfert, C., and H. Welsch, 2000, “Energy-capital-labor Substitution and the Economic Effects of CO_2 Abatement: Evidence for Germany”, *Journal of Policy Modeling*, 22(6), pp.641—660.

[116] Kennedy, C., 1964, “Induced Bias in Innovation and the Theory of Dis-

tribution", *Economic Journal*, 74(295), pp.541—547.

[117] Klump, R., P. McAdam, and A. Willman, 2007, "Factor Substitution and Factor-augmenting Technical Progress in the United States: A Normalized Supply-side System Approach", *Review of Economics and Statics*, 89 (1), pp. 183—192.

[118] Kogut, B., 1985, "Designing Global Straitegies: Comparative and Competitive Value-added Chains", *Sloan Management Review*, 26(4), pp.15—28.

[119] Koopman, R., W. Powers, Z. Wang, and S. Wei, 2010, "*Give Credit Where Credit is Due: Tracing Value Added in Global Production Chains*", NBER Working Paper No. 16426.

[120] Koopman, R., Z. Wang, and S. Wei, 2014, "Tracing Value-added and Double Counting in Gross Exports", *American Economic Review*, 104(2), pp. 459—494.

[121] Krusell, Per, 1998, "Investment-specific R&D and the Decline in the Relative Price of Capital", *Journal of Economic Growth*, 3(2), pp.131—141.

[122] Lall, Sanjaya, 2000, "The Technological Structure and Performance of Developing Country Manufactured Exports, 1985—1998", *Oxford Development Studies*, 28(3), pp.121—137.

[123] Landsea, C., 2005, "Atlantic Hurricanes and Global Warming", *Nature*, 438, pp. E11—E12.

[124] Lawrence, R. Z., and D. E. Weinstein, 1999, "*Trade and Growth: Import-led or Export-led? Evidence from Japan and Korea*", NBER Working Paper No. w7264.

[125] Lee, Jong-wha, 1995, "Capital Goods Imports and Long-run Growth", *Journal of Development Economics*, 48(1), pp.91—110.

[126] Lennox, James A. and Witajewski-Baltvilks Jan, 2017, "Directed Technical Change with Capital-embodied Technologies: Implications for Climate Policy", *Energy Economics*, 67, pp.400—409.

[127] León-Ledesma, A. Miguel, Peter McAdam, and Alpo Willman, 2010, "Identifying the Elasticity of Substitution with Biased Technical Change", *American Economic Review*, 100(4), pp.1330—1357.

[128] Levinsohn, J., 1991, "Testing the Imports-As-Market-Discipline Hy-

pothesis”, Working Papers, 35(1—2), pp.1—22.

[129] Long, N. V., and H. Siebert, 1991, “Institutional Competition Versus Ex-ante Harmonization: the Case of Environmental Policy”, *Journal of Institutional and Theoretical Economics*, 147(2), pp.296—311

[130] Long, Ngo Van, and Kar-yiu Wong, 1997, *Endogenous growth and international trade: a survey*, Michigan: University of Michigan Press.

[131] Lucas, Robert E. Jr, 1988, “On the Mechanism of Economic Development”, *Journal of Monetary Economics*, 22(1), pp.3—22.

[132] Matsuyama, K., 1992, “Agricultural Productivity, Comparative Advantage, and Economic Growth”, *Journal of Economic Theory*, 58, pp.317—334.

[133] McGuire, M. C., 1982, “Regulation, Factor Rewards, and International Trade”, *Journal of Public Economics*, 17(3), pp.335—354.

[134] Niedergassel, Benjamin and Jens Leker. 2009, “Open Innovation: Chances and Challenges for the Pharmaceutical Industry”, *Future Medicinal Chemistry*, 1(7), pp.1197—1200.

[135] Nicholls, Robert J., and C. Anny, 2010, “Sea-level Rise and Its Impact on Coastal Zones.” *Science*, 328, pp.1517—1520.

[136] Noailly, J., and R. Smeets, 2013, “Directing Technical Change from Fossil-fuel to Renewable Energy Innovation: An Application Using Firm-level Patent Data”, *Journal of Environmental Economics and Management*, 72, pp.15—37.

[137] North, Douglass C., 1990, *Institution, Institutional Change and Economic Performance*, Cambridge: Cambridge University Press.

[138] Olivier, J., and A.T. Goh, 2002, “Learning by Doing, Trade in Capital Goods and Growth”, *Journal of International Economics*, 56(2), pp.411—444.

[139] Otto, V. M., A. Loschel and R. Dellink, 2007, “Energy Biased Technical Change: A Cge Analyses”, *Resource and Energy Economics*, 29(2), pp.137—158.

[140] Papyrakis, E., and R. Gerlagh, 2004, “The Resource Curse Hypothesis and Its Transmission Channels”, *Journal of Comparative Economics*, 32(1), pp.181—193.

[141] Papyrakis, Elissaios, and R. Gerlagh, 2007, “Resource Abundance and

Economic Growth in the United States", *European Economic Review*, 51 (4), pp.1011—1039.

[142] Patrick, C., 2006, Import Price Pressure on Firm Productivity and Employment: the Case of US Textiles, U. S. Census Bureau Discussion Paper.

[143] Paul, H., B. Amory, L. Lovins, Lovins Hunter, 1999, *Natural Capitalism: the Next Industrial Revolution*, London: Earthscan Publications.

[144] Pavcnik, N., 2002, "Trade Liberalization, Exit and Productivity Improvements: Evidence from Chilean Plants", *Review of Economic Studies*, 69(1), pp.245—276.

[145] Pearce, D., W. Turner, and R. Kerry, 1990, *Economics of Natural Resources and the Environment*, UK: Hopkins University Press.

[146] Pethig, R., 1976, "Pollution, Welfare and Environmental Policy in the Theory of Comparative Advantage", *Journal of Environmental Economics and Management*, (2), pp.160—169.

[147] Phelps, Edmund S., 1962, "The New View of Investment: A Neoclassic Analyse", *Quarterly Journal of Economics*, 76(4), pp.548—567.

[148] Popp, D., R. G. Newell, and A. B. Jaffe, 2009, Energy, the Environment, and Technological Change. National Bureau of Economic Research, NBER Working Paper Series, No. 14832.

[149] Popp, D., 2002, "Induced Innovation and Energy Prices", *American Economic Review*, 92, pp.160—180.

[150] Porter, M. E., 1985, *Competitive Advantage: Creating and Sustaining Superior Performance*, New York: The Free Press.

[151] Rash, R., and J. Tatom, 1977, "Energy Resources and Potential GNP", *Federal Reserve Bank of St Louis Review*, 6, pp.68—86.

[152] Sachs, J. D., and A. M. Warner, 1997, "Fundamental Sources of Long-run Growth", *American Economic Review*, 87, pp.184—188.

[153] Sachs, J. D., and A. M. Warner, 1995, Natural Resource Abundance and Economic Growth, NBER Working Paper, No. 5398.

[154] Sachs, J. D., and A. M. Warner, 2001, "Natural Resources and Economic Development: the Curse of Natural Resources", *European Economic Review*, 45, pp.827—838.

[155] Samuelson, P., 1965, “Proof that Properly Anticipated Prices Fluctuate Randomly”, *Industrial Management Review*, 6, pp.41—49.

[156] Sanstad, A. H., J. Roy, and J. A. Sathaye, 2006, “Estimationg Energy-augmenting Technological Change in Developing Country Industries”, *Energy Economics*, 28(5—6), pp.720—729.

[157] Schumpeter, Joseph A., 1934, *The Theory of Economic Development*, Cambrige, MA: Harvard University Press.

[158] Siebert, H., 1977, “Environmental Quality and the Gains from Trade”, *Kyklos*, 30(4), pp.657—673.

[159] Stehrer, R., 2012, Trade in Value Added and the Valued Added in Trade. WIOD Working Paper, No.8.

[160] Stokey, N. L., 1991, “Human Capital, Product Quality, and Growth”, The *Quarterly Journal of Economics*, 106(2), pp.587—616.

[161] Stott, P., A. Stone, and M. R. Allen, 2004, “Human Contribution to the European Heatwave of 2003”, *Nature*, 423, pp.610—614.

[162] Taylor, S., 2006, *The Economics of Pollution Havens*, UK: Edward Elgar Publishers.

[163] Timmer, M. P., A. A. Erumban, R. Goumar et al., 2012, “The World Input-Output Database(WIOD): Contents, Sources and Methods”, IIDE (Institue for International and Development Economics) Working Paper, No. 10.

[164] Vamvakidis, A., and S. Dodzin, 1999, “Trade and Industrialization in Developing Agricultural Economies”, IMF Working Paper No.99/145.

[165] Vernon, R., 1966, “International Investment and International Trade in the Product Cycle”, *The Quarterly Journal of Economics*, 80(2), pp.190—207

[166] Walter, I., and J. Ugelow, 1979, “Environmental Policies in Developing Countries”, *Ambio*, 8(23), pp.102—109.

[167] Walter, I., 1973, “The Pollution Content of American Trade”, *Western Economic Journal*, 11, pp.61—70.

[168] Wang, Z., S. Wei, X. Yu, and K. Zhu, 2017, “Characterizing Global Value Chains: Production Length and Up-streamness”, NBER Working Paper No. 23261.

[169] Wang, Z., S. Wei, X. Yu, and K. Zhu, 2013, “Quantifying International

Production Sharing at the Bilateral and Sector Levels", NBER Working Paper No. 19677.

[170] Wheeler, D., 2001, "Racing to the Bottom? Foreign Investment and Air Quality in Developing Countries", Policy Research Working Paper Series, 10(3), pp.225—245.

[171] World Bank, 2000, *World Development Indicators 2000*, Washington, D.C.: World Bank.

[172] Xing, Y., and C. D. Kolstad, 1996, "Do Lax Environmental Regulations Attract Foreign Investment?", *Environmental and resource economics*, 21, pp.1—22.

[173] Young, A., 1991, "Learning by Doing and the Dynamic Effects of International Trade", *Quarterly Journal of Economics*, 106 (2), pp.369—405.

[174] Youngjung, Geum, Moon-Soo Kim and Sungjoo Lee. 2016, "How Industrial Convergence Happens: A Taxonomical Approach Based on Empirical Evidences", *Technological Forecasting and Social Change*, 107, pp.112—120.

图书在版编目(CIP)数据

“双碳”目标下的全球价值链与能源技术变革：基于技术偏向的视角/杨博著.—上海：上海人民出版社，2024
ISBN 978-7-208-18801-3

Ⅰ.①双…　Ⅱ.①杨…　Ⅲ.①能源工业-研究-中国
Ⅳ.①F426.2

中国国家版本馆 CIP 数据核字(2024)第 055510 号

责任编辑　项仁波
封面设计　路　静

“双碳”目标下的全球价值链与能源技术变革：基于技术偏向的视角
杨　博　著

出　　版　上海人民出版社
(201101　上海市闵行区号景路 159 弄 C 座)
发　　行　上海人民出版社发行中心
印　　刷　上海新华印刷有限公司
开　　本　720×1000　1/16
印　　张　17
插　　页　2
字　　数　223,000
版　　次　2024 年 4 月第 1 版
印　　次　2024 年 4 月第 1 次印刷
ISBN 978-7-208-18801-3/F·2866
定　　价　78.00 元